부르스·리著

# 秘傳
# 절권도 ㊤

Reprinted from the September 1971 issue of *Black Belt Magazine*

# LIBERATE YOURSELF FROM CLASSICAL KARATE

전통적인 "가라데"로 부터
당신 자신을 해방시켜라.

By Bruce Lee

옛적에 어떤 박식한 사람이 선(禪)에 관하여 알아보려고 저명한 禪의 스승을 찾아갔다. 그 학식있는 사람은
「아! 예…우리도 이미 그것에 관하여 충분하리만큼 학식을 가지고 있읍니다」라는 예지를 들면서 번번이 禪의 스승의 말을 중단시켰다. 禪의 스승은 말을 멈추더니 박식한 사나이에게 차를 권했다. 禪의 스승 찻잔 가득히 차를 붓고는 그 잔이 철철 넘쳐 흐름에도 불구하고 계속 차를 붓고 있었다.
「됐읍니다! 충분합니다!」 그 학식있는 사람이 다시한번 중단시켰다
「더이상 차를 부으실 필요가 없다고 생각합니다」
「나도 알고있소」 이렇게 대답한 禪의 스승은 다음과 같이 말을 이었다.
「만일 당신이 우선 당신의 잔을 비우지 않는다면 어떻게 나의 차맛을 음미할 수 있겠소?」
나는 무술에 있어서의 나의 동지들이 어떤 편견에 의한 정신적 부담이나 나름대로의 결론을 떠난 허심탄회한 입장으로 이 글을 읽어줄 것을 바란다.
말이 나온김에, 이 글은 그 속에 자유를 추구하는 위력의 의미를 함축하고 있음을 밝혀두고자 한다. 결국 찻잔의 효용성은 그것이 비어있는 자체에서 성립될 수 있다고 생각한다. 비록 이 글이 "절권도"를 근거로 하는것이지만 "절권도"는 근본적으로 중국무술가나 일본무술가도 아닌 개화된 무술가와 관련되는 것이므로 당신 자신에게 연관시킬 수 있도록 노력하였으면 한다.
무술가는 무술가이기 이전에 한 인간이다. 당신을 고립시키는 장벽을 떠나서 무엇이 지금 거론되고 있는가를 직선적으로 파악해야 한다. 당신의 지적인 면을 방해하는 모든 「미신적 우상」을 물리침으로써 당신 본래의 영감으로 되돌아 가야한다. 「삶」이란것은 관련의 끊임없는 과정이라는것을 명심하라. 또한 나의 의견에 대한 당신의 찬성이라든지 당신으로 하여금 나의 「사상(思想)의 길」로 향하도록 영향을 미치는것을 바라지 않는다는것을 전제로 해두고싶다.
나는 만약 당신이 이 글에 의하여 당신 자신을 위한 모든것에 심사숙고 하기 시작하고 「이것은 이렇고, 저것은 저렇다」는 식의 명령적인 형식을 무분별하게 받아들이는것을 멈추어 준다면 더이상 바랄것이 없겠다.
서로 다른 유파의 무술가들이 실전에 임하였을때를 가상하여 증언하는 것을 들어보면 그 서로 다른 유파의 무술가들사이에 서로 아주 다른 의견이 성립되어 있음을 가끔 보게된다. 그러한 변형적인 이론들은, 일정한

격식의 스타일에 몸담으면서, 그 선택된 관점에 의해서만 맹목적인 상태가 되어있으므로, 실천이라든지, 그 외의 어떤 진실도 볼 수 없는 사람에게는 확실히 이해가 가는 이야기일 것이다. 그 사람들은 실전을 그들의 특정한 규약(제약)이라는 렌즈를 통하여 관찰할 것이다.

실전이라는것은 단순하고 전체적인 것이다. 실전은 「중국무술가」로서라던가 「한국무술가」로서의 신분이나 견해로서 국한되는것이 아니다. 진정한 관찰력은 한사람이 고정된 격식으로부터 탈피함으로써 시작되는 것이며 진정한 표현의 자유는 한사람이 체계적인 면을 초월할 때 나타나는 것이다.

우리가 "절권도"를 시험하기 전에 "고전적인 무술"스타일의 존재에 대하여 정확하게 심사숙고해 보자. 그 시작과 함께 우리는 고전적인 무술의 다채로운, 고려할 가치조차 없는 기원(예를 들어 현명하고 신비스러운 승려이야기, 꿈속에서 특별한 사자-使者-에게 교시를 받았다든지)들이 인간들에 의하여 만들어 졌다는 점에 대하여 논쟁의 여지가 없다는 사실을 인식해야만 한다. 법도와 원칙을 어길 수 없는 한 스타일을 신성한 진실로 생각해서 는 안되는 것이다. 생동하며 개인적인 창조의 능력을 가지고 있는 인간은 확고하게 고정된 어떠한 「스타일」보다도 항상 중요한 것이다.

옛적에 어떤 **훌륭한** 무술가가 부분적인 진실을 발견하였다는것은 있을 법한 이야기이다. 그 무술가의 생애에 있어서 그는 비록 이것이 삶에 있어서의 확신과 인간의 자체적 방어를 위한 공통적 추세였을지라도 이 부분적인 진실을 창립하는데 많은 유혹을 뿌리쳤을 것이다. 그 무술가가 사망한 후 그의 제자들은 스승의 이론과 원리, 경향, 그리고 방법들을 그대로 이어받았고 그 모든것들을 하나의 「법도」로서 규정해 버렸다. 한 완전한 문파가 성립될때까지 준엄한 강령과 엄중한 의식의 강화, 완고한 철학과 공식화된 型, 그리고 그 밖에도 더 많은 요소들이 고안되었다. 그래서 한 사람의 개인적인 유동체의 여러가지 직각적 지식은 완강(頑强)하게 굳혀지고 응고된 지식으로 변형되었고 논리적인 지시에 순응하는 체계적인 것이 되고 말았다. 선의의 충성스러운 제자들은 이 지식을 신성한 영역으로 만들었을 뿐만 아니라 스승의 지혜를 매장하는 묘도 만든셈이 될것이다.

그러나 이 사실의 왜곡은 위에서 언급한 사실에서만이 필연적인것이 아니다. 다른 진실에 있어서의 반응이라든지 다른 유파의 무술가들, 불만족스러운 문하생, 정반대의 양상을 띤 柔의 스타일 對 剛의 스타일, 내적인 무공(武功)을 주체로하는 문파와 외적인 무공을 주체로하는 문파, 그리고 모든 이러한 구분되어있는 무의미한 파벌에 있어서도 왜곡된 것이었다고 생각한다. 이 정 반대적인 문파들은 그 자체의「법도와 형(型)」을 가지고 거대한 조직을 만들게 되었다. 그들은 다른 진실된 기법들에게는 눈도 돌리지않고 자기네만이 소유하고있는 기법이 진실이라고 외치며 경쟁은 시작된것이다.

현재도「스타일」들은 근본적인 일체(一体)로부터 그저 분리되어 나가고만있다. 모든 스타일들은 정리 되어져야 하며 편파적인 것에서 벗어나 공평하여져야 하며 다른 스타일도 인정할줄 아는 아량도 가져야 하겠고 또 그 허점에 비판이 가해져야하겠다. 그리고 많은 정당성을 띄어야한다. 그 스타일에 용해되어있는 기법과 철학, 이론들은 우리의 자연적인 성장과 진실을 이해하려는 길로의 진행을 "어떠한 한계에 국한 되어 우리를 방해 하는것"인 것이다.

자연적으로 분할된 이 스타일들은 사람들을 함께 결합시키는것 보다는 개개인으로 분산하게 만든다. 한 인간은 제한된 스타일에 의해서 구속되었을때 완벽한 자신의 표현을 할 수 없다. 실전은 실제 그대로 전체적인 것이며, 좋아하는 선(線)이나 각도(角度) 없이 긍정적인면과 부정적인면을 포함하고 있다. 실전은 항상 새롭고, 살아있으며, 끊임없이 변화하고 있는것이다. 당신의 독특한 스타일, 당신의 개인적인 경향, 그리고 당신의 신체적인 구조는 실전의 중요한 부분을 차지하지만 실전의 전체를 구성하지는 않는다. 당신의 응답이 어떠한 단 하나의 부분에 의해서 성립되어야

한다면 당신은 「무엇인가」라고 생각하여 그것을 바꿀 수 있는 진실성 보다는 「무엇이 되어야만 할까?」라는 조건속에서 반응을 나타낼 것이다. 전체가 그것의 모든 부분속에서 입증되는 동안 고립된 한부분은 그것이 효과적이건 아니건간에 전체를 구성하지 않는다. 계속된 반복으로서 연장된 훈련은 확실히 기계적인 정밀을 산출하고 어떠한 고정된 일로부터 오는 안전도를 높여준다. 그러나 정확히 말해서 이런 종류의 「선택된 안전」이라든지 편협적인 면은 한 무술가의 성장을 제한하는 것이라고 할 수 있다. 사실상 진실을 추구하는 몇명의 지도자들은 그들이 더이상 그러한 편협적이며 불완전한 무술에 몸담을 수 없음을 느끼고 그 영역에서 해방되기 위하여 노력하고 있는것으로 안다. 어떠한 특별한 하나의 테크닉이 그 「제한된 영역」에서 계획되었다 하더라도 실제로는 「방해물」이라는것을 말해주는 하나의 예인것이다. 나는 내가 의도하는바를 여러분이 완전히 이해하여 주기를 바라면서 내자신이 새로운 스타일을 발견했거나 새로운 구성 또는 새롭게 무술을 수정한것이 아니라는것을 밝혀 두고싶다. 나는 "절권도"를 「이러한 스타일」이나 「저러한 방법」이라고 구별지우는 법칙에 의하여 좌우되는 뚜렷한 무술로 간주하지 않는다. 이와는 정반대로 나는 나의 동지들이 「스타일」 「型」 그리고 「법칙」과 같은 속박에서 벗어나 자유로와지길 원한다. 그러면 "절권도(截拳道)"란 무엇인가? 한마디로 "절권도"를 구체적으로 설명하기는 어렵다. 그러나 글자그대로 절(截)은 「가로채다」 「막다」의 의미를 내포하고 있고 권(拳)은 「주먹」을, 그리고 도(道)

는 「진실의 극을 향한 길」을 의미하고 있다. 그러므로 "절권도"는 「막는 주먹의 길」이라고 할 수 있겠다. 하지만 "절권도"는 단지 편의상의 이름인것에 불과하다. 나는 그 자체의 용어(이름)로서 흥미를 느끼지는 않는다. 내가 흥미를 느끼는것은 "절권도"가 「자체검사」를 위한 거울로서 이용될때 "절권도"가 추구하는 「해방의 결과」인것이다.

"절권도(Jeet Kune Do)"는 그것의 완고한 철학으로서 이루어진 특별한 조건의 형상이 아니다. "절권도"는 실전을 어느 한각도에서 관찰하는것이 아니고 가능한 모든 각도에서 보는것이다. "절권도"가 그 자체의 극(極)을 향해 모든길과 뜻을 적용하는 동안 그것은 어떤 구속에 의해서도 속박되지 않고 자유롭다. 달리 말해서 "절권도"는 모든것을 소유하지만 그 자체내에는 아무것도 소유하지 않는것이다.

그런까닭에 "절권도"를 쿵후, 가라데, 격투기, 혹은 부르스·리의 무술이라고 명명한다면 그 자체의 의미에 완전한 모순을 가져오는 결과를 초래한다.

"절권도"의 가르침을 단순하게 하나의 체계속에 제한시킬 수는 없는 것이다. "절권도"를 완전하게 이해하기 위해서는 한 인간은 구분없는 하나의 「근본적인 통일성」에 도달하기 위하여 「…을 위하여」라든가 「…에 반대하는」것과 같은 이원성(二元性)을 초월해야한다. "절권도"의 이해는 이 「통일성」의 직관적인 통찰이다.

"절권도"의 가르침에는 어떠한 예정된 자세나 형(型)은 찾아볼수도 없으며 또한 그러한 것들을 필요로 하지도 않는다. 「아무런 형(型)도 가지고 있지않다」는것과 「무형(無型)을 가지고 있다」는 개념의 미묘한 차이점에 대하여 숙고해보자.

첫번째것은 「무지」를 뜻하고 두번째것은 「초월」을 의미한다. 본능적인 육감을 통하여 우리 개개인은 효과적인 수단이라든지 동작의 밸런스(균형), 그리고 에너지의 실속있는 활용등의 정력에 넘치는 방법과 우리자신의 가장 능률적인 면을 안다. 형식과 테크닉, 그리고 자세는 오직 진실한 이해의 외부(바깥부문) 만을 손댈 따름이다. 이해의 핵심은 개인적인 마음에 자리잡고 있고 진실한 이해의 모든것을 손댄다는것은 아직도 불확실하고 피상적인 의문으로 남아있다. 진실은 우리가 우리자신과 우리자신의 잠재력을 완전히 이해하기 전에는 성립될 수 없는것이다.

결국 무술에 있어서의 「지식」이란 궁극적으로 「자아(自我)」를 아는것을 의미한다. 이점에 있어서 당신은 「어떻게 내가 이 지식을 얻을 수 있을까요?」하고 물어올지도 모르겠다. 「자아」를 알기위해서는 당신자신의 힘으로 모든것을 발견해야만 할것이다. 그렇기때문에 나는 당신이 어떻게 「자유」를 얻는것인가를 말해줄 수는 없다. 「자유」는 당신안에 존재하고 있으므로 나는 당신에게 자아의 지식을 얻는 방법을 말해줄 수는 없는 것이다.

내가 당신에게「무엇을 해서는 안된다」고 말해줄 수는 있으면서도 당신은「무엇을 해야만 한다」고 말할 수는 없는 것이다.
　「무엇을 해야만 한다」는 말은 당신을 특별하게 제한된 접근을 향하여 외골수로 빠지도록 만들기 때문이다.
　「형식은 오직 자유를 방해하기만 한다」. 자아의 지식으로 부터 생겨나는「자유」는「형식」을 향한 엄격한「집착」을 통해서는 획득될 수 없다는 것을 명심하라. 우리 모두는 갑작스레 자유로와 지지않는다. 우리는 그저 자유로운 것이다.
　배운다는것은 모방에 불과한것이 아니라 그 자체를 축적하는 능력과 고정된 지식을 다시 발산하는 과정인 것이다.「배운다는것」은「발견」의 부단한 과정이다.
　"절권도"에서 우리는 쌓아 나가는것이 아닌 우리의「무지」를 발견 하는 것으로부터 시작한다. 불행히도 애석한것은 무술에 있어서의 모든 생도들이「준봉자」라는 점이다. 표현을 위하여 그들자신이 믿는것을 배우는것 보다도 그저 맹목적으로 그들의 스승을 따르고 있는것이다. 그들 독자적으로 더이상 느끼려고도 않고 집단적인 모방으로서 안전을 찾는다는 안이한 관념을 가지고있다. 이러한「모방의 생산」은 무엇엔가 의지하려는 마

음을 기른다. 진정한 이해의 길로 이끄는데 필수불가결한 독립적인 탐구는 희생되고 있는것이다.

무술의 주변을 바라보고 수많은 무술계의 판에 박힌 무술가들을 분류해 보라.「잔재주꾼인 무술가들」,「민감성이 결여된 로보트들」,「과거를 찬미하는자들」, 그밖에도 너무나 많은 바람직하지 못한 무술가들이 존재하고있다. 우리들은 다른스승들이나 지도자들로부터 무술은 그 자체가 바로「삶이다」라는 말은 너무나 자주 들어왔다.

하지만 그들중의 몇명이 과연 진정하게 그들이 말하는 자체에 대하여 이해하고 있을까?「삶」이란것은 일정한 방식없이 부단하게 율동하는 것이다. 또「삶」이란것은 지체없이 부단하게 바뀌는것이다. 이「교환」의 과정으로서 신중하게 유동하는것 보다도 많은 무술지도자들은 과거와 현재에 있어서「고정된 型의 망상」을 추구했고 완고하게 무술의 전통적인「개념」과「테크닉」을 주장하면서, 전체적인 무술을 분석하여 유동시킬 수 있는 점도 부정하고 있는 것이다.

내가 가장 안타깝게 여기는 점은 많은 성실한 학생들이 자신들의 정신속에서는 진실을 추구하는 외침을 들으면서도 그러한「모방적인 훈련」에 진심으로 집착하고 있다는것이다. 모든 경우에 있어서 전통적인 완고한 스승들은 그들의 제자가 진실의 극(極)을 볼 수 있는 관점을 점차로 잃어가고 있음에도 불구하고 제자들이 판에 박힌 자기네들의 무술에만 비상한 주의를 기울여 주는 것을 원한다. 그들은「무엇이냐?」에 대한 응답보다

는 단순한 조건적인 응답과 같은 판에 박힌 방법의 무술을 실행하는 것에 직립하고 있다.

그들은 더이상 「진실의 상황」을 들으려고도 않고 이미 정해져있는 「형식」에 대하여 얘기할 뿐이다. 이러한 불쌍한 정신상태는 무의식 중에 고전적인 무술의 트레이닝에서 뿜어져나오는 「독기」에서 헤어나지 못하게 만드는것이다. 한 스승, 진실로 훌륭한 사범은 결코 「진실」을 주는 사람이 아니다. 그는 학생으로 하여금 그 지식을 발견해야만 한다는 진실을 지적해주는 「길잡이」이며 「교편」인것이다.

그런 까닭에 훌륭한 스승은 개개의 학생을 개인적으로 일깨워 주어야하며 학생이 그 자신의 존재를 완벽하게 깨우칠 수 있을때까지 「내적인 면」과 「외적인 면」에서 용기를 북돋아 주어야 한다.

　훌륭한 스승은 「촉매」와 같은것이다. 「심오한 이해」를 소유하는것과 동시에 그는 위대한 「감수성」과 「융통성」을 지닌 「열려있는 마음」역시 가져야만 한다.

　전반적인 실천에 어떠한 표준도 있을 수 없다. 그리고 표현은(실전에있어서) 자유로와야한다. 이 해방된 진실은 한사람 자신이 개인적으로 「숙련」되어지고 「살아있을때」에만이 나타날 수 있는것이다. 모든 형식을 초월한 「스타일」이나 「훈련」이야말로 진실인것이다.

　"절권도"란것은 마치 배가 한차례의 항해를 하기위하여 사용하는 「분류표시」와 같은 그저 단순한 「용어」라는것 역시 명심하라. 한차례의 항해가 끝나면 그 「분류표시」는 폐기되어야 하고 다시 그 배에 쓰여질 수는 없는것이다.

　이제까지 언급하였던 몇가지는 우선 「달을 가리키는 손가락」을 의미한다. 제발「달이 되기위한 손가락」이나 너무나 당신의 시야를 손가락 자체에 집중시켜서 모든 천국의 아름다운 광경을 보는것을 놓치는 일이 없도록 하길 바란다.

　결국 손가락의 유용성은 그 손가락 자체에서 멀리 떠나서 「손가락과 그 외의 모든것을 밝혀주는 빛」을 가리키는데 있는것이다.

秘伝・截拳道의 道

# BRUCE LEE'S
# Basic Training

### BY BRUCE LEE AND M. UYEHARA

### 부르스 · 리의
### 기본트레이닝

# 호흡단련 : Aerobic Exercises

　무술가들이 가장 소홀히하는 요소중의 하나는 근본적인 육체의 단련이다. 거의 대부분이 테크닉의 숙련도를 발전시키기 위해 너무나 많은 시간을 낭비하면서도 육체적인 관계에는 그렇지 못하고있다.
　실전에서의 당신의 숙련을 단련하는것도 중요하지만 당신의 전체적인육체의 컨디션을 유지한다는것 자체는 더없이 중요한것이다. 트레이닝은 당신의 마음을 단련하고, 당신의 위력을 향상시켜주며 당신의 육체에 지구력을 공급해 주는 하나의 숙련이다. 적당한 트레이닝은 당신의 육체를 완성시키기 위한 목적이며 그 트레이닝을 회피하거나 본질을 망각한다면 당신의 육체를 상하게 하고 타락시킬것이다.
　부르스·리는 건강의 표본이었다. 그는 매일에 걸쳐 트레이닝을 했고, 오직 그의 육체단련에 적합한 음식물만을 섭취했다. 그는 차는 마셨지만 커피는 마신적이 없었다. 그대신 부르스·리는 평소에 밀크를 마셨다. 부르스·리는 결코 그 자신의 트레이닝을 그의 일에 결부시키는 일이 없었던 엄격한 사람이었다. 그가 영화제작에 적합한 로케이션 장소를 물색하러 인도 (India) 에 갔을때에도 부르스·리는 그의 런닝슈-즈를 지참하고 떠났다. 리 (Lee) 의 매일에 걸쳤던 트레이닝은 호흡의 단련 (신선한 산소공급을 위한) 과 실전에서의 그의 숙련을 발전시키기 위한 다른 단련요소

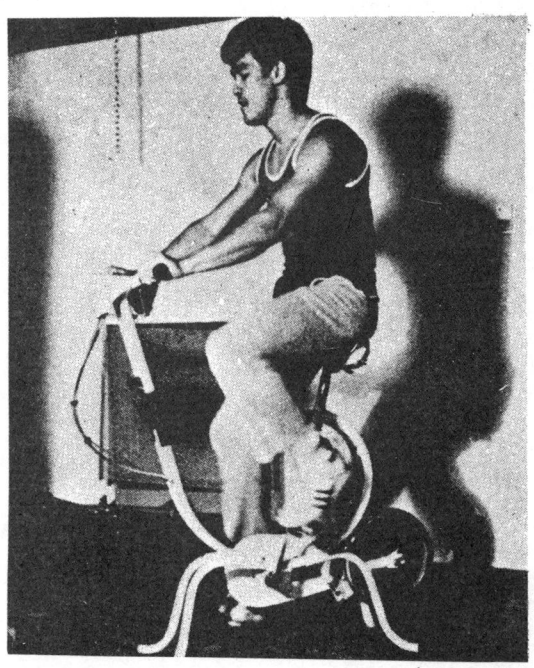

들이 그에 첨가되어 정해져 있었다. 부르스·리는 그의 단련을 권태에서 해방될 수 있게끔 다양한 변화로서 실행해 나갔다. 그가 좋아했던 단련중의 한가지는 하루에 24분에서 25분에 걸쳐 4마일을 달리는 것이었다. 부르스·리는 달리는 중에 그의 템포를 바꾸곤 하였다. 수마일의 부단한 런닝이 끝난후에 활보할지라도 그는 수 피이트를 역주 (力漕) 하고는 좀 더편한 런닝으로 되돌아가곤 했다. 런닝·템포를 바꾸는 사이사이에 부르스·리는 역시 그

 의 발을 끄는 단련도 첨가했다.
 부르스·리는 런닝 장소가 해변이건 공원 혹은 숲속이건 개의치 않았다. 런닝외에도 부르스·리는 그의 지구력, 다리와 심장혈관의 근육들을 발달 시키기 위해 연습용자전거(exercycle)를 이용했다. 그는 항상 시속 35마 일에서 40마일에 걸쳐서 전속력으로 45분에서 1시간까지 부단하게 이 자 전거를 탔다. 언제나 부르스·리는 그의 런닝 직후에 이 연습용 자전거로 단련했었다.
 부르스·리의 일상적인 트레이닝 스케쥴의 또 다른것 당신도 채택할 수 있는 줄넘기(Skipping Rope)였다. 이 단련은 당신의 스테미너와 다리 근육을 발달시켜줄 뿐만아니라 당신으로 하여금 당신의 양족(兩足)의 경 쾌함을 증가시키고, 향상시키도록 만든다.
 최근에 생리학자들은 여러종류의 테스트를 통해서 줄넘기가 조-깅보다 더욱 유익하다는것을 발견해 냈다. 10분의 줄넘기는 30분의 조-깅과 동 등한 효력을 낼수있다. 정확히 말하여 줄넘기는 밸런스의 센스를 향상시 키기 위한 최상의 단련법중의 한가라지고 할 수 있겠다. 첫째 한발을 가 볍게 뛰고 나머지 발은 당신의 전방에 자리잡는다. 그리고는 당신의 발을 교체하고 로우프의 각회전과 함께 발을 교체하며 가볍게 뛴다. 속도는 점 차적으로 높여 점점 빠른템포로 향해야 한다. 당신의 양손목을 이용해서 로우프를 회전시킨다. 당신의 발을 지면에서 약간 띄워 로우프가 겨우 통

과할 정도의 높이만 유지하면 된다. 3분에 걸친 줄넘기(복싱경기에서 1라운드와 동일한)를 실행하고는 당신은 이후의 라운드를 속행하기전에 오직 1분의 휴식을 취한다. 3라운드의 단련은 훌륭한 연습을 위해 충분하다. 당신이 줄넘기에 익숙해진다면 당신은 휴식시간을 생략하고 30분동안이나 계속 이 단련을 할 수 있다. 가장 으뜸가는 로우프(줄넘기)는 손잡이에 볼·베어링을 한 무두질한 가죽끈으로 만들어 진 것이다.
추가적인 지구력의 단련법은 새도우복싱과 액츄얼스파링(실제적인 스파링)이다.
새도우복싱은 역시 당신의 스피드를 구축시키는 훌륭한 기민성의 단련법이다. 당신의 육체를 완화시키고 단순하고 스무-스하게 움직이는 법을 배워라. 첫째로 당신의 포옴이 자연스럽고 편안한 상태가 될때까지 당신의 양발을 기민하게 움직여라. 그리고는 더욱 빠르고 고되게 단련해야 한다. 당신이 연습을 시작함에 있어서 당신의 근육을 완화시키기 위해 새도우 복싱을 실행한다는것은 훌륭한 아이디어라고 할 수 있겠다.

당신의 최악의 적이 당신앞에 서있고, 당신은 그를 분쇄해야만 한다고 상상하라. 만약 당신이 당신자신의 상상을 맹렬하게 이용한다면 당신은 당신자신을 향해 마음의 대체적인 진정한 파이팅의 구조를 주입시킬 수 있을것이다. 스태미너를 발전시키는 외에도 새도우복싱은 당신의 스피드를 증가시키고 자발적으로 그리고 직각적으로 사용될 수 있는 아이디어와 테크닉의 편성을 창조시켜준다. 수 라운드(回)에 걸친 속행은 적합한 풋워크를 습득하는 최상의 길이다.

너무나 많은 초심자(初心者)들은 그들 자신을 단련시킴에 있어서 너무나 게으르다. 오직 고통스럽고 부단한 단련이야말로 당신의 내구력 (지구력)을 발전시키는 길임을 명심해야 한다. 당신은 당신자신을 최고로 소모할 수 있는 정점에 까지 혹사 시켜야한다. 숨이 넘어갈것같고 하루 혹은 이틀의 연습으로 근육의 고통을 느낄 수 있도록, 가장 으뜸가는 지구력의 트레이닝방법은 많은 짧은시간의 훈련이 삽입된 장기간의 훈련이라고 생각한다. 스테미너타입의 단련은 주의깊게 서서히 증가하면서 행하여 져야만 한다. 이런 유형의트레이닝에 있어서 6주의 단련은 상당한량의 지구력을 요하는 어떤 스포츠에서나 최고의 것이다.

컨디션의 절정에 오르기 위해서는 수년의 단련을 요하고 불행히도 당신이 이 고도의 컨디션 단련을 멈출때 스태미너는 아주 빠르게 손실된다. 여러 의학전문가에 의하면 만약 당신이 수련하는 기간동안 하루를 뛰어 넘어선다면 당신은 단련으로부터 획득되어진 모든 성과를 손실할 것이라고 그들은 말한다.

## 워밍·업 : Warming Up

준비운동(Warm up)에 있어서 경쾌하면서도 간단한 연습들은 당신의 근육들을 완화시키고 더욱 격렬한 단련을 위해 그 근육들을 준비시켜주는 역활을 한다. 우선 조심스러운 준비운동없이 그의 손이나 다리를 격렬하게 움직이는 운동가는 아무도 없다. 이러한 가볍고 경쾌한 연습들은 더욱 격렬한 타입의 동작들을 위해 가능한한 밀접하게 계속해서 실행되어져야 한다.

당신은 얼마나 오랫동안 웜·업을 해야만 할까? 이것은 여러가지 국면(局面)에 의해 좌우된다. 만약 당신이 추운지역에서 살거나 혹은 추운 겨울을 지내는 동안 당신은 따뜻한 기후지역에서 사는 사람들 보다 더욱 오랜 워밍·업을 호후보다 이른아침에 행하는것을 권장한다. 일반적으로 5분이나 10분의 웜·업이면 충분하지만 어떤 실행자들은 더욱 긴 시간을 요한다. 발레댄서는 최소한도 2시간을 이 연습으로서 보낸다. 그는 매우 기본적인 동작들로부터 시작하여 점차적으로, 그러나 조리있게 동작과 강도를 증가한다. 그가 그 자신의 출연을 위해 완전한 육체의 준비가 될때까지…

# 연습법 : Exercises

　부르스・리는 정확한 연습법이야말로 당신의 성취에 있어서 당신을 위대하게 도울 수 있다는 사실을 알았고 다른것들은 당신의 테크닉의 달성을 방해하거나 혹은 손상시킨다는것을 감지(感知)하고 있었다. 그는 유익한 연습들은 당신의 근육에 있어서 반(反)긴장에 의거치 않는다는 사실도 알고 있었다. 당신의 근육들은 서로 다른연습을 위하여 다르게 반응을 나타낸다. 물구나무서기나 바벨과 같이 무거운 중량을 들어 올리는것 같은 정지상태나 느린연습을 하는동안 근육들은 바람직한 포지션속에서 육체를 고정시키기 위해 관절의 양쪽에서 작용한다. 그러나 런닝, 점핑, 혹은 던지기(throwing) 와같이 갑작스런 동작에서는 근육들은 수축하여 관절을 닫고, 동작을 허락하기 위해서 직접 반대편으로 늘어난다. 비록 양쪽의 근육들에는 아직도 긴장이 남아있지만 그 긴장은 연장되었거나 늘어난 한 부분에 의해서 매우 감소된다. 연장된 근육들에 과도하거나 반(反)긴장이 가해질때에는 당신의 동작을 방해하고 약화시킨다. 그것은 일반적으로 오직 새로운 동작으로서 연합된, 실행을 위해 서로 다른 종류의 근육들이 요구하는 시기상조의 피로에서 오는 브레이크와 같이 작동한다. 통합되고 천부적인 재질을 가진 운동가는 그가 적은 반(反)긴장으로서 움직이기 때

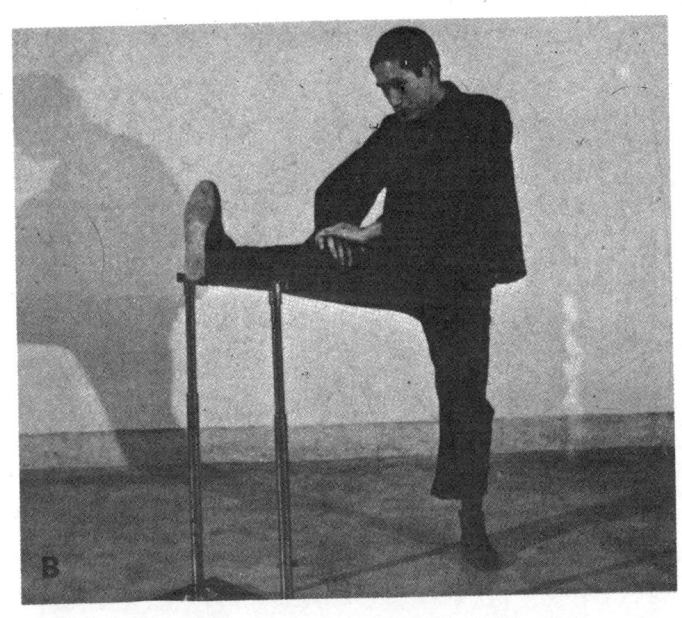

문에·어떠한 운동경기의 동작도 매우 쉽게 실행할 수 있다.
  한편 초심자는 과도한 긴장과 노력으로서 실행하기때문에 수많은 동작의 낭비를 가져온다. 비록 이 통합의 특징이 다른 어떤것들 보다도 우선 천부적인 재질에 좌우되지만 모든 사람은 이 통합의 특성을 격렬한 트레이닝에 의해서 향상시킬 수 있다.
  여기 당신이 매일에 걸친 트레이닝에 적응시킬 수 있는 몇가지의 연습법을 소개해본다. 유연성을 위해서 A.B 그리고 C의 사진에서 볼 수 있는 것과 같이 당신의 발을 난간이나 가로대 위에 자리잡고 당신의 다리를 지면과 수평으로 유지한다. 그것은 조금 낮게도, 혹은 높게도 당신의 유연성에 따라 변형될 수 있다. 초심자들은 너무나 격렬한 연습을 시도하지 말아야한다. 그 대신 사진 A에서 보는바와 같이 난간에 당신의 발을 위치한 후에 정확히 당신의 앞발끝이 당신에게 향하게끔 움직인다. 당신의 뻗쳐진 발을 곧바로 구부릴 수 있도록 상태를 유지한다. 수분이 지난 후에 당신의 발을 교환한다. 수일 이내에 당신의 다리근육이 유연해짐으로써 당신은 사진 B에서 보는것과 같은 다음 과정으로 진행해 나갈수 있다. 당신의 다리를 곧게 뻗은 상태에서 무릎을 누르고 가능한한 당신의 근육들에 상처를 입히지않는 한도내에서 둔부로부터 전방을 향하여 상체를 굽힌다. 이 연습법으로부터 당신은 사진 C에 도달하기 위해 열심히 진행한다. 당

　신의 뻗혀진 다리를 곧바르게 유지하고 당신의 손을 아래쪽으로 민다. 당신이 진행해 나감으로써 당신은 또한 전방을 향하여 상체가 굽혀지기 시작하는것을 느낄것이고 당신의 다리근육들에 더욱 많은 압력을 가하는 법도 배울 수 있다. 결국 당신은 사진 D에서 보는바와 같이 당신의 발끝을 만질 수 있게되고 수개월 후에는 사진 E에서 보는바와 같이 당신의 발을 손으로 감쌀 수 있을것이다.
　또 다른 다리의 유연성을 위한 단련법은 사진 F에서 보는바와 같이 leg splits 와 hanging leg raises 이다. 이 단련을 하기위해서는 도르레에 의해 지탱된 긴 로우프를 사용한다. 올가미로 당신위 발을 에워싼다. 그리고 당신의 근육들이 상하지 않을정도의 최대한도의 높이로 쳐들이도록 로우프의 다른끝을 끌어당긴다. 이 연습방법을 계속하는 동안 당신의 발을 수평으로 나란히 유지하도록 노력하라. 이 연습법은 당신이 하이・사이드・킥(high side kick)을 실행하도록 도와준다. 당신은 이 모든 단련법에서 당신의 다리를 교환하여 단련함을 잊지말아야 한다.

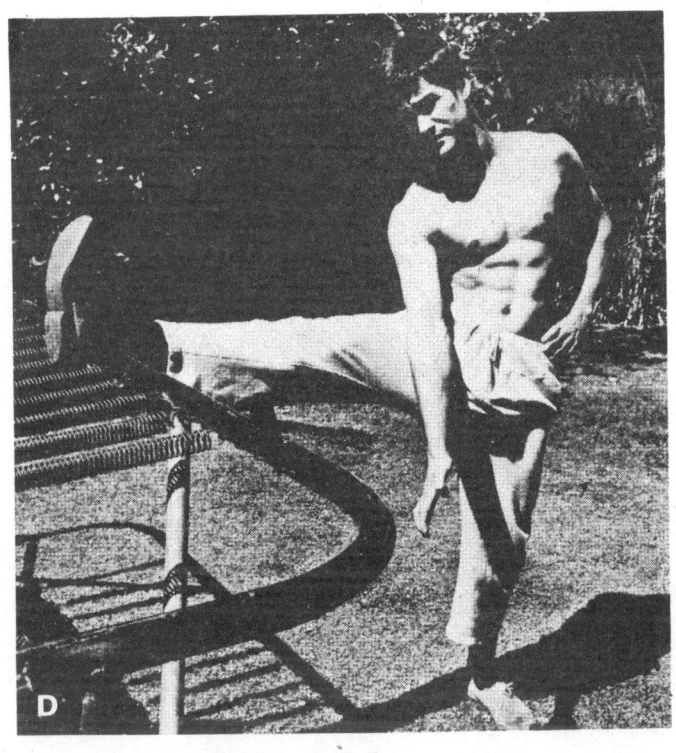

　예외적으로 하이·킥킹(high kicking)을 실행하기 좋아하는 진보된 학생들은 트램펄린(trampoline)의 단련으로 진행해 나갈 수 있다. 사진 G 에서 리(Lee)는 밸런스와 다리의 탄력성을 발전시키기 위해 두개의 가벼운 덤벨을 사용하여 높이 점프한다. 한차례 그가 트램펄린 위에서 그의 육체를 컨트롤할 수 있으면 그는 사진 H에서 볼 수 있듯이 leg splits, 사진 I에서 보는바와 같이 하이·프론트킥(high front kick), 사진 J 와같은 플라잉·사이드킥(flying side kick)을 첨가하여 단련한다.

　다른 유연성의 단련법은 보디 스트레취(body stretches)이다. 당신이 다리의 근육들을 탄력있게 발전시킨 후 당신은 가능한한 뒤로 멀리 뻗을 수 있어야만 한다. 그리고는 가능한한 앞으로 구부려서 당신의 머리가 당신의 무릎에 닿을수 있을때까지 단련해야 한다. (사진 K·L 그리고 M)

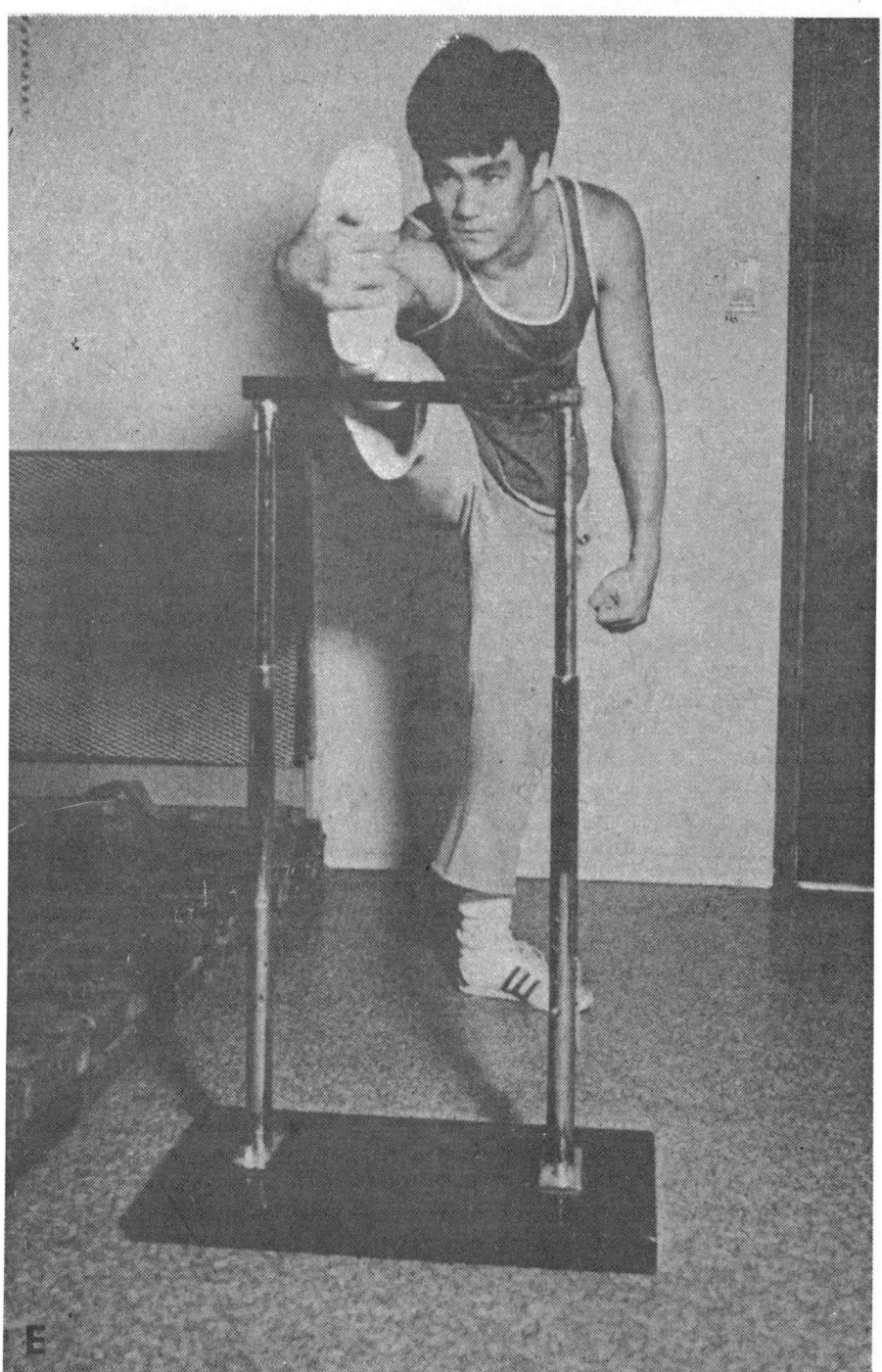

秘伝・截拳道의 道

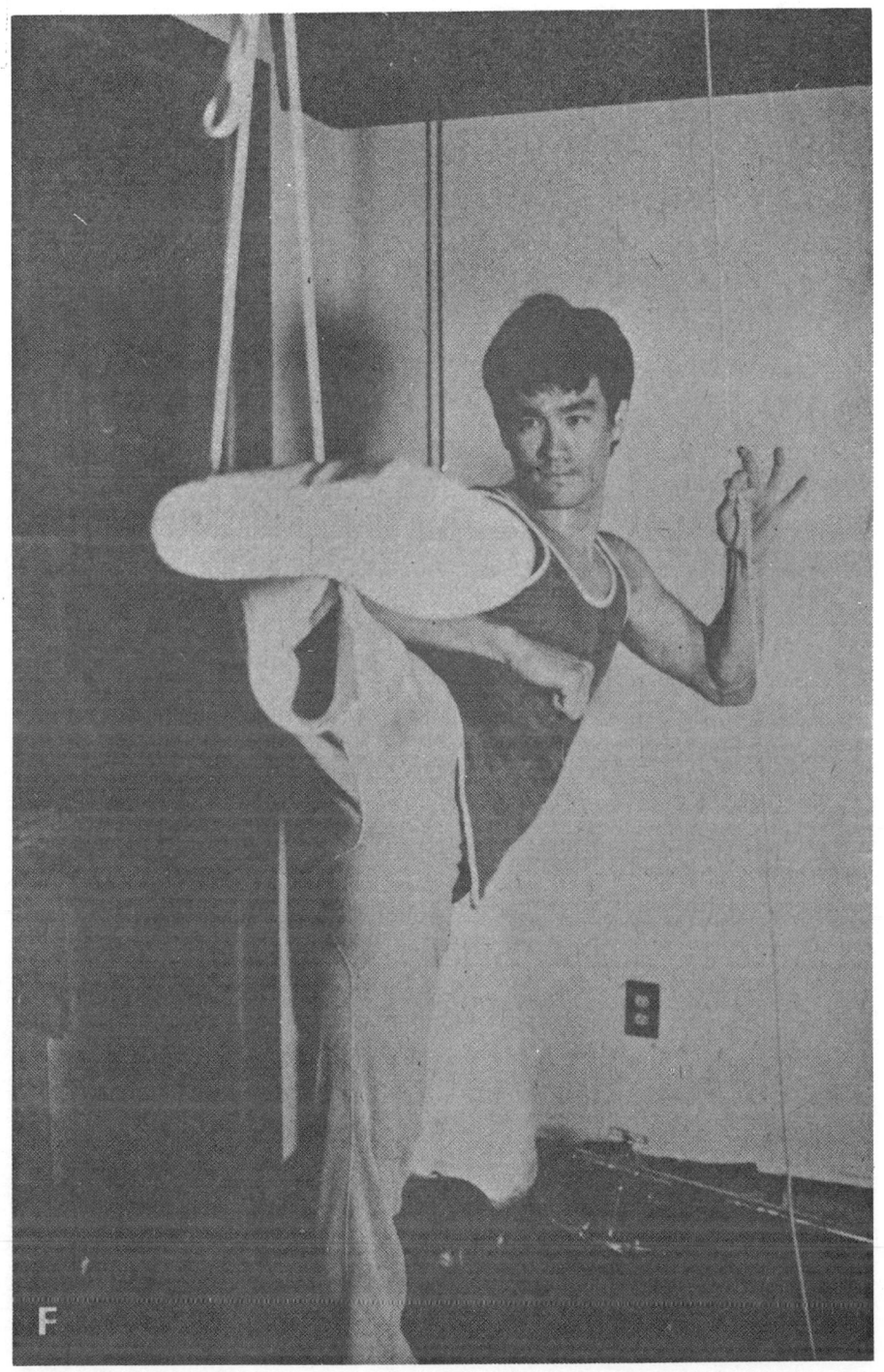

G

H

I

J

## 복부단련 : Abdominal Exercises

부르스·리의 복부근육의 위대함을 모르는 사람은 아무도 없었다. 「실전의 가장 중요한 국면(局面)중의 하나는…」 그는 말하곤 했다.
「스파링이다. 스파링 하기위해서는 당신은 당신의 명치에 수많은 펀치를 받아낼 수 있어야만 한다」. 이것을 실행하기 위해서 부르스·리는 당신도 채택할 수 있는 여러가지 연습법에 그의 정신을 집중시켰다. 가장 널리 일반화된것은 사진 N에서 볼 수 있는 경사진 널 위에서 윗몸을 일으키는것(Sit-up)이다. 당신의 양발을 고정시킨채로 무릎을 구부리고 당신의 양손을 머리위에 위치한 후에 당신의 육체를 발을 향하여 치켜올리는 것이다. 당신이 당신의 복부주변에 과도의 긴장을 느낄때까지 가능한 보다 많은 횟수를 시도하라. 50회에서 100회의 반복을 한 후 당신은 덤벨이나 바벨플레이트와 같은 중량기구를 당신의 뒷목에 양손으로 자리잡은 후 다시 윗몸 일으키기(sit-up)를 할 수 있다.

그외의 윗몸 일으키기의 실행에 있어서 훌륭한 방법은 벤치의 모서리에 앉아서 당신의 발목을 고정시켜줄 어떤 사람을 동반하고 당신의 육체를 가능한한 낮게, 그리고 멀리 뻗어 지면을 향한다. 이 연습은 당신의 명치를 훨씬 더 팽창시켜 준다. 그러나 이것은 실행하기에 더욱 어렵다. 만약 당신이 턱걸이용 철봉을 가지고있다면 당신은 역시 양손으로 봉(棒)을 잡고 서서히 두다리를 들어올려 그 다리들이 수평으로 뻗어질때까지 들어올려 복부의 근육들을 발전시킬 수 있다. 가능한한 오랫동안 그 자세를 유지하여 당신은 이 연습에 있어서 매차례에걸쳐서 최후의 기록을 갱신 할 수 있도록 노력하라. 시간의 기록을 체크하여 당신을 돕는 스톱워치(Stop Watch 혹은 Kitchen timers)를 구입해서 노력하는 방법을 권하고 싶다.

그 외의 훌륭한 연습이라면 레그레이스(leg raise)가 있겠다. 바닥에 누운채로 당신의 명치부분을 밀어서 등을 바닥에 나란히 한 상태를 유지하고 당신이 당신의 발을 볼 수 있을때까지 조금씩 머리를 들어올린다. 당신의 양다리는 함께, 그리고 일직선의 상태를 유지한다. 그리고는 그것들을 서서히 상방으로 들어올리고 가능한한 최대의 높이로 될 수 있도록 노력한다. 그리고는 서서히 바닥으로 그것들을 원위치 시킨다. 이 연습의 모든것을 습득하기 위해서는 당신의 양발이 바닥에 닿지않도록 해야한다 ─ 그것들을 바닥의 약 1인치 위에 위치한 상태로 유지한 후 다시 들어올린다. 가능한한 많은 반복으로 단련하라.

만약 당신이 웨이트리프팅(Weight lifting)에 쓰이는 벤치(bench)를 가지고 있다면 당신은 사진O에서 보는것과 같은 연습을 할 수 있다. 이 연습은 역시 당신의 등의 하단근육을 위해서도 아주 좋은것이다. 복부단련을 실행함에 있어서 하나의 유익한점은 당신이 다른동작을 행하는 사이

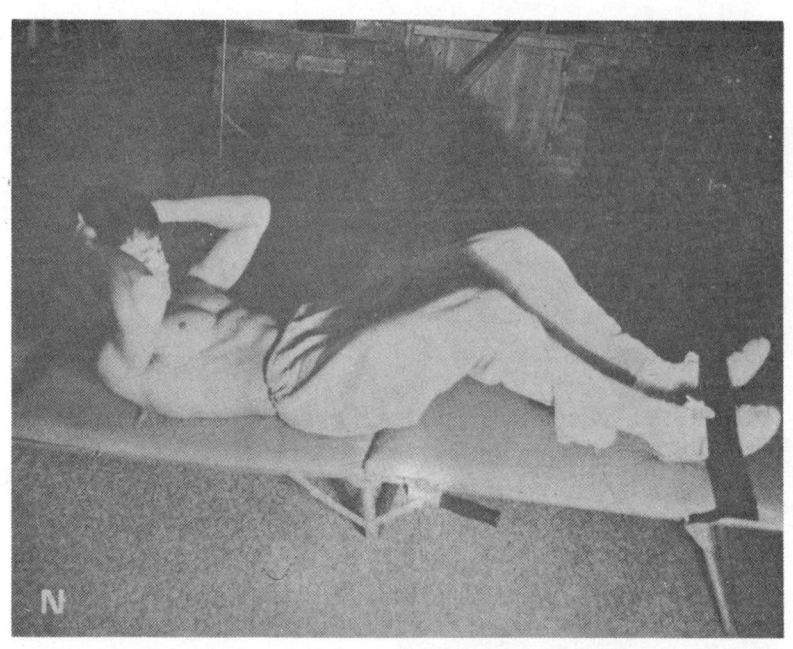

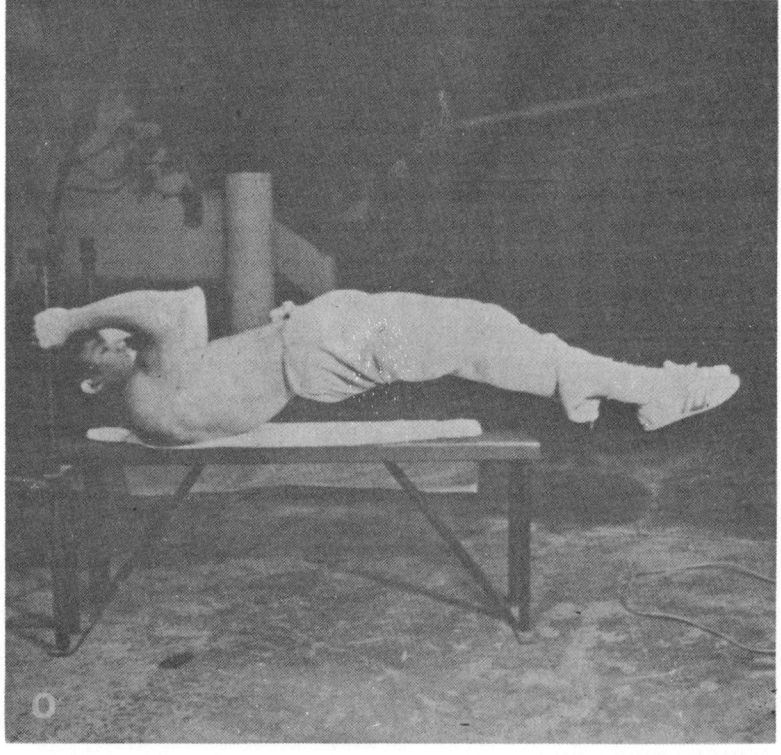

 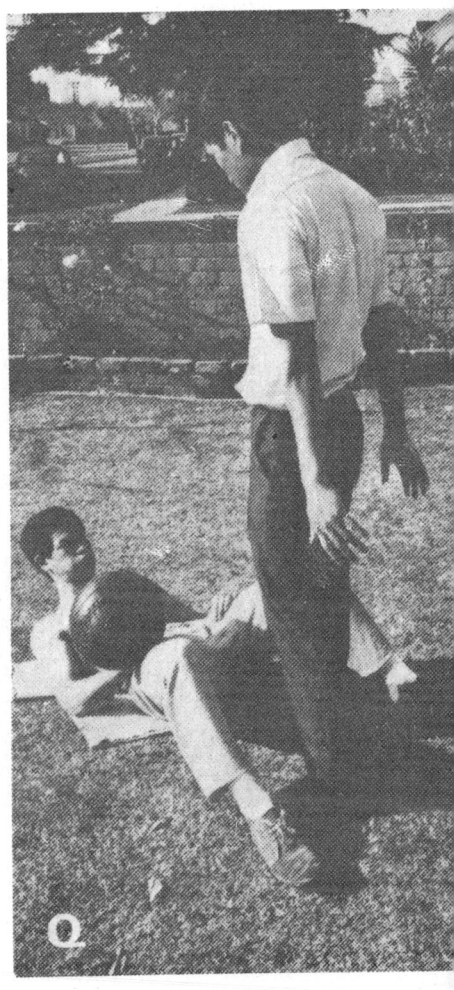

　부르스·리는 가정에서 어떻게 수련할 수 있는가를 그의 집에서 친우인 테드웡과함께 이 여러장의 사진속에서 입증해 주고 있다. 그의 뛰어난 컨디션의 형상을 유지한다는것은 부르스에게는 그야말로 직업과 같은것이었다. 만약 당신이 어떻게 그가 그토록 훌륭한 복부근육을 단련했는가를 알고싶다면 이 해설들에서 배워라. 메디신·볼과 당신의 의지가 일치되어 그것을 취하도록 하라. 볼은 당신이 그것을 잡기전에 당신의 명치를 가격해야 한다.

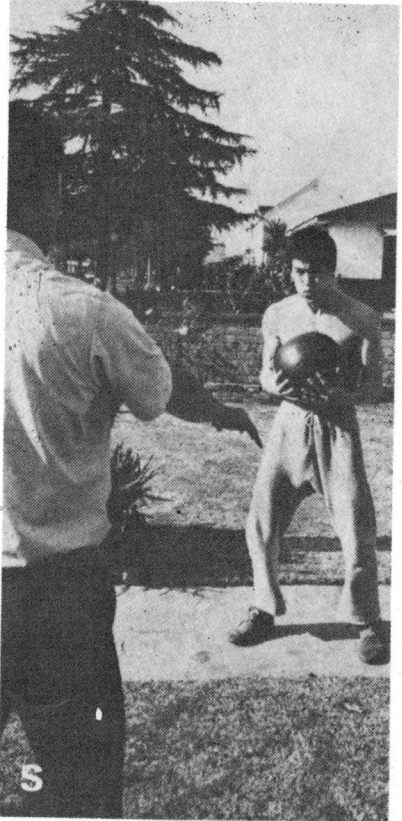

에도 그것을 실행할 수 있다는 점이다. 예를 들면 부르스·리는 바닥에 누운채로 그의 머리를 조금 쳐들고는 양다리를 앞으로 뻗은 상태를 유지하면서 텔리비젼을 보곤했다.

당신의 명치를 강인하게 단련시키기 위해서는 사진 P와 Q에서 보는바와 같이 메디신볼(medicine ball)을 사용하고 그것을 당신의 복부위에 떨어뜨려 주는 한사람을 동반한다. 당신의 연습에 변화를 주기 위해서는 이 메디신볼을 당신의 명치를 향해서 일직선으로 던져줄 사람도 필요하다.

이 볼을 잡기전에 그것이 당신의 복부를 가격할 수 있도록 하라(사진 R과 S). 만약 당신이 혼자서 수련을 실행할 경우라면 당신의 중량펀칭·백을 사용할 수도 있다. 백을 힘차게 흔들어 밀어 그것이 당신의 복부를 가격하도록 하라. 당신은 전방이나 후방으로 움직임으로써 충격점을 조정할 수 있다.

만약 당신이 더욱 무거운 충격을 원한다면 그 백을 더욱 세차게 흔들어 밀어라.

당신의 일상생활에 있어서 항상 더욱 많은 보충연습을 할 수 있는 기회는 마련되어 있다. 예를들면 당신의 행선지로부터 몇가(街)나 떨어진곳에 당신의 차를 세워놓고 활기있게 걸어라.

엘리베이터를 피하고 그 대신 층계를 이용한다. 층계을 오르는동안 당신은 런닝해서 오른다든지 혹은 1계단, 2계단을 가볍게 뛰어오르는둥의 훌륭한 연습의 기회를 가질 수 있는것이다.

# BRUCE LEE'S TRAINING METHODS

## 부르스·리의 트레이닝 방법

### By Mitch Stom

부르스·리의 트레이닝 방법에 대한 수많은 문의에 답하기 위하여 여기에 부르스·리의 모든 트레이닝 기구와 매일에 걸쳤던 그의 단련에 대하여 소개한다. 부르스·리가 사용하던 기구들 중의 어떤것들은 그가 몸소 창조해냈고 다른 어떤것들은 그 자신이 "절권도"에 적합하게 직접 개조한 것이었다.

「누구에게나 호신술을 적합하게 가르치는 유일한 방법은 몸소 제자들 개개인에게 접근하는것이다」라고 부르스·리는 말하였다.

「우리들 개개인은 서로 다르며 또 우리들 개개인은 자신에 적합한 형태로 가르쳐야 한다. 내가 적합한 형태라함은 가장 유용한 기법들이 한사람의 개인적인 경향에 맞게 단련되는것을 의미한다. 우선 그 자신의 능력을 발견하고 그리고는 이러한 테크닉들을 개발하는것이다」

부르스·리는 만일 옆차기를 실행함에 있어서 근본적인 원리가 위반되지 않는한 '뒷꿈치'가 '앞꿈치'보다 높아야 한다는 이론은 중요하다고 생각지 않았다.

「모든 전통적인 무술에서는 트레이닝은 단순한 생산적인 모방의 반복일뿐 개성은 무시되고 있다」 부르스·리의 주장이었다.

절권도에 있어서 부르스·리는 모든 무술가를 위하여 육체적인 컨디션은 필수불가결한 것이라고 강조했다.

「만약 당신이 육체적인 여건을 갖추지못한 상태라면 당신은 어떤 고된 스파링도 행할 수 없을것이다. 나에게 있어서는 앞에서 언급한 '육체적인 여건'을 완성시키는데 가장 으뜸가는 훈련은 '런닝(Running)'이다. '런닝'은 당신이 살아가는동안 당신의 육체적인 컨디션을 유지하기 위해서는 너무나 중요한것이다. 당신이 달리는한에 있어서 하루중의 어느시간에 당신이 달린다는것은 중요하지 않다. 그것의 시작에 있어서 당신은 간단하게 '조깅'을 해야한다. 그러다가 점차로 '거리'와 '템포(속도)'를 증강시키고 마침내 당신의 흐름을 발전시키기 위해 질풍같이 역주하는것 역시 포함시켜야 한다」

화요일부터 토요일까지 부르스·리는 매일 15분에서 45분(2마일~6마일)동안을 중단없이 달린다. 동시에 그는 '런닝'하는중에도 절권도의 '풋·워크(Foot Work)를 첨가하여 단련한다. 부르스·리는 각 개인은 보충적인 트레이닝·스케줄을 포함해야 한다고 믿고있었다. 보충적 트레이닝의 스케줄은 한사람이 체육관이나 무술관에서 트레이닝 하는것만 의존하는것이 아닌 체육관의 트레이닝 시기동안 여러종류의 기구들을 활용하는 그 자신의 독특한 트레이닝·스케줄을 의미하는 것이다.

부르스·리는 보충적인 트레이닝을 실행하면서 최정상의 육체적인 컨디션을 유지하기 위해 충실히 그것을 따르고 있었다. 그의 트레이닝은 스피이드' '민감성' '위력' '유연성' '지구력' '타이밍' 그리고 '근육운동조정'을 강조했다. 부르스·리는 역시 '적합한 영양섭취'와 '충분한 휴식'이 함께 행하여져야 한다고 믿고 있었다.

철봉이 달린 아이소메트릭(ISCMETRIC) 운동은 부르스·리가 그의 다리를 발달시키는데 도움을 주었다. 그는 그의 발뒷꿈치를 치켜올리고 그의 등으로 철봉을 들어 올림으로서 이러한 운동을 수행했다. 그는 자신의 수족과 그리고 동체를 "이 훈련의 도구"라고 불렀다.

「단지 당신이 이 보충 트레이닝에 '훌륭해졌다'는 이유로하여 '익스퍼트'가 되었다고 생각해서는 안된다. 실제 '스파아링'이야말로 궁극적인 것이고 이 보충트레이닝은 오직 실제적인 스파아링을 향한 하나의 부분이라는것을 명심해야한다. 」

런닝외에 부르스·리는 역시 복부를 위한 단련(웃몸 일으키기와 Leg raises 와 같은것)의 중요성을 강조했다.

「뚱뚱하며 배가 커다랗게 튀어나온 중국무술사범중의 한사람이 당신에게 그의 '치(氣)(chi)' 혹은 내적인 '파워'가 그의 복부에 잠재하여 있다고 말한다면 비록 그가 거짓말을 하는것이 아니더라도 그것은 '타락'하고 '퇴색'된 이론인것이다. 그의 육체를 어리석게 방치해 둔다면 그 사범은 뚱뚱하고 못난자 이외에는 아무것도 아니다」라고 부르스·리는 비난하였다.

### 무술의 도구들

부르스·리는 그의 손과 발, 그리고 육체를 '무술의 도구'라는 말로 표현하였다. 손과 발들은 매일의 단련에 의해서 능률적으로 날카롭게 개선되어야만 한다. 이러한 과정을 해설하기 위해서 부르스·리는 모든 무술가들이 활용할 수 있는 그의 트레이닝 기구중의 여러가지 종류를 소개해 주었다.

부르스·리의 트레이닝 기구들 중에는 절권도를 위하여 특수하게 제작된 다른 기구들도 있으나 여기에서는 소개하지않는다. 부르스·리가 유용성

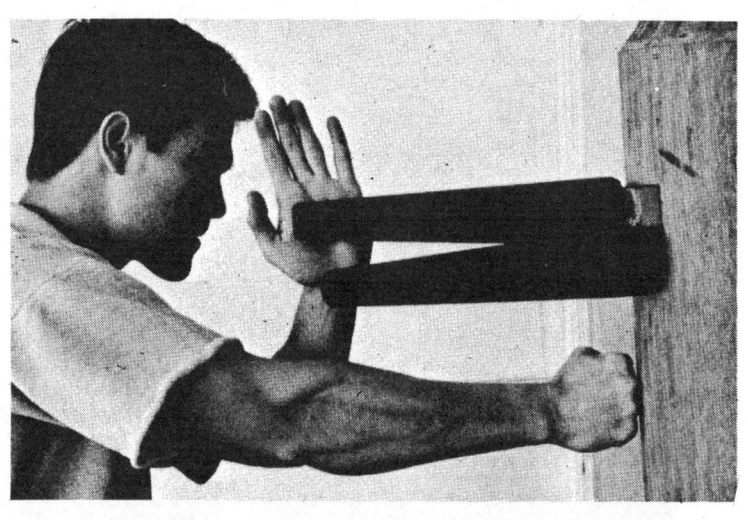

고정한채 동시에 펀칭하는것은 절권도에서의 기본 기법이다(전 페이지). 부르스·리는 동체모형(dummy)이 자신의 강력한 펀치를 감당할수 있기 때문에 자신의 훈련에 큰몫으로 주입시켰다. 낭심차기도 그는 이 동체인형으로 연습한다. 카운터·펀치를 넣기위한 그의 우측손에 주목 바람.

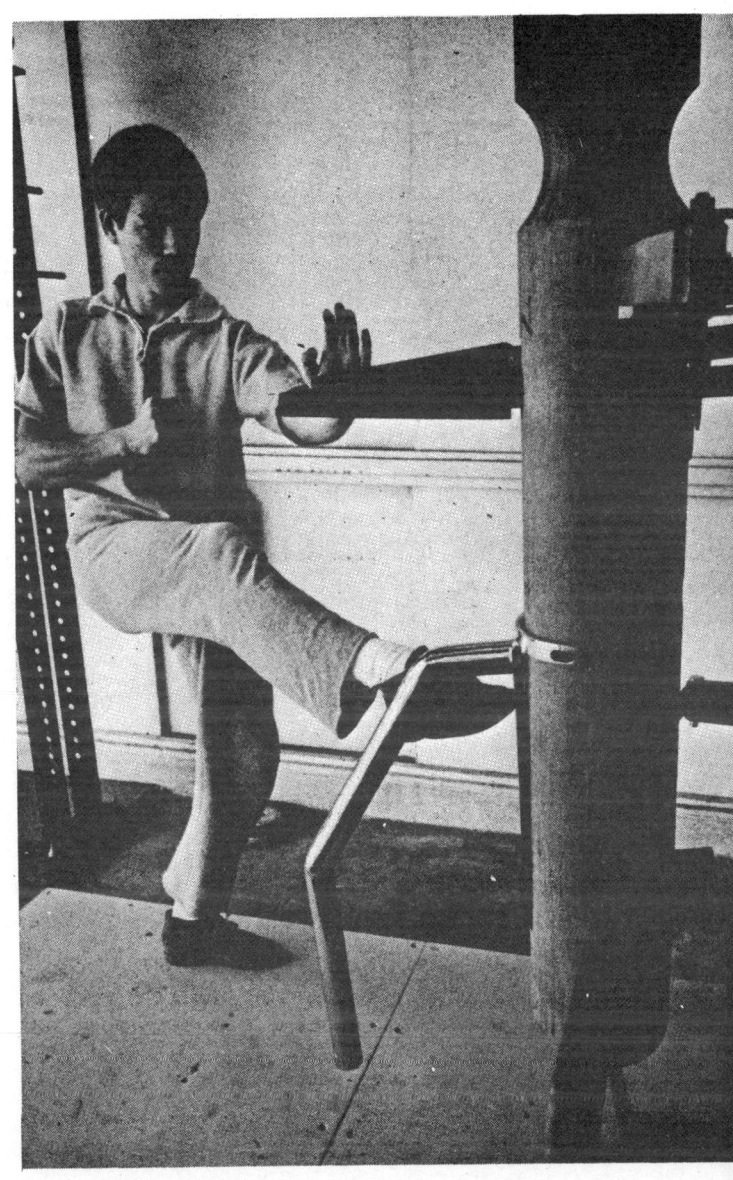

을 발견한 트레이닝 기구중의 독특한 기구는 그가 홍콩으로부터 가져온 영춘권에서 쓰이는 목재인형을 개량한 '휴대용 목재인형'이다. 부르스·리는 그의 '파워'와 더욱 훌륭한 테크닉을 개발하기 위하여 대략 6피이트의 키에 12인치 직경인 목재인형을 사용하였다.

이 목재인형은 탄력있는 금속으로 지탱되고 있는 8′×8′의 단(壇) 위에 직립하고 있는 것이다. 이 인형은 목아래에 약 2피이트의 길이로 뻗어나온 두개의 손과 중심에 또다른 하나의 손을 가지고 있다. 이 손들은 느슨하게 조립되어 있어서 유동할 수 있게 되어있다. 이 목재인형에는 밖으로 뻗어나와 아래쪽을 향한 하나의 금속다리가 있다. 이 목재인형의 손들은 '팍·사우(방어와 펀치)'와 '치·사오(들어붙는손)'의 테크닉을 단련하는것에 사용되어진다.

부르스·리는 이 목재인형이 결코 살아있는 스파아링 파트너를 대신할 수 없다는 사실을 인정하지만 그것이 매우 유용하다는것을 강조하였다. 팍·사우(Pak Sau)의 예를 든다면 '방어와 끌어당기는 테크닉'들은 목재인형이 파괴되지않는 한도내에서는 충만한 완력으로 가할 수 있기 때문이었다. 목재인형은 또 인간에게 곧게 펀치를 날리는 방법을 가르치는데 이용될 수 있다. 인형의 발은 무술가가 항상 그의 앞다리를 적수의 다리에 자동적으로 교착시키는 법을 가르치는데 유익하다 (이것은 적수의 발차기를 방해하는 역할을 한다).

또 인형의 발은 정강이를 향한 킥을 단련하기 위하여 소중한 것이다.

부르스·리는 여러종류의 색다른 펀칭·백을 사용하고 있었다. 벽에 부착된 콩으로 채워진 정사각형의 백은 심오하고 관통력있는 테크닉들을 발전시킨다. 또한 이 백은 어떤 사람을 타격하는것같은 느낌을 주었다. 발차기의 테크닉들 역시 이 기구에 적용할 수 있었다. 무명으로 채워진 70파운드의 중량 복싱·백은 펀칭과 발차기의 양면에 사용되었다.

「이 무거운 백은 타이밍을 발전시키는 나의 트레이닝에 있어서 매우 귀중한 것이다」부르스·리는 말하였다.

"그 백은 내게 발차기의 정확한 순간을 가르쳐 주고 내가 가장 위력적인 발차기를 산출할 수 있도록 정확한 거리를 인도해준다. 이 중량 백은 역시 무겁고 연속적인 펀치로서 적수의 균형을 무너뜨리고 그 적수가 자신의 역량을 회복하는것을 방해하는 연습에 이용된다. 중량백을 가지고 트레이닝할때의 위험은 이 백이 공격에 대응하는 반작용을 하지않으므로 단련자가 만약 부주의하게 그 백을 향하여 펀치를 날리는 습관을 들인다면 실천에 임하였을때 부상당하기 쉬운점인것이다.„

秘伝・截拳道의 道

## 앞팔을 강하게 하기위한 기계

## 펀치의 위력

「첫번째 룰은…」부르스·리는 지적한다.

「항상 당신 자신을 방어한 태세에서 백에 가격해야하며 백의 주위를 돌며 그것과 함께 스파아링 하는동안 절대로 몸을 감싼 상태를 열어주는 일이 있어서는 안되겠다. 그 동작들은 당신이 풋·워크를 사용하며 사이드·스테핑, 페인팅(Feinting), 백을 향하여 다채로운 발차기와 타격을 날리는것을 의미한다. 결코 그 백을 밀거나 가볍게 튕겨서는 안된다. 그것을 통해서 펀치와 발차기를 파괴력있게 작렬시키는 것이다. 발차기와 펀치의 파워(위력)

秘伝・截拳道의 道

는 많은 사람들이 생각하고 있는 발차기나 타격에 의해서 전달되는 힘으로 부터 나오는 것이아니라 육체의 완벽한 상태에서 정확한 순간과 정확한 자세가 완전 일치되면서 산출되는것임을 명심해야 한다」.

부르스•리에 말에 의하면 한쌍의 탄력있는 끈으로 지탱되고있는 구식의 스피드•백 역시 매우 기능적이라고 한다. 그것은 풋•워크와 펀치의 조화를 발전시키는데 유용하다. 사실상 그는 이 구식의 스피드•백을, 현대의 스피드•백이 오직 '율동적인 단련'을 하는 기능만을 가지고 있기 때문에 대신 타이밍의 단련을 위한 기구로 택하고 있었다. 부르스•리는 현대의 스피드•백은 오직 눈을 빠르고 날카롭게 그리고 양손을 높이 쳐든

**혹킥**은 부르스•리가 즐겨하던 동작으로 (전페이지), 그는 아주 작은 소형 백이나 한장의 종이를 이용하여 연습하였다. 그는 자신의 예술(무도)을 완전하게 하기위하여 연습하는 동안에도 어떤 동작의 변화를 발견하려고 노력하였다. 또한 그는 중량백으로 사이드 킥을 연습하기를 즐겨했다. 그는 그 백(70lbs)을 가장 중요한 기구로 생각하였다. 그 킥의 충격은 그의 파트너로 하여금 휘청하게 하는 정도였다.

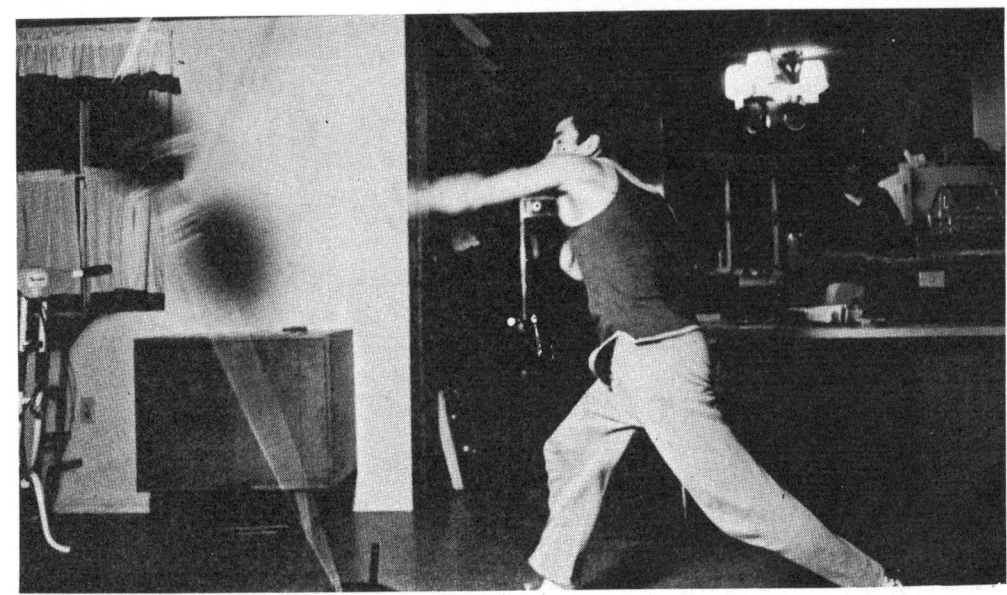

부르스·리는 정확한 펀칭과 풋워크를 향상 시키기 위하여 구식모형의 스피드백을 사용했다. 그 백은 펀칭당했을때 바운드가 신속하였으므로 부르스·리에게 타이밍과 신속한 반사작용을 기르는데 큰 도움을 주었다(상) 천정에 매달려있는 한장의 종이를 펀칭하는것은 그의 가벼운 반사작용을 향상시키는 또다른 부르스·리의 운동형식이었다.

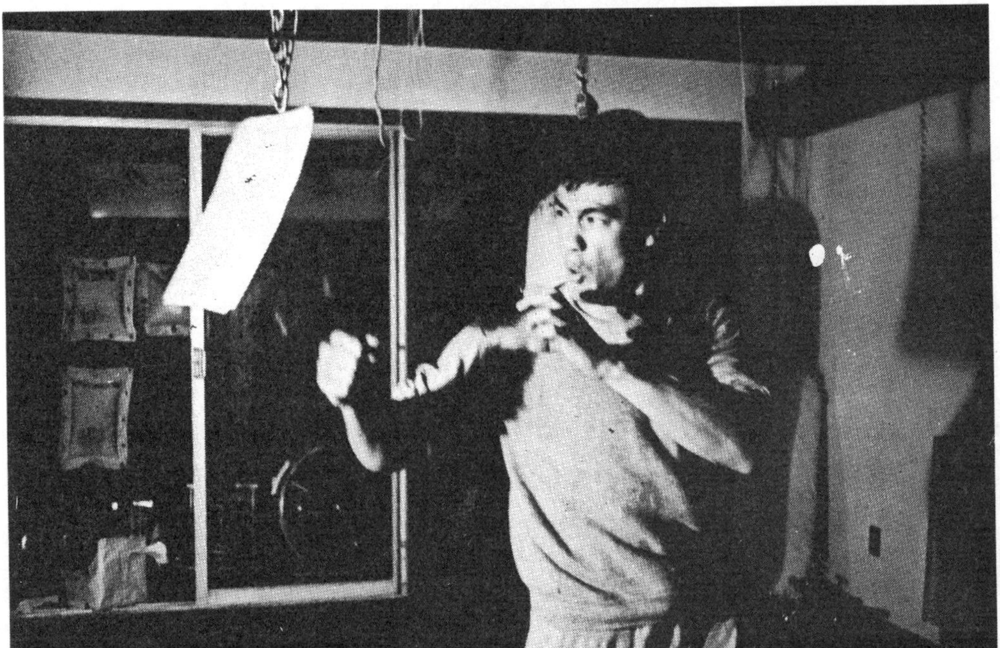

상태를 유지하는 것에만 유용하다고 강조하였다.

「구식의 스피드·백은 당신에게 곧바로, 또 직각으로 타격하는 방법을 가르쳐 준다. 만약 당신이 그 백을 직선적으로 타격하지 않는다면 그 백은 당신에게 곧바르게 돌아오지 않을것이다. 풋·워크를 가르쳐주는것 외에도 당신은 역시 그 백을 위쪽으로 올려칠 수 있게된다. 또 다른 기능은 펀치를 날린 후 이 백은 즉각적으로 되돌아올것이다. 이것은 당신에게 경계심을 키워주고 한번 타격한 후 재빠르게 '원상태'를 복구시켜 주는 구실을 한다」 부르스·리의 해설이다.

부르스·리는 이 백을 타격할 때는 율동적인 모우션(동작)보다는 변칙적으로 타격해야 한다고 충고하였다.

「실제적으로 마치 백을 당신의 적수인것처럼 생각하고 싸워라」

부르스·리는 모든 다채로운 종류의 펀치를 완성시키며, 얼굴을 향한 그의 훅·킥(돌려차기; Hook Kick)을 연습하기 위해서 원형의 펀칭·패드(Punching Pad)를 사용하였다. 그의 파트너는 부르스·리가 유동하는 목표물을 향하여 가격할때 높이와 거리를 조정할 수 있었다. 펀칭·패드는 펀치 단련에 있어서는 재산과 같은 것이며 펀칭의 숙련을 습득하는데 필수 불가결한 것이다.

이 펀칭·패드는 한사람이 그의 펀치를 날리는데 아무런 신호도 알리지 않고 펀치를 날릴 수 있는 방법을 가르쳐준다.

재빙·패드(Jabbing Pad)는 적수의 눈을 찌르는데 필요한 스피드를 증가시키는 용도로 쓰인다. 이것은 한사람에게 그의 손가락을 다치지 않고도 잽을 날리는 것을 가르친다. 부르스·리는 많은 가라데 선수권 대회에서 그의 스피이드를 시범해 보인바 있었다. 불과몇 피이트 떨어진 거리에서 부르스·리가 그의 찌르기를 시도했음에도 불구하고 그 누구도 부르스·리의 공격을 방어할 수 없었다.

종이 목표물 — 높이의 구분없이 무거운 로우프나 체인에 매어져있는 한 장의 종이는 스피드를 증가시키고 위력을 위한 '육체의 적합한 운용'을 돕는데 사용된다. 이 종이 목표물은 펀칭에 있어서 둔부(hip)의 동작을 발전시키고 옆차기(Side Kick)와 돌려차기(Hook Kick)의 양면을 발전시키키는 것을 도와준다. 이 종이목표물의 또다른 유용성은 적당한 거리를 가르쳐 주는데 있다.

움직이는 목표물을 향한 적당한 거리와 관통력을 발전시키기 위한 부르스·리는 호신구로 감싼 파트너를 상대하거나 혹은 '공기·백'을 파트너로 하여금 들고있게 하고서 트레이닝 하였다. 그의 파트너는 우뚝 선채로 부르스·리가 날리는 킥의 공격을 받아내거나 혹은 그 공격으로부터 뒤로 몸을 후퇴시킬 수 있었다. 전자는 초심자를 가르침에 있어서 각별하게 귀중한 발치기의 적합한 응용을 가르쳐주며 후자의 트레이닝은 관통력을 가르쳐준다. 파트너는 부르스·리의 공격이 시도될것이라고 생각되자 마자 가능한한 잽싸게 뒤로 물려나려고 노력한다. 이 연습은 두사나이에게 모두 귀중한 것이다. 한 사람은 관통력을 배우고 나머지 한사람은 재빠르게 후퇴하는 법을 배우게된다.

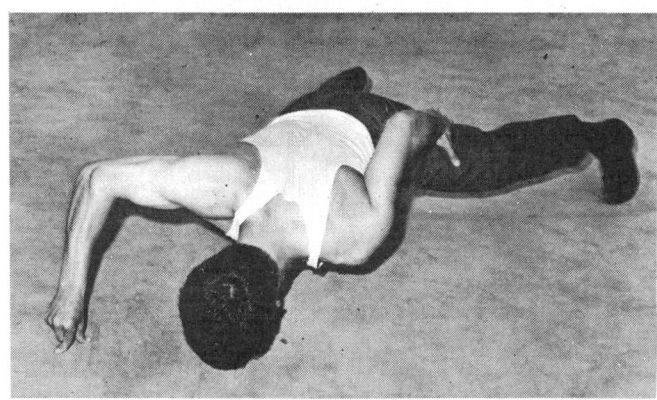

엄지와 집게를 이용한 부르스·리의 혹독한 트레이닝

秘伝・截拳道의 道

  부르스·리와 함께 연습했던 많은 정상급의 가라데·맨들은 이 단순한 부르스·리의 공격으로부터 도저히 후퇴할 수 없었다고 증언하고 있다.
  호신구는 때때로 공격을 날카롭게 하기위하여 사용된다. 파트너는 공격하지 않고 격투준비 자세에서 적당한 거리를 유지할것이다. 부르스·리가 공격하기 시작함으로써 파트너는 타격하려고 노력할것이고 방어 혹은 후퇴하려고 할 것이다. 부르스·리는 실제적인 스파아링 속에서 그의 적수를 타격하는 실질적인 느낌을 거의 가질 수 있었던 것이다.

### 변칙적인 리듬

호신구를 착용한 자유분방한 스타일의 스파아링은 부르스·리의 트레이닝·스케쥴의 목록에서 으뜸을 차지하고 있었다. "어떠한 투기술의 연습에서나 자유분방한 스타일의 스파아링보다 더 중요한 것은 없다. 스파아링속에서 당신은 적합한 호신구를 착용하고 전력을 다해야한다. 그런후에야 당신은 진정으로 발차기와 펀치 그 외의 모든 기법을 전달할 수 있는 정확한 타이밍과 거리를 터득할 수 있는 것이다.

모든 타입의 사람들과 스파아링을 한다는것은 훌륭한 아이디어라고 할 수 있겠다. 예를 들어 키가 큰사람, 키가 작은사람, 빠른사람, 서투른 사람 …더구나 서투른 상대는 그의 서투름이 마치 일종의 변칙적인 리듬과같이 사용되어지기 때문에 그보다 더욱 뛰어난 상대를 당황하게 만들것이다. 가장 으뜸가는 스파아링·파트너는 비록 무술에 대해서는 아무것도 모른다 하더라도 빠르고 힘찬 사람이다. 마치 미친 사람처럼 할퀴고, 쥐어뜯고, 갈기고, 발로

1967년 롱비치에서 열린 가라데 챔피언쉽. 그가 경이의 원·인치펀치를 피력하였던 시합이다.

걸어차는 등 전력을 투구하는 사람이야말로 최고의 스파링·파트너가 될 수 있는것이다" 부르스·리의 주장이다.

「내게 있어서 스파링면에서 볼때에는 전체적인것은 매우 중요한것이다. 많은 유파가 그들은 모든 타입의 공격법에 대항할 수 있다고 부르 짖으며 자기네 무술의 구조는 모든 각도와 선(線)의 공격으로부터 방어할 수 있는 모든 가능한 각도와 선으로 이루어져 있다고 강조한다. 만약 이것이 사실이라면 어떻게 이 서로 다른 모든 스타일들이 생겨났을까? 또 만일 그들이 전체적인면에 입각해 있다면 왜 어떤자들은 오직 직선적인 스타일을 이용하고 다른 이들은 곡선의 스타일을 사용한단 말인가? 어떤이들은 오직 발차기의 기법들만을, 그리고 아직도 다른이들은 그것과는 달라지기 위하여 그들의 손을 이용한 가격이나 손가락으로 튕기는 스타일에만 의존하고 있단말인가? 내게 있어서 실전의 작은 일면에만 의존하려는 방식은 실제적으로 속박된 개념 외엔 그 어떤것도 아니다」. 부르스·리는 계속 다음과 같이 말하였다.

「실전의 한 '정해진 패턴'만을 단련하는 배타적인 무술가는 그의 '자유를 잃고 있는것이다'. 그는 실제로 하나의 선택된 패턴을위한 노예가 되어가고 있는것이며 그 패턴이야말로 진정한 것이라고 느낀다. '실전의 길'이란 개인적인 선택이나 공상에 기초를 둔것이 아니기 때문에 그러한 사고방식은 진실을 방해하는 장벽 외에는 아무것도 될 수 없는 것이다. 대신 그 사고방식이 순간에서 순간으로 부단하게 변화한다면 낙담한 격투가는 곧장 그의 '선택된 고정적 무술'은 적응성이 결여되어 있다는 것을 발견해 낼것이다. 트레이닝에 있어서 무작정 한다는것보다 자신의 존재를 알아야 하겠다. 한 사람은 자유로와져야만 한다. 형(型)의 복잡성 보다는 표현의 단순성이 되어야만 한다. 그는 스파아링에 있어서 관습과 형식에 조종당하는 로보트가 아닌 지각있게 살아 움직이는 사람으로서 모든 각도로 부터 펀치와 킥을 날려야만 한다.」

「물과같이 실전은 무형(無型)이 되어야만 한다. 컵에 물을 부었을때에는 그것이 컵의 부분이되고 병에 부었을때는 그것은 병의 부분이 되는것이다. 발차기나 펀치를 그와같이 다른 상황에 대처한것처럼 날리도록 노력하여야 한다. 그것은 탄력있는 것이다. 그것을 움켜잡아라. 그러면 그것은 주저하지않고 산출할것이다. 사실 압력이 그것에 작용한다면 그것은 탈출할것이다. 무(無)는 제한 받을 수 없다는 사실과 가장 부드러운 사물은 꺾어지지 않는다는 사실을 명심해야 한다」

「스파아링이나 실전에 있어서의 능률은 정확한 고전적인 그리고 관습적인 형(型)의 물질이 아니다. 능률은 규정지어 말할 수 있는것이 아니다.

공상적인 형과 고전적인 규정은 스파아링을 마치 종이푸대의 형상속에 1 파운드의 물을 감싸서 묶으려고 노력하는것과 같은것이다. 정지상태나 고정된, 그리고 죽은 어떤것은 쫓아버린다거나 뚜렷한 한계를 가지고 있지만 움직이고 살아있는 어떤것은 한계를 지을 수도 쫓아 버릴 수도 없는 것이다. 스파아링에 있어서는 어떠한 정확한 한계나 방법이 있을 수 없으나 그 대신 지각력과 적응성, 자아의식을 깨달을 수 있다. 그것은 순간에서 순간으로 살고있는것이다」

단단함 대 부드러움, 그리고 내적인것대 외적인것은 중요한것이 아니다. 진실속에 위치한 음과 양은 전체를 $\frac{1}{2}$로 나누고있다. 각각의 $\frac{1}{2}$은 동등하게 중요시되며 각각은 서로 의존하고 있다. 만약 어떤 사람이 견고한 면과 부드러운 면 중의 어느 하나를 부정한다면 이것은 그 사람을 극단적인 면으로 이끌것이다.

이 양면의 어느 한쪽에만 집착하는 사람들은 '육체적인 경계'나 혹은 '지적(知的)인 경계'를 짓는사람들로 알려지고 있다.

그러나 전자가 더욱 인내력이 있다.

최소한도 실전에서는 그들은 노력을 할줄안다.

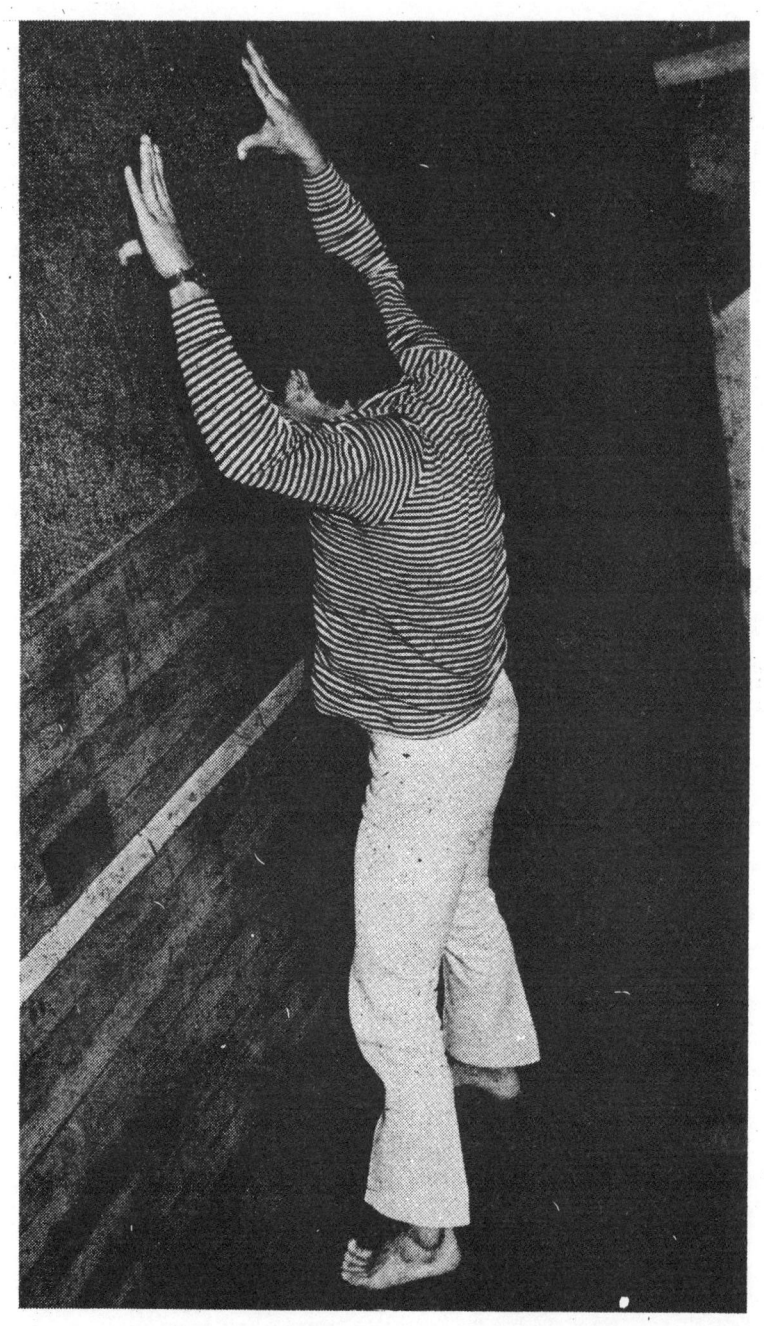

## 네가지의 말

**The Martial Arts Including Boxig**

● 다른자를 보라.

무도는 기술에 대한 모든 이해에 그바탕을 둔다. 근육의 단련이나 힘의 사용은 쉬울지 몰라도 무도의 모든 기술을 완전히 이해하기란 매우 어렵다. 그러기 위하여서는 모든 생물의 자연적인 거동을 낱낱이 연구하지 않으면 안된다. 그러나 다른 자의 무도를 이해하는 일이 절대 불가능한 것은 아니다. 그의 타이밍과 약점을 자세히 살펴보는것이 좋다.

이들 두가지 요소, 즉 타이밍과 약점을 알아냄으로써 상대를 비교적 쉽게 쳐서 쓰러뜨리는 능력을 얻을 수 있는 것이다.

A Taoist Priest

● 무도의 진수(眞髓)는 기술을 이해하는 것이다, (*The heart of the maitial arts is in understanding techniques*)

기술을 이해하려면 그것이 많은동작의 요약(要約)이라는 점을 알지 않으면 안 된다. 요약된 동작은 매우 기묘하게 느껴진다. 이와같은 겉치레없는 간결한 동작은 초심자의 눈에는 그저 어색하며 이상하게 보일 수도 있다.

그러나 이와같은 동작이야말로 뛰어난 기교, 신속한 변화, 그리고 다양성과 스피드가 풍부한 것이다. 무도란 선과 악의 개념처럼 상반된것을 포함하고있다고 말하여도 틀린것은 아니다.

무도가의 마음을 나의 마음속에 받아들여 그것을 자신의 일부로 만드는것은

부르스·리와 자필서

푸리-스타일(자유스타일)의 완전한 포함과 활용을 의미한다. 이것을 습득할수 있게 되었을 때 한계라는 것이 전혀 존재하고 있지 않음을 알것이다.

● 실기상(實技上)에서의 경계를 요할것.
(*Precautions on physical techniques*)

어떤 종류의 무도는 매끈한 기교와 산뜻한 형(形)으로 관중들에게 매우 인기가 있다. 그러나 우리들은 그런것을 경계하지 않으면 안된다. 이런 부류의 것일수록 물에탄 포도주와 다를바 없는 것이다. 물에 섞인 포도주는 진정한 의미에서 포도주가 아닌 것이다. 좋은 술도 아니며 진짜라기엔 더욱 어렵다.

또 어떤 종류의 무도는 보기에는 신통치 않을지라도 실력이 있고 짜릿한 맛, 제맛이 있다. 그것은 마치 오리브의 열매와 같은 것이다. 그것은 맛도 좋지만 감칠맛이 강하게 남는다. 요는 그 독특한 맛에 대한 기호(嗜好)를 기르는 것이다. 아직껏 물에 탄 포도주를 좋아 하는 사람은 없다.

● 후천적 재능과 선천적 재능(*Acquired talent and matural talent*)

어떤 사람은 좋은 체격, 스피드감각과 충분한 스테미너를 가지고 태어난다. 그

이상 바랄것은 없겠지만 그러나 무도에 있어서는 배워야하는 모든것이 후천적인 기술인 것이다.

무도를 흡수하는 일은 불교를 경험하는 것과 다를 바 없다. 즉 그것에 대한감각은 마음에서 오는 것이며 자기가 필요로 하는 것을 얻기 위하여 헌신하는 것이다. 그렇게 하여 그것이 자기의 일부가 되었을 때에야 자신이 그것을 습득한 것을 비로소 알게 되는 것이다. 그것이 성공으로의 길인것이다.

자신은 결코 그것의 전체를 이해하지 못할지도 모른다. 그러나 이해하고자 하는 노력을 게을리 하여서는 안된다. 이렇게 진보함에 따라서 단순한 방법을 찾아내게 되는 것이다.

자연의 소박한 길을 관찰하는 것을 잊어서는 안된다. 그렇게 함으로써 이제까지 느끼지 못하였던 새로운 인생을 경험하게 된다.

A Taoist Priest

# ■ 사랑하는 부르스 · 리를 대신하여

▶ 부르스 · 리의 자랑의 상징으로서―――  린다 · 리

   나의 남편 부르스는 언제나 자신을 첫째로 무도가, 둘째로 배우라고 생각하고 있었읍니다. 13살때, 부르스가 영춘류쿵후(詠春流功夫)를 자기방어의 목적으로 배우기 시작한 이래 그간의 19년이란 자기의 지식을 과학, 예술, 철학, 그리고 살아가는 길에 쏟아넣으며 그것들을 확립시켜온 과정입니다. 그는 그의 육체를 운동과 훈련으로 단련시키는 한편 그의 정신은 독서와 숙고(熟考) 하는 것으로 단련시켰읍니다. 그리고 19년에 걸쳐서항상 자기의 사상과 아이디어를 기록하여 왔읍니다. 이 책의 한페이지 한페이지가 부르스의 생애의 자랑이기도 한것입니다.
   1970년, 부르스가 등에 심한 중상을 입었을때 그의 주치의는 그에게 이 이상의 무도훈련을 중지하고 등이 나을때까지 그대로 누워있으라고 명령하였읍니다. 이렇게되어 6개월간을 그는 침대위에서 보내지 않으면 안되었읍니다. 이 시기는 부르스의 생애를 통하여 가장 큰 고통과 시련에 넘쳐 있던 때라고 생각됩니다. 그러나 그는 항상 침대속에서도 생각하며 자기 나름대로의 긴 세월에 걸치는 권법의 경험을 간추려 보고 있었던 것입니다. 그 결과가 이 책이 된것입니다.
   부르스는 1971년에 이 책을 모두 끝낼 예정이었으나 영화일때문에 완성할 수가 없었읍니다. 그는 또, 이 책을 출판하는 것이 과연 좋은일이될지 나쁜일이 될지 하는것 때문에 잠시 망설이기도 하였읍니다. 그것은 어쩌다 「쿵후(권법)가 나쁜목적에 이용이나 되지않을까」하는 우려에서였 읍니다. 부르스는 이 책을 「쿵후入門(입문)」이나 「10일간에 쿵후를 배우는법」 같은 종류의 책으로 할 의사는 아니었읍니다. 그는 이것이 한 사나이의 생각의 기록, 참고가 되기를 바란것이지 일련의 연습을 위한 책으로는 생각지 않았읍니다. 만일 독자 여러분이 이점을 명백히하고 읽어 주신다면 한 장 한장의 페이지에서 많은 의의를 발견할 수 있으리라 믿습니다. 또 그 중에는 여러분 스스로가 탐구하지 않으면 안되는 의문의 부분도 여럿 나오리라 생각합니다.

이 책을 읽기를 끝마칠때쯤이면 반드시 부르스·리를 좀 더 이해하여 주실거라 믿어 의심치 않습니다. 그러나 저는 그 이상으로 여러분이 자신을 이해하시게끔 되기를 바라고 있습니다. 마음을 무(無)로 하여 읽고, 이해하고, 그리고 경험하고, 어느점에 도달한 후에는 이 책을 버려도 좋겠읍니다.

(부르스·리의 처)

### ▶절권도에 한계는 없다 ―길버트·L 죤슨

　단순한 일이 한사람의 비범한 인간의 손에 의하여 더 말할 수 없는 조화속에서 주의깊게 쓰여졌다. 부르스·리에게는 무도편성법(武道編成法)에서 보여주는 바와 같은 그런 재능은 물론 그것들을 그의 격투동작 속에서 가장 명확하게 보여주는 능력도 갖고 있었다. 부상한 등때문에 몇개월이나 움직이지 못하게 되자 드디어 펜을 잡은 것이다. 평소에 그가 이야기하거나 움직이던 것과 똑같은 가식없는 솔직함을 가지고 쓰기 시작한 것이다.

　음악을 들음으로써 그것을 구성하고 있는 요점을 이해할 수도 그 음(音)이 가지고 있는 특별한 생명도 알 수 있는 것이다. 이런 이유로 린다·리와 나는 부르스·리의 책이 어떻게하여 만들어지게 되었나를 서문(序文)에 써 넣을 기회를 가지게 된것이다.

실제로「절권도」는 부르스·리가 태어나기 이전부터 시작된것이다. 그를 성공시킨 고전적인 영춘류(詠春流)는 그가 태어나기 400여년전에 만들어진것이다. 부르스·리가 가지고 있던 2000여권의 서적이나 그가 읽은 그밖의 헤아릴 수 없이 많은 출판물은 그 이전에 몇천이나 되는 사람들이 한사람, 한사람의「발견」을 기술하고 있는 것이다. 이렇게 볼때 이 책에는 무엇 하나 새로운 것은 쓰여져 있지 않다. 아무런 비밀도 없다.「뭐 별다른 것이 없다니까」부르스·리가 하던 말이다. 그러나 실제는 그렇지가 않는 것이다.

부르스·리는 자기를 무엇보다도 잘 알고 있었고 자신에게 통용(通用)되는 것들을 정확하게 가려낼 수 있었으며 그것들을 동작과 말로서 표현할 수 있는 능력을 가지고 있었다.

그는 공자, 스피노쟈, 크리슈나·몰테이등의 철학속에서 자신의 개념을 발견하고 그 개념을 기본으로 자신의 길을 걷기 시작한 것이다.

부르스·리가 죽었을 때 이 책은 미완성인채였다. 그가 써 놓은 재료는 7권이나 되었으나 간추리다보니 한권이 되었다. 편집할때 그속에서는 하나의 제목과 페이지만이 쓰여진 백지가 몇장이나 발견되기도 하였다. 가끔 그는 자기반성적(自己反省的)으로 자신에게 질문을 던졌는가하면 다른 여러 군데에서는 자신의 눈에 안보이는 학생, 즉 독자를 향하여 쓴곳도 있다. 날림으로 써 내려갔을때는 그 독특한 세련된 표현은 찾아볼 수 없었지만 시간을 들여 썼을때는 표현력이 풍부한 그야말로 웅변인 것이다.

원고속의 몇가지 재료는 어떤 상황속에서 정성들여 썼는지 멋진 회화(会話)같이 유창하게 저술되어 있고 또 어떤부분은 부르스·리의 머리에 잠시 떠올랐을때 써 둔 인스피레이션이나 아이디어의 메모이기도 하였다. 이와같은 경우는 그의 이 작업의 과정에서 가끔 튀어나오곤 한다. 다시말하면 부르스·리는 전 7권의 묶음재료 외에도 자신의 절권도의 발달과정을 노우트나 메모한것을 책상서랍이나 다른 그의 소지품들속에 마구 넣어두었던 것이다. 그 중의 일부는 이미 시대에 뒤떨어져서 사용할 수 없었으나 그외의 비교적 최근에 쓰여진것은 이 책을 편집하는데 매우 유익했었다.

나는 그의 처인 린다의 도움으로 그 모든 재료를 모아 정리하여 거기에 붙인 것이다. 그리고난 후 나는 그 단편적(斷片的)인 아이디어를 이해하기 쉽게 묶어보았다. 이책의 **삽화나 스케취는 전부가 부르스·리의 손에 의하여 그려진 것이다.**

그렇지만 이 책의 편집은 다니·이노산토를 비롯한 그의 제자인 여러명의 교사, 거기에 상급학생의 아낌없는 협력없이는 이루어지지 못했을 것이다. 나는 8년간의 무도훈련과 그 여러분들의 협력으로 부르스·리의 이론을 이 한권의 책으로 모을 수가 있었던 것이다. 여기에 편집자로서 또 개인적으로 무도가의 한사람으로서 제씨(諸氏)에게 감사한 마음을 전하는 바이다.

여기에서 한마디 지적하여 두고 싶은 것은 「절권도」는 완성된 것이 아니라고 하는 것이다. 부르스·리의 예술은 날마다 변화하여가고 있는 것이었다. 예를 들면, 그는 처음에 「5가지의 공격수단」이라는 제목을 「손을 움직이지 못하게하는 수단」이라고 썼었다. 그러나 뒤에 부르스·리는 움직이지 못하게할 수 있는 것은 손만이 아니라 다리, 팔, 머리에도 가할 수 있기 때문에 그 제목이 너무 한정되어 있는 것을 깨닫고 정정한 것이다. 그 때부터 그는 여하한 개념(槪念)에도 이름을 붙이는 것을 몹시 주저하였다.

「절권도」에는 진정 결론이 없다. 그러나 그것에는 발전이라는 의의가 담겨져 있다. 「절권도」는 자신의 무기를 알고있는 사람에겐 간단히 읽힐 수 있는 책이다. 거기에는 어떤 스타일도 수준도 없다. 그가 이 책속에 기술하고 있는 전부에 대하여 예외가 존재할 수도 있다. 그것은 어떤 책이라도 격기(格技)의 전사항을 쓴다는 것은 불가능하기 때문이다. 따라서 이 책은 부르스·리의 배움의 방향을 지시하고 있는 것이다. 혹시 의문이 생긴 경우라면 그것이 단순한 것이든 복잡한 것이든 배우는 사람 자신이 생각하여 해결하지 않으면 안되는 것이다. 보는 바와 같이 삽화나 해설도에 의한 설명도 가끔 있지만 그것으로 독자가 구체적으로 파악한다는 것은 어려울 것으로 안다. 그러나 만약 그 그림에 의문을 가졌다가 그 의문에 대한 답이 나왔다고 한다면 우리들의 목적은 이루어진것이 된다.

우리들이 바라는 것은 이 책이 전무도가에게 아이디어를 제공하여 그것을 더욱, 더욱 발전시키는 일이다. 또 우리들은 「절권도」의 명성은 알고 있으면서도 그 기술에 관한 지식을 거의 갖고 있지 못한 사람들에 의해서 절권도도장이 안이하게 세워지지 않을까 염려하는 바이다. 주의를 게을리 하지 말기를 부탁하고 싶다. 만일 그런 교사들이 마지막 가장 중요한 문장을 놓쳤다면 그들은 이 책을 이해하는것이 이미 실패하고 있는 것이다.

마지막으로 다시 한가지 말하여 두고자 하는 것은 이 책에 있어서 분류 그 자체는 그리 중요한 의미를 가지고 있지 않다는 점이다. 그것은 속도와 힘, 정확함과 차기, 혹은 찌르기와 거리등의 사이에 어떤 선을 그을 수는 없기 때문이다. 격투동작도 하나의 요소는 그것을 둘러싼 다른요소에 영향을 주게 된다.

나의 분류는 그저 읽기 위하여 편리하게 한것 뿐이다. 그것보다는 당신 자신이 관련성있는 사항을 찾아 좋을대로 표시해가면서 읽어달라고 부탁하고 싶다. 부르스·리의 절권도에는 아시는 바와 같이 어떤 확정된 선도 한계도 없는 것이다. 어떤 것은 그저 독자자신이 만들어낸 것일 뿐이다.

(편집자)

秘伝・截拳道의 道

# 차 례

전통적인 가라데로 부터 당신자신을 해방시켜라 ——————— 2
부르스·리의 기본 트레이닝 ————————————————— 13
부르스·리의 트레이닝 방법 ————————————————— 32
4 가지의 말 ——————————————————————————— 51
사랑하는 부르스·리를 대신하여 ——————————————— 55
   부르스·리의 자랑의 상징으로서(L·리)
   절권도에 한계는 없다(G.L. 존슨)

## ■마음(心)의 章 ——————————————— 61
   선(禪)에 대하여 ——————————————————————— 62
   혼(魂)의 예술 ———————————————————————— 10
   절권도의 길 ————————————————————————— 68
   형식파에 대한 의문 ————————————————————— 72
   절권도의 방법 ———————————————————————— 85
   무형(無形)의 형(形) ————————————————————— 86

## ■초심(初心)의 章 ——————————————— 89
   트레이닝 ——————————————————————————— 90
   준비체조 ——————————————————————————— 93
   방어자세 ——————————————————————————— 94
   진행하는 수족(手足)의 자세 ———————————————— 102
   8가지 기본적 방어자세 ——————————————————— 105
   타점(打点) —————————————————————————— 108

## ■기능(技能)의 章 ——————————————— 115
   통합 —————————————————————————————— 116
   정밀 —————————————————————————————— 119
   힘(力) ————————————————————————————— 120
   내구력(耐久力) ———————————————————————— 122
   밸런스 ————————————————————————————— 123
   보디필 ————————————————————————————— 128
   좋은자세 ——————————————————————————— 130
   시각 —————————————————————————————— 136
   스피드 ————————————————————————————— 139

타이밍 ——————————————— 143
태도 ——————————————— 154

■ 무기(武器)의 章 ——————————————— 157

　JKD의 주된 무기 ——————————————— 163
　킥킹 ——————————————— 169
　스트라이킹 ——————————————— 193
　엉켜싸우기 ——————————————— 227

■ 비치(備置)의 章 ——————————————— 249

　페인트 ——————————————— 250
　패리 ——————————————— 255
　연습 ——————————————— 262

■ 변화(変化)의 章 ——————————————— 265

　거리 ——————————————— 266
　풋·워크 ——————————————— 270
　몸동작 ——————————————— 287

■ 공격의 章 ——————————————— 299

　공격 ——————————————— 300
　공격의 준비동작 ——————————————— 305
　단순공격 ——————————————— 310
　복합공격 ——————————————— 315
　카운터공격 ——————————————— 320
　리포스트 ——————————————— 332
　재공격 ——————————————— 335
　작전 ——————————————— 338
　공격의 5가지방법 ——————————————— 351

■ 무심(無心)의 章 ——————————————— 359

　원주(円周)없는 원(円) ——————————————— 361
　그것은 단지 이름에 불과할뿐이다 ——————————————— 368

■ 용자(勇者)의 생(生)과 사(死) ——————————————— 374

# ■마음(心)의 章

세련된 스피드는
유전이 아니라
배움의 결과이다.

자아의식(自我意識)은 모든 육체활동의 행동에 있어서 최대의 장애이다.

# ■ 선(禪—Zen)에 대하여

● 무도에 있어서 깨우침을 튼다는것은 「참된 지식」, 즉 「참된 생명」을 불분명하게 하는 모든것을 소멸시키는것을 말한다. 동시에 그것은 무한의 확장을 의미하기도 한다. 실제로 사물에게서 가장 중요한것은 전체에 합병되면서 어느 특수부문을 수련하는데 있는것이 아니라 오히려 그 특수부분에 흘러들어가 결합하는 전체에 대하여 자신을 맡기는것이다.

● 나무인형이 되어라. 그것은 자아(自我-ego)를 가지고 있지않다. 그것은 아무것도 생각하지 않는다. 그것은 어떤 욕심도, 어떤 거북스러움도 갖고 있지않다. 동체와 손발은 주어진 지시에 따라 자연히 움직일 뿐인것이다.

● 공(空-0)이라는것은 그것과 그의 중간에 존재하는 것이다. 공은 모든것을 포함하고 있으면서도 어떤 정리를 바꾸지도 않으며 어떤것을 제외하지도 않는다. 그것은 생명이있는 공(空)인것이다. 만물은 그곳에서 생겨나며 그 공을 이해하는 생명과 힘과, 모든 생물에대한 애정으로 흘러넘치게 된다.

● 숙명을 초월하는 방법은 적절한 정신과 의지의 사용방법에 달려있다. 모든 생명의 일치란 자기의 운명이 전체에서는 별개라고 생각하는 개념(概念), 분리된 자기에게대한 그릇된 인식이 영구히 사라졌을때에야만이 완전히 이해될 수 있는 진실인것이다.

● 자신의 마음속에 그 어떤 숨기는 부분이 남아있지 않다면 외면적으로 자연히 나타나게 되어있다. 동(動)은 물과 같이, 정(靜)은 거울과 같이, 반응은 산울림 같이.

● 무(無)를 어떻게 정의지을 수는 없다. 극히 부드러운것은 부러지지는 않는다.

● 나는 움직이는 동시에 전혀 움직이지 않기도 한다. 나는 영원히 흔들리며 밀어닥치는 파도밑에 보이는 달(月)과 어쩌면 같은지도 모른다. 「내가 이것을 하고있다」가 아니라 오히려 「이것은 나를 통하여 일어나고 있는것이다」또는 「그것은 나를 위하여 이루어지고 있는것이다」라는 방식으로 내 몸속에 받아들이는 깨우침이다. 자기를 의식하는것은 모든 육체적 동작을 한치의 착오도 없이 수행하는데 있어서 최대의 장애이다.

●정신을 어떤 부분에만 한정시켰다는것은 마치 물이 얼어서 얼음이 된것과 다름이 없는것이다. 그것이 필요하다고 느낄때에도 흐르는것을 멈춘 그대로라면 이미 그때는 정신적으로서의 아무런 가치도 없는것이다.

●「움직이지 않는것」이란 차바퀴의 굴대(軸)와 같은것이다. 다시말하면 그것에는 에너지를 분산시키지않고 한점에 집중시키는 그 무엇이 있는 것이다.

●중요한 것은 어떤 공적(功績)을 칭찬하는것이 아니라 공적, 그 자체이다. 그것에는 행위자(行爲者)는 존재하지않고 행위뿐이며 경험자는 존재하지않고 경험만이 존재할 뿐이다.

●자기가 좋아한다거나 자기의 욕망에 의하여 착색(着色)되어 있지않는것은 그것의 본래의 단순함을 보는것이다.

●예술은 자기의식이 존재하지 않을때에야만이 그 최고점에 달한다. 자기가 어떤 인상을 주고있다던가 혹은 주고자 하기이전, 그러한것에 관심을 가지지 않게된 그 순간에 우리들은 자유를 발견하는 것이다.

●완벽한 수단이란 보다 좋아하려는 자에게는 매우 어려운것이다. 좋아하여서도, 싫어하여서도 안된다. 그것은 종이 한장의 무게차이밖엔 안된다 그렇게 한다는것은 하늘과 땅이 분리되는것과 같은것이다. 자신의 눈앞에 명료한 진실이 필요한데에도 「지지한다」와 「거역한다」를 망서리는것은 마음의 최악의 병이다.

●지혜는 선과 악을 분리함으로써 이루어지는것이 아니라 파도의 사이사이에 자연스럽게 순응하는 콜크처럼 적응하는것을 배움으로써 이루어지는 것이다.

●병(病)에는 거역하지말고 함께 살며 그의 상대를 하여주는 것이다. 이렇게 하는것이 그것들을 제거하는 방법이다.

●사실을 정확하게 말한다는것은 그속의 주장하는것들에 구애없이 그 자체가 행위로 나타날때에야만이 선(禪)이다.

●불교에서는 뛰어난 재주는 필요치않는다. 그저 보통이면 된다. 음식을 먹고 배변을 하고, 소변을 보고, 피로하면 들어 눕는것도좋다. 무지한자는 그것을 조소할는지도 모르나 현명한자는 이해할것이다.

일정한 가르침이란 없다. 내가 줄 수 있는것은 특정의 병을 위한 적당한 약이다.

● 자기에 대하여 어느것하나 확정지어서는 안된다. 존재치 않는것같이 빠르게 나아가고 청정(淸靜)하므로서 고요해져라. 잃은것을 획득하는 사람, 다른사람들보다 앞서지 마라. 언제나 그들을 따라라.

● 도망하지 마라. 해방하라. 구하지마라. 최소의 기대가 형성될때 그것은 찾아올 것이다.

● 생각하는 자체를 마치 단념하지 않는것과같이 단념하라. 테크닉을 마치 관찰하지 않는것과같이 관찰하라.

● 확실한 가르침은 없다. 내가 주는것은 그저 일부의 아픈곳을위한 적당한 약에 지나지않는다.

● 불교의 8가지 정도(正道)
거짓의 가치를 올바르게, 인생의 진정한 의미를 가르치며 고뇌(苦惱)를해소하기 위하여 필요한 8가지 실천덕목(實踐德目)은 다음과 같다.

1. 正見 — (올바른 견해) 잘못을 분명하고 확실하게 보지않으면 안된다.
2. 正思惟 — (결의) 병을 완전히 고치려고 결심해야한다.
3. 正語 — (말) 병을 완전히 고치는 것을 목적한다면 도덕적으로 올바르게 이야기 해야한다.
4. 正業 — (행위) 바르게 행동한다.
5. 正命 — (생활) 생계는 치료방법과 서로 충돌하여서는 안된다.
6. 正精進 — (노력) 치료는 병을 막는 스피드로 전진하지 않으면 안된다.
7. 正念 — (생각과 근심) 정신의 통제, 항상 생각하며 자각하여야한다.
8. 正定 — (명상) 깊은 마음으로 숙고하는것을 배워야한다.

# ■혼(魂)의 예술  *Art of the Soul*

● 예술의 목적은 내면적인 구상을 세상에 표현하는 일, 즉 인간의 가장 깊은 **심령적인** 개인경험을 미적(美的) 창작에 의하여 표현하는 일이다. 그것은 그들의 개인적인 경험이 관념적인 세계의 전체의 조직내에서 통용되게히며 일반적으로 인정을 받는것이 되게끔 하는일이다.

● 예술은 어떤것의 내부요소를 이해하므로서 자연스럽게 표면에 나타나며 인간과 「무(無)」와의 관계, 절대의 본질과의 관계에 어떤 형(形)을 부여한다.

● 예술은 생명의 표현이며 시간도 공간도 초월한다. 우리들은 예술을 통하여 세상의 본질에대한 새로운 외관(外觀)과 의의를 부여받기 위하여 우리들 자신의 혼을 던져 넣지않으면 안된다.

● 예술가의 표현은 그 혼(魂)을 명백히 한것이며 그의 교양과 「냉정한」 자기가 표현되어 있는것이다. 하나 하나의 동작에 그의 인간혼이 표현되어있다. 그렇지않다면 그 동작은 무의미하며 아무런 의미도없는 한마디의 말(言)과 같을뿐이다.

● 분명치못한 생각을 버리고 자기의 근본에서부터 작용한다.

● 예술은 결코 표면적인것만이 아닌 깨우침의 결과인 것이다. 다시말하면 예술은 자유를 얻기위한 기술인 것이다.

● 예술은 혼의 반영에 의해서 발달되어진 기교의 완전한 습득을 요구한다.

● 「꾸밈없는 예술」은 그 예술가의 내부에 있어서의 예술적인 작용인것이며 「혼(魂)의 예술」을 의미한다. 모든 기술의 모든 동작은 순수한 〝미(美)의 세계〟에로의 첫걸음인 것이다.

● 예술에의한 창조는 「무(無)」를 원천으로하는 개성의 심령적 표현이다. 그 결과는 혼의 차원을 깊게한다.

● 자연 그대로의 예술은 평화로운 혼의 예술이며 깊은 연못에 비치는 달빛과 같은것이다. 예술가의 최종목적은 자신의 예술에 의해서 인생을 알고 삶의 예술을 찾아내는 것이다. 모든 예술분야에서의 명인(名人)은 우선 첫째로 삶을 아는 명인이 아니어서는 안된다. 그것은 혼이 모든것을 만들어 내는것이기 때문이다.

「소박한 예술」이란 예술가의 내부의 예술적 경과다. 그것의 의미는 「혼(魂)의 예술」이다.

● 모든 애매한 견해는 제자가 당신을 스승이라고 부르기전에 해결하지않으면 안된다.

● 예술이야말로 완전으로의 길이며 인간의 생명이 과연 무엇인가를 아는길이다. 예술의 목적은 정신, 혼, 그리고 감각의 일방적인 증진만이 아니라 인간의 모든 능력, 사고력, 의지, 감각을 자연계의 리듬을 향하여 개방하는 일이다. 그렇게 함으로써 들을 수 없는 소리도 들을수 있으며 자신과 그 소리와의 조화를 이룰 수도 있다.

● 따라서 예술적인 숙련이란 예술적 완벽을 의미하는것이 아닌, 오히려 그것은 심령적 발전에 영속(永續)하는 수단이며 반영인것이다. 그 발전의 완성이란 구체적으로 어떤 형태로 나타나는것이 아닌 ˝인간의 혼˝ 그 자체에서 발산되는것이 아니면 안된다.

● 예술적인 활동은 예술 그 자체속에 존재하는것이 아니다. 그것은 모든 종류의 예술(내적으로 경험한)이 공전하는 세계, 「無」의 속에 존재하는 혼과 우주의 조화가 현실로서. 나타나는 길고 먼 세계를 침투하는것을 말한다.

● 고로 예술적과정은 진실이며 진실은 진리인것이다.

▶ 진리의 길(道) ◀
 1. 진리의 탐구
 2. 진리의 인식(과 그 존재의 의식)
 3. 진리의 감지—感知—(동작을 감지할때와 같이 그 실체와 방향도 감지한다)
 4. 진리의 이해 (일류 철학자는 이해하는 일을 연습한다—공자 단편만이 아니라 전체를 본다—크리슈나·몰테이)
 5. 진리의 경험
 6. 진리의 정복
 7. 진리의 망각
 8. 진리의 전달자의 망각
 9. 진리, 그 자체의 뿌리들을 가지고있는 근본적인 원천으로의 복귀
 10. 「無」에 있어서의 휴식

秘伝・截拳道의 道

그의 혼(魂)은 지금도 절권도 속에서 숨쉬고 있다.

상황을 솔직하게 본다는 것은 어렵다 —우리들 마음은 매우 복잡하다 —그리고 타인에게 마음가짐을 가르치는것도 어렵다.

# ■절권도의 길 *Jeet Kune Do*

● 의지를 정복하는 신념으로 절권도에 접근해야 한다. 이기느냐, 지느냐의 염려는 떨어버리고 자랑스러움이나 고통도 떨어버리는 것이다. 상대에게 나의 살결을 접촉하게하여 찌르며 나가는것이다. 나의 육체에 충돌시켜서 상대의 뼈를 부수는것이다. 나의 뼈를 부수게하고 자신은 그 상대의 생명을 받는것이다. 자신이 안전하게 도망가는 문제를 생각하여서는 안된다. 자신의 목숨은 적의 앞에 두는것이다.

● 그저 마음의 안심을 얻기위하여 무한한 생명의 숨통을 조이는것은, 다시 말하여 제한만 가한다면 어떤 특정한 형(形)으로 굳어버리고 만다. 절권도를 이해하기 위하여서는 모든 이상(理想), 원형, 스타일을 내던지지 않으면 안된다. 절권도에 있어서는 무엇이 이상이며 무엇이 부(否)라는 개념도 버릴 필요가 있다. 당신은 명칭없는 상황을 볼 수 있는가? 그 상황에 명칭을 붙이고, 그 상황을 하나의 단어로 만들라. 그 상황은 공포를 유발한다.

● 상황을 단순하게 보기란 매우 어려운 일이다—우리들의 마음은 극히 복잡하다— 더우기 숙련될때까지 가르치는것은 용이할지 몰라도 사람에게 그 사람 자신의 태도를 가르치기는 어렵다.

● 절권도는 그 자체가 어떤 형이라고 자세를 취할 수 있게 정해진 형을 가지고 있지않다. 절권도에는 스타일이라고 하는것이 없으며 어떤 스타일에도 순응하게끔 되어있다. 따라서 절권도는 모든 방법을 이용하면서도 그 어느것에 의해서도 속박받지 않는다. 더구나 목적을 이루기 위하여서는 자기가 배운 어떤 수단을 사용하는것도 주저할 필요가 없다.

● 최대의 잘못은 싸움의 결과를 예상하는 일이다. 승리로 끝날것인가? 패배로 끝날것인가를 생각해서는 안된다. 자연히 되어가는것에 맡기는 것이다. 그렇게하면 자신의 무기는 적절한 순간, 순간에 공격을 터뜨릴것이다.

● 절권도는 이미 진로가 결정되었을때 주저하지 않는것을 가르친다. 그것은 생(生)과 사(死)를 동등하게 취급한다.

● 절권도는 표면적인것을 싫어한다. 복잡한 내부로 침투하여 문제의 심장부에 도달하여 그 근거가되는 요인을 지적한다.

● 절권도는 숲주위를 두둘겨서 사냥물을 모는것같은 짓은 하지않는다. 멀리 돌아서 가는길을 택하는 짓도 않는다. 목적을 향하여 그대로 돌진한다. 「단순히 2 점사이의 최단 거리이다」.

● 절권도의 묘기는 그야말로 단순화 하는것이다. 그것은 자기자신인 것이다. 어떤것에 관하여 「‥인것」 그대로의 진실인 것이다. 절권도의 의의는 「‥인것」에 있다. 즉, 그 자체에 자유가 있을것. 집착, 속박, 편견, 복잡함등에 의하여 제한받지 않는일 등이다.

● 절권도는 깨우침이다. 그것은 인생의 길이며 직관(直觀)에 의하여 깨우쳐져야 하지만 강한 의지의 힘과 그 통제를 향한 움직임이다.

● 훈련중 학생은 모든 면에서 활동적이며 다이나믹하여야 한다. 더우기 실제의 격투에 임하였을때 그의 정신은 침착하여야 하며 조금이라도 헝크러져 있어선 안된다. 그야말로 아무일도 없는것처럼 되지않으면 안된다. 전진하는 발걸음은 가볍고 정확하게, 눈은 고정되지 못한채 적을 의식하고 있으면 안된다. 태도는 일상의 행동과 조금이라도 변하여서는 안된다. 그리고 그 표정에는 아무변화도 나타내지 말고 어떠한 경우에라도 결정적인 격투를 하고있는 모습을 나타내지 말아야한다.

● 두가지의 목적을 얻는 자연의 무기.
 1. 목전에있는 적을 파괴한다—평화, 정의, 인도를 방해하는 모든것을 소멸시킨다.
 2. 자기보존 본능에 의하여 생긴 자기자신의 충동을 막는다. 마음에 걸리는 모든것을 파괴한다. 사람에게 상처를 입히기 위해서가 아니라 자기의 욕망, 노여움, 그리고 어리석음을 정복하기 위하여 절권도는 자기에게 대하여 향하게한다.

● 펀치나 발차기는 자기를 죽이기위한 무술이다. 그러한 무술은 본능적인 솔직함— 지성이나 복잡한 에고와는 다른 자기분열을 하여 그 자체를 방해하거나 하는 일을 할 수 없는 솔직함—의 힘을 상징한다. 또 그러한 무술은 뒤를 돌아보거나 옆을 보지도 않고 전진한다.

● 인간이 가진 본래의 순진함이나 무심함의 덕분으로 공격이나 방어의 무술은 그들의 특질을 살리며 최대한도의 자유속에서 주어진 임무를 치룬다.

절권도는 표면적인것을 피하고 복잡한 것을 통찰(洞察)한다. 그럼으로써 열쇠가 되는 요인을 제시한다.

그들 무술은 심신과 수족(手足)을 풀로 활동시키면서 눈에는 보이지않는 혼의 상징으로서 있는것이다.

● 「실체(實体)에 대한 형(型)에 맞는 기교를 가지지 않는것」은 완전하고 자유인것을 의미한다. 모든 선과 움직임은 헛됨없이 기능을 다한다.

● 「근거에 대한 무집착(無執着)」은 인간본래의 성질이다. 보통과정에서는 사고(思考)는 쉬지않고 전진한다. 과거, 현재, 미래의 생각함은 끊어짐이 없이 계속 흐르는것이다.

● 「교리(敎理)에 대한 사상의 결여」는 사고(思考)의 과정에서 사상(思想)에게 마음을 빼앗겼다던가, 외부물질에 의하여 더렵혀졌다던가, 명상하면서도 사상을 결하고있는 상태를 의미한다.

● 진정 「이러하다는것」은 사상의 실체(實体)이며 사상은 진정 「이러하다는것」의 작용이다. 「이러하다는것」을 생각하는 일, 사상에 의하여 정의를 내린다는것은 그것을 더럽히는 일이다.

● 도처에 존재하는 진리를 직감할 수 있게끔 정신을 예민하게 초점에 집중하여 놓치는것이 없게하여야 한다.

● 정신은 오래된 습관, 편견, 구속된 사고(思考)의 과정, 그리고 통상적인 사상 그 자체에서 해방되지 않으면 안된다.

● 자아(自我)가 축적하여온 모든 더러움을 털어버리는 것이다. 그리고 진실을 그대로 그 본질에 알맞게 그 적나라한 모습(그것은 불교에 있어서 공허에 대한 개념에 해당하는것)으로 나타내는것이다.

● 채울 수가 있게끔 그릇을 비워라. 전부를 얻기 위하여서는 무(無)가 되어야 한다.

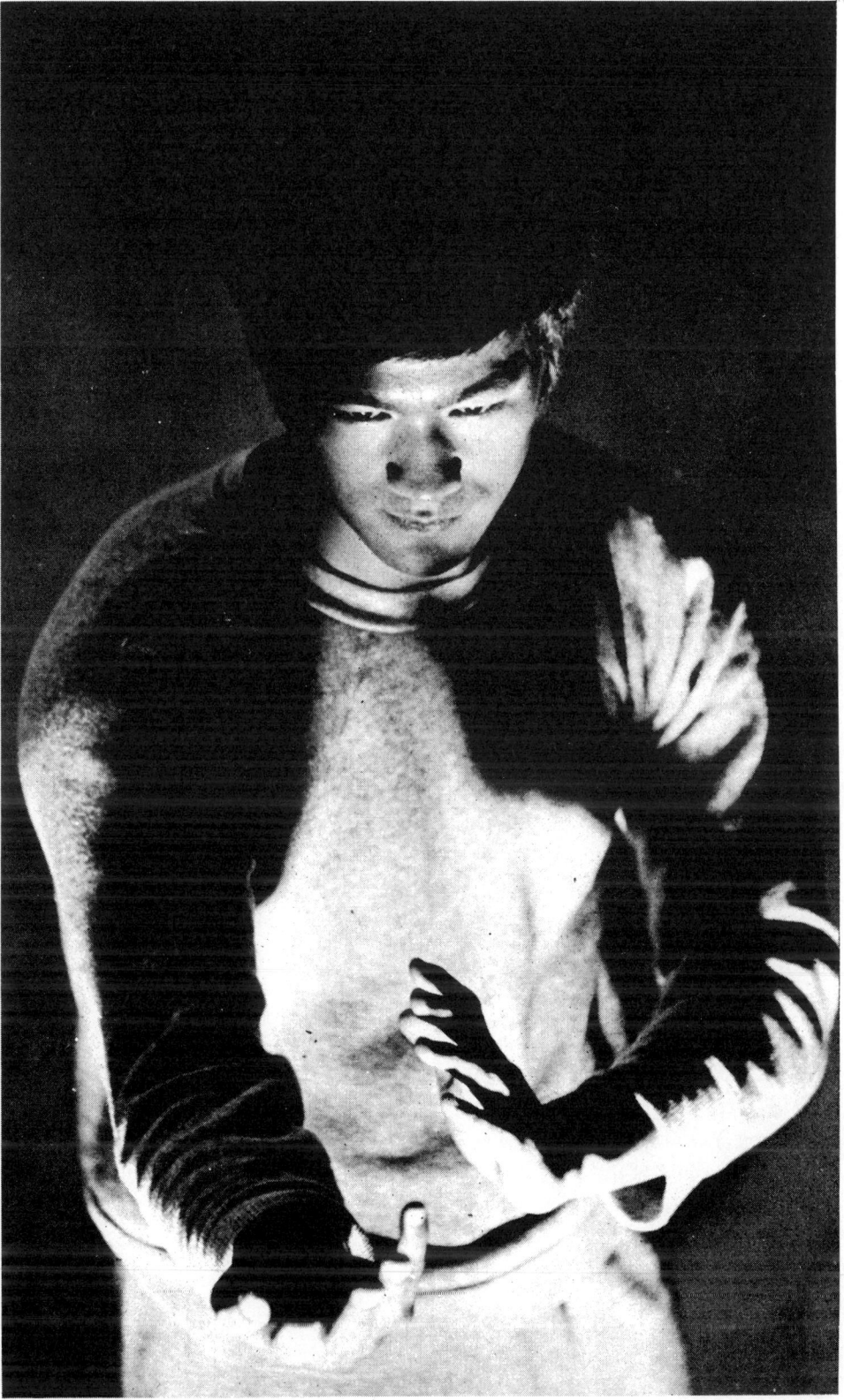

절권도의 예술은 간단하게 단순화 시키는
것에 있다.

# ■형식파(形式派)에 대한 의문
## Qrganized Despair

●무도의 긴 역사를 통하여 볼때 따르며 흉내를 내고자하는 본능은 사제 (師弟)의 구별없이 거의 모든 무도가에게 선천적으로 존재하는것 같다. 이 것은 부분적으로 볼때 인간의 경향이며, 어떤 면에서는 헤아릴 수 없이 많은 스타일의 형(形)의 배후에 잠재해 있는 서로 다른 전통의 탓인것이 다. 결과적으로 신선하고 독창적인 명인(名人), 사장(師匠)을 발견하기 란 드문일이다. 「올바른 길의 지시자」에 대한 요구를 반영하고 있는 것 이다.

●제각기 자기들만이 진리를 점유하고 있다고 주장하는 스타일(流派) 은, 즉 다른 모든 스타일을 제외하는 스타일에 속한다. 이와같을 스타일은 그 사람들의 「하는법」에 대한 설명을 찾기위한 강습회가 되어 견고(堅固) 와 유화(柔和)의 조화를 해부하고 몇가지의 리드미컬한 방법을 자신들의 기 교의 특정한 상태로서 제정해 버린다.
　이리하여 대부분의 무도의 조직화는 본질적인 격투에 직면하는 대신 그 전문가를 왜곡(歪曲)하게 되고, 속박하며 격투의 단순솔직한 질실의 본질 에서 마음을 빗나가게 하는「결구(結構)된 혼란」을 누적시키는 것이다. 직 접적으로 그것의 심장부로 향하지않고 화려한 형(型)—조직적인절망—과 인위적인 기교가 실제의 격투를 흉내내기 위하여 의식적으로 연출된다. 이 와같은 전문가는 격투 그 자체내에 「존재」하는 대신에 격투에「임하여」무 엇인가를 하고있는것에 지나지 않는다.

●더우기 좋지않은것은 대개의 무도조직에 있어서 그러한 전문가를 점점 더 멀리 신비와 상징속에 승화시키기 위하여 초정신력(超精神力)이나 영 적(靈的)인 이것저것을 필사적으로 짜 넣는다. 이러한 행위는 모두가 끊 임없이 변화하는 격투동작을 정지시키려 하는 시도, 다시말하여 그것은 시체와 함께 해부하고 분석하고자 하는 무익한 시도이다.

●진심으로 덤벼들때, 실제의 격투는 결코 불변(不変)이 아니다. 그것은 다분히 「살아있는」것이다. 앞에 쓴것과 같은 의장(意匠)을 끝낸 혼란(일종의 「마비다」라고 말할 수 있다)은 유동적이던 것을 응고시키고 제약하여 버린다. 더우기 현실적으로 볼때 그것은 조직적인 무익에 대한 맹목의 연습순서, 혹은 아무 소용에도 닿지않는 기교에 대한 헌신에 지나지 않는다.

●실질적인 감정, 가령 노여움이나 공포가 일어날때, 스타일파(派)는 형식적인 수단으로 자기를 표현할 수 있을까? 아니면 단순히 자신이 말하는 비명이나 고함을 듣고만 있을까? 그것은 진정으로 생명이 있는 표현에 풍부한 인간일까? 아니면 단순히 형식화된 기계적인 로봇일까? 그 인간은 외부의 상황에 순응하여 흐르는 실재물(実在物)일까? 아니면 하나의 선택된 형(型)을 이용하여 저항하고 있는것 뿐일까? 그 선택되어진 형(型)은 그 자신과 상대간에 칸막이가 되어 「완전」하고 「신선」한 관계를 혹시 방해하고 있는것은 아닐까?

●스타일파는 사실을 직접 바라보는 대신에 형식(이유에 지나지 않는다)에 점차적으로 자신을 혼란에 계속 빠뜨리고 드디어는 탈출 불가능한 함정에 스스로 빠져버리고 만다.

●스타일파는 그 이론이 뒤틀린 것이므로 「그것」의 본질을 보지않는다. 훈련은 그 자체의 본래의 성질에 순응하지않으면 안된다.

●성숙이란 개념화(概念化)의 포로가 되는것이 아니다. 우리들의 가장 속 깊이 자기에게 숨겨져 있는것을 깨우치는 것이다.

●기계적인 제약에서 해방되었을 때에는 단순함이 남는다. 생명은 전체와의 관계이다.

●현명 또한 단순한 인간은 선택하지 않는다. 그것은 「‥인것」은 「…다」이기 때문이다. 어느 특정한 관념에 기인하는 행위는 명백히 선택되어진 행위이며 이와같은 행위에 있어서 자유가 발견되는 일은 없다. 그것은 보다깊은 갈등을 만들어 낼 뿐이다. 융통성있는 감각을 몸에 익혀 두는것

채울 수 있게끔 잔을 비워라. 모든것을얻
기 위하여 마음을 공(O)으로 하여야 한다.

이 중요하다.

●관계란 이해하는 일이다. 그것은 자기계시(自己啓示) 과정이며 그속에
서 자신을 발견하는 거울이다. 존재한다는것은 즉, 관계하는 것이다.

●적응하는 일을 할 수 없고 융통성에 결여된 정해진 형식은 단순히 어느
정도 나은 울타리를 제공하는것 뿐이다. 진리는 모든 형(形)의 외측에 존
재한다.

●형식은 생명이 있는 상대와 맞섰을때 규칙적으로 본 눈에 아름다운 탈
출을 제공하는 무익한 반복이다.

●누적은 스스로를 포위하여 버리는 저항이다. 더우기 화려한 기술은 그
저항을 강화할 뿐이다.

●형식적인 인간은 단순히 일정한 순서, 개념, 그리고 전통에 묶여진 것
이다. 그 인간이 행동할 때에는 모든 살아있는 순간을 케케묵은 전문용어
로 번역하여 버린다.

●「지식」은 시간적으로 한정되어 있지만 그반면, 「아는것」은 연속적이다.
더우기 지식은 어떤일의 근원에서 부터 누적되어 종말에서 생겨나는 것
이며 아는것이란 종말이다.

●가산과정(加算過程)은 단순히 기계화 되어버리는 기억력의 수양이다. 깨
우침은 결코 누적 되는것이 아니며, 처음도 끝도 없는것이다.

●무도의 수련에 있어서는 자유라고 할 수 있는 감각이 존재하지 않으면
안된다. 어떤 조건이 결부된 정신은 결코 자유로운 정신이 아니다. 조건
을 결부시키는 것은 어느 일정한 형식의 테두리속에 사람을 한정시켜 버리
는 것이다.

●자신을 자유속에서 표현하기 위하여서는 어제까지의 모든것에 대하여자
기 스스로를 죽여야 하는것을 요한다. 「옛날것에서는 단순히 안도를 찾아
내고 새로운것에서는 흐름(流)을 얻는다」.

● 자유를 진정으로 이해하기 위하여서는 마음은 시간에 속박되지않는 광대한 움직임인 생명 그 자체를 볼 줄 알아야 한다. 자유는 의식이 가는곳에 존재하고 있기때문이다. 주의깊게 보는것이 좋다. 그러나 결코 멈추어 선채로 「나는 자유스럽다」라고 해석하여서는 안된다. 그것은 이미 지나가 버린 추억속에 살아있는셈인 것이다. 납득하면서 「지금」을 살기 위하여서는 어제까지의 모든것이 죽지않으면 안된다.

● 아는것으로 부터의 해방은 죽음을 의미한다. 그러기 때문에 살아있는것이다. 찬성이든지 부정이든지간에 내적으로 죽는다. 진실한 자유가 존재할때에는 올바른 일, 혹은 악한 일이란 있을수 없다.

● 자기를 표현할 수 없을때 인간은 자유가 아니다. 그 인간은 고투(苦鬪)하며, 그 고투는 규칙적인 순서를 낳는다. 곧 그는 실태에 대하여 반응하는 대신에 그 규칙적인 순서를 반응으로 삼게된다.

● 투사는 뒤돌아 보아서도, 옆을 보아서도 안되며 오로지 싸우기 위하여 단일의 물체를 시야에 두고 항상 일심(一心)이 되지않으면 안된다. 즉, 전진행동에 대한 장애를 정신적, 육체적, 혹은 지적(知的)으로 제거해 버리는것이 필요하다.

● 우리들이 「조직의 내향」에 존재할때, 자유 또한 완전히 작용하는것이 가능하다. 실제로 진실이란 무엇인가를 탐구하려는 충동을 느끼는 자는 스타일을 전혀 갖고있지않는 자이다. 즉 그 사람은 「…인것」의 속에서 살고 있는 것이다.

● 무도의 진리를 이해하기를 바라는 어떤 상대라도 명확하게 찾아내려면 스타일이나 파(派), 편견, 기호등의 개념을 버리지않으면 안된다. 그렇게 함므로써 자신의 마음은 모든 투쟁을 중지하고 낙착을 얻는다. 이 정적(靜寂)속에서야 말로 완전히 신선하게 사물을 볼 수 있다.

● 만약 어느 특정의 스타일이 격투방법을 가르친다면 그 방법의 한계속에서 싸우는것은 가능하다. 그러나 그것은 실제로 싸우는것이 아니다.

기계적인 조건반사를 피할때, 거기에  단
순이 있다.


● 만일,전혀 형(型)에 알맞지않는 수단, 가령 불규칙한 리듬에 의한  공격을 받았을 경우 리드미컬하고 고전적인 방해수단(블록)에 의지한다면  자신의 방어와 반격은 항상 융통성과 생명을 결하게 되는것은 결코 정해진사실이 아닐까?


● 고전적인 양식(樣式)에 따른다는 그것은 그 순서, 그 전통, 그 그림자를 이해하고 있는것이지 자신을 이해하고 있는것은 아니다.


● 부분적이며 단편적인 패턴을 사용하여 어떻게 전체를 향하여 반응할 수 가 있을까?


● 일정한 리듬에 의한 계산된 동작의 반복은 격투동작에서 「생명에  가득한것」과 「그 자체인것」을 빼았고 만다.


● 형식(포옴)의 누적은 단지 다른 조건부가 변화한 것이지만 그것을 억누루고 묶어버리는 사슬의 닻처럼 아래로 단일방향으로 유도하는것 뿐이다.

● 형식은 저항함의 수련이고 선택된 동작 패턴의 독점적인 훈련이다.  저항을 만들어 내는대신, 한동작이 일어날때 마다 거기에 직입(直入)  하여 가는것이다. 판결을 내리는 일도, 관대하게 보는 일도 하지않는다.  선택이 없는 직감은 물질의 본질의 이해속에서 상대와의 화해로 유도해 준다.


● 일단 부분적으로 한정된 수단에 조건지워지면, 일단 주위를 둘러싼  양식속에 격리되어지면, 그 전문가는 저항의 울타리를 통하여 상대와 마 주하는것이 된다. 그것은 형(型)에 박힌 방어동작을 연기하고 있는것일뿐, 상대가 실제로 무엇을 하고있나를 보려고 하지않고 자신이 지르는 소리만 듣는 결과이다.

● 우리들은 그와같은 형(形)이며 형식화된 블록이고 찌름이다.  우리들은

秘伝・截拳道의 道

용자(勇者)의 미소

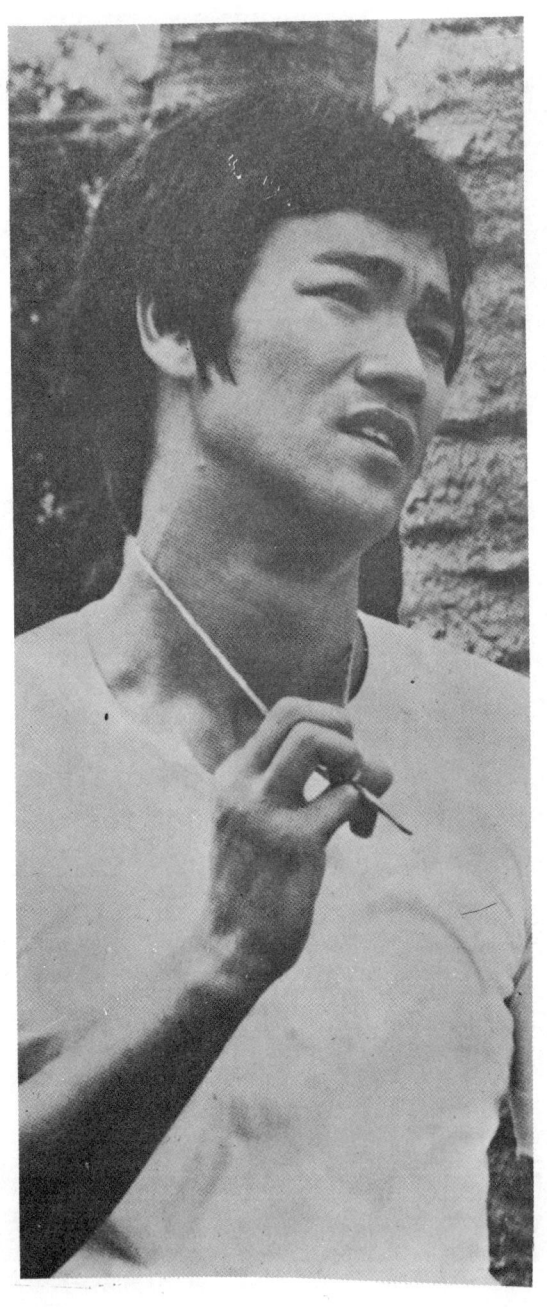

때로, 그의 마음속에
고독의 그림자가
어린다.

이와같은것에 의하여 적지않게 제약받고 있다.

● 전체를 포함하고 있는것은 「…인것」에 따를 수 있음을 의미한다「…인것」은 항상 움직이고 항상 변화하고 있다. 따라서 만약 어느 인간이 어떤 독특한 시야로서 굳어져 있다고 한다면 그 인간은 「…인것」의 신속한 움직임에 따라갈 수 없다.

● 자기의 스타일의 일부로서 훅이나 스윙 등에 관한 의견의 상의는 있어도 그것들에 대한 완전한 방어기술을 습득하는것에 관해서는 아무런 반론도 있을리 없다. 실제로 대부분의 투사(파이터)가 이와같은 수단을 스스로 사용한다. 무도가에 있어서는 자기의 공격에 융통성을 더하기 위한 수단이다. 너구나 진실된 무술가는 자신의 손이 우연히 두어지는 장소에서도 칠 수 있게 되지않으면 안된다.

● 그러나 고전적인 스타일에서는 인간 자체보다 그 이상으로 「조직」이 중요시된다. 고전적인 인간은 스타일의 패턴에 따라서 작용한다.

● 어떻게 하여야 생명이 있는것에 도달할 수 있는 특정수단이나 방식을 얻을 수 있을까? 정지상태의 고정된 죽은것에 대한 수단이나 확실한 방침은 있을 수 있다. 그러나 살아있는것에 대하여서는 그렇지가 못하다. 진실을 정지상태에 있는것에 축소하여 그것에 도달하는 수단으로 발명하여서는 안된다.

● 진리는 상대와의 관계이며 언제나 흔들리고 움직이며 생명을 가지는, 결코 정지하지 않는것이다.

● 진리에는 방침이 없다. 진리는 살아있다. 따라서 변화하고 있다. 그것은 정지할곳도 조직적인 시설도, 철학도 갖고있지 않다. 그것을 이해하였을때에 이 살아있는것은 또 자기자신이라는 것을 깨우치게 된다. 정지 된 것, 억지로 만들어진 형(形), 양식화된 동작을 통하여 자기를 표현하고 너욱 생명에 풍부할 수는 없다.

● 고전적인 형식은 창조력을 둔화시키며 자유스러운 감각을 조건지어 결

의식은 국경을 갖지 않는다. 그것은 제외
(除外)없이 전존재를 주는 일이다.

빙(結氷)시킨다. 사람은 이미 「…이다」라는것이 없어지고 그저 감수성을
수반하지않고 「…한다」뿐이다

●마치 황색 나뭇잎이 울고있던 어린애를 웃기는 금화(金貨)로서 되는것
처럼 일반적으로 말하는 극의(極意)의 움직임이나 비뚤어진 자세가 아무
것도 알고자 하지않던 무도가를 위로할 수 있다.

●그러나 이것은 전혀 아무것도 안하는것이 아니라 단순히 어떤일을 행하
면서도 고의(故意)의 마음을 갖지않는것을 의미한다. 무엇을 선택하고서
좋아하거나 거절하거나 하는 마음을 가져서는 안된다. 고의(故意)의 마음
을 갖지 않는다는 것은 아무생각도 품지 않는다는 뜻이다.

●승인(承認), 부정(否定), 확신은 이해를 방해한다. 민감성과 같이 이해
함에 있어서 자신의 마음을 타인의 마음과 같이 행동시킨다. 그때에는 진
실로 교류의 가능성이 생긴다. 서로 이해하는것에는 비교나 비난이 존재
치않는다. 찬성이냐, 아니냐의 의론(議論)의 발전을 기대할 필요는 없다.
무선택된 감지(感知)의 상태가 있지않으면 안된다. 「무엇보다는 첫째, 결
론에서부터 시작하여서는 안된다」는 말이다.

●스타일에 복종함으로써 해방을 회득(會得)한다. 자신이 통상 실행하는
것을 주의깊게 관찰하는것에 의하여 자기를 해방시킨다. 비난도 하지말
고 그저 관찰하는 것이다.

●아무런 감화도 받지않고 형식적인 반응의 제약(制約)에 대하여 자기를
죽일때, 그때야말로 직감에 의한 인식을 경험하고 모든것을 그야말로 신
선하게, 아주 새롭게 볼 수 있다.

●감지(感知)하는것은 선택도, 어떤 요구도 어떤 현념(懸念)도 없다. 이
와같은 마음의 상태에서야만이 인식(認識)이 있을 수 있다. 인식만이 모
든 문제를 해결한다.

●이해하는것은 지각순간을 요구할뿐만 아니라 연속하는 감각, 즉 결론없
이 탐구를 요구하기도 한다.

●진정한 격투를 이해하기 위하여서는 극히 단순하게 또한 직접적인 방법으로 접근해야 한다.

●이해는 감정을 통하여 순간, 순간에 관계의 거울속에 생긴다.

●자기자신을 이해하는 일은 관계의 과정을 통하여 일어나는것이지 격리에서가 아니다.

●자기자신을 아는 일은 타인과 함께 행동하는 자기를 공부하는 것이다.

●실제의것을 이해하기 위하여서는 인식(認識)과 빈틈없이 아주 자연스러운 마음이 필요하다.

●마음의 내부의 노력은 정신을 더욱, 더욱 제한하여 버린다. 왜냐하면 노력은 고울으로의 고투를 암시하며 고울, 목적, 결말을 기대하는것은 마음에 한계를 주는것이 되기때문이다.

●오늘밤 나는 무엇인가 아주 새로운것을 본다. 그 새로움은 마음에 의하여 경험으로 남는다. 그러나 내일 내가 그 감각, 그 즐거움을 다시 하고자 한다면 그 경험은 기계적이 되어버리고 그 표현은 결코 진실이 아니게 되어버린다. 그럼 무엇이 진실일까? 그것은 사실을 즉시 보는일이다. 왜냐하면 진실은 내일을 가지지 않기때문이다.

●문제를 음미할때 우리들은 진실을 발견한다. 문제는 결코 그 해답에서 떨어져 있지않는 것이다. 바꿔말하면 그 문제 자체가 해답이며 그 하나의 문제를 이해하는 일은 그즉 그 문제를 해결하는 일이다.

●「…인것」을 한마음으로 관찰하자.

●진정한 의미의 「…이러한것」은 더럽히는 사상을 수반하지 않는다. 그것은 개념이나 사상을 통하여 이해하는 일을 할 수 없기 때문이다.

●사고(思考)는 자유를 주지않는다. 모든 사상은 부분적이지 결코 전부가 될 수는 없다. 사상은 기억에 대한 반응이고 기억은 항상 부분적이다. 기

자기자신을 안다고 하는것은 다른 사람과
의 활동에서 자기자신을 연구하는 것이다.

억은 경험의 결과라고 볼때 사상은 경험에 의하여 조건지워진 마음의 반응
이다.

●자기의 마음의 공허와 정적을 알라. 공(○)이되며 상대가 그것에 대하
여 작용할 수 있는 스타일이나 형식을 가지지 말자.

●마음은 원래 활동을 수반하지 않는다. 그 길은 항상 사상을 수반하지도
않는다.

●통찰(洞察)이란 자기의 본래의 성질이 창조된것이 아님을 느끼는것이다.

●인간이 외적인 대상에 사로잡히지 않고 아무런 동요도 느끼지 않을때에
평온, 안도감이 닥쳐온다. 평온하다는 것은 「이러하다는것」의 환상, 혹은
망상을 갖지않는것을 말한다.

●사상은 존재하지 않고 단순히 「이러하다는것」만이 존재한다. 「이러하다
는것」은 움직이지 않는다. 그러나 그동의(動議), 작용은 가늠할 수 없다.

●명상이란 자기의 본래성질의 침착을 깨우치는 것이다. 사고(思考)의 최
고자세는 무(無)인것에서 당연하게 명상은 집중의 과정일 수는 없다. 무
(無)라는 것은 그속에 확실성도 거부적인 반응도 없는 상태의 것이다. 전
혀 공허한 상태이다.

●집중은 제외의 일종으로 제외가 있는 곳에는 제외하는자가 존재한다.
모순을 만들어 내는자는 그 생각하는 인간, 제외하는 인간, 집중하는 인
간이다. 왜냐하면 그 인간은 거기에서 마음 산만한 어떤 중심을 만들어
버리기때문이다.

●거기에는 행위자가 없이 행위상태가 있고 경험자도 경험도 없이 경험상
태가 있다. 그것은 고전적, 즉 형식적인 혼란에 의하여 속박되어 눌림돌
에 눌려있는 상태인 것이다.

●고전적이고 단일한것에 초점을 맞추고 그 외에 모든것을 제외하는 집중,
및 완전하고 무엇하나 제외하나 제외하지않는 감지(感知)는 모두 객관적

인 편견이 없는 관찰에 의해서만 이해가능한 마음의 상태이다.

● 감지(感知)하는것 자체에 영역(領域)은 존재치 않는다. 그것은 즉 자기의 모두를 제외없이 주는일이기 때문이다.

● 집중이란 정신을 좁게 한정시켜 버리는 것이다. 그러나 우리들은 살아가는것 전체의 행정(行程)에 관심을 두며 독점적으로 인생의 어떤 특정한 면에만 집중하는 즉, 생명을 가볍게 취급하는것을 의미하기도 한다.

● 그「순간」에는 어제도 내일도 없다. 그것은 사고(思考)의 결과가 아니다. 따라서 그것에는 시간이라는것이 없다.

● 아주 몇분의 1초사이에 자신의 생명이 협박당했을때, 사람은「자신의 손은 허리위에 있지않으면 안된다. 그때의 자신의 스타일이야말로 진정한 스타일이다」라고들 말을 해야할까? 아니면 나의 목숨이 위험에 쳐해있을 때 자기 스스로를 구하면서 자신의 지지하는 방법에 관하여 논의해야 할까?

● 소위 무도가란 3000년에 이르는 선전과 조건부에 의하여 만들어진것이다.

● 무엇때문에 사람은 몇천년이나 되는 선전에 의존하는 것일까? 그들은「굳어진것」의 이상(理想)으로서「부드러운것」을 설득할것이 틀림없다. 그러나「…인것」이 닥쳐왔을때에는 어떻게 되는것일까? 이상(理想), 규정(規定),「그렇게 해야할것」은 위선(僞善)에 유도된다.

● 사람은 마음을 헝크러뜨리거나 불안에 노출되거나 하고싶지 않기때문에 행동이나 사상의 형(型)을, 인간관계의 패턴을 확립하는 것이다. 다음에는 그 인간은 형(型)의 노예가 되어 그 형(型)을 진실이라고 해석하는 경지에까지 달한다.

● 통제된 규칙속에 관계자를 고착시키는 특정한 형(型)에 동의하는 것은 복싱이나 농구같은 스포츠에는 통용된다. 그러나 절권도의 성공은 기술을 사용하는것과 그것을 폐기하는것과의 자유에 달려있다.

고전적인 사람이란 판에박힌 일, 관념, 그
리고 전통의 묶음에 지나지 않는다.

●맹목적으로 선생을 따르는 예술가는 그 선생의 패턴을 한결같이 믿는다.
그 결과, 그의 동작이나 더욱 중요한 문제로서 그의 생각방식까지 기계적
이 되어버리는 것에있다. 그 반응은 정해진 형(型)에 따라서 수동적이되
어 그 자신을 협소하고 한정된 인간으로 만들어 버린다.

●자기표현은 완전하고 직접적이며 시간의 개념을 갖지않는다. 더우기 자
기표현은 자신이 육체적, 정신적인 분열에서 해방되었을때에야만이 가능
하다.

# ■ 절권도의 방법

1. 실리적인 공방(攻防)의 구조
2. 다능하면서도「교묘, 또한 꾸밈없는」「완전」한 발차기와 타격의 유지
3. 변칙적인 리듬
4. 중량 트레이닝, 기술적 보족(補足)트레이닝 전체적인 건강
5. 공, 반격용의「절권도의 단도직입적인 동작」(포지션을 변경시키지 않고 그 자리에서)
6. 기민하게 사방팔방(四方八方)으로 움직이는 신체의 가벼운 풋 워크
7. 「탄력성이 풍부」한 요소와 자연스러운 공격방책
8. 강력한 접근전
    a. 기지종횡(機知縱橫)한 돌격
    b. 던진다.
    c. 엉켜싸우기
    d. 결정짓기(부동 – 不動 – 으로 한다)
9. 총력적인 권투연습과 움직이는 표적과의 실제의 접해(接解)
10. 끊임없이 다듬어진 튼튼한 무기
11. 대량생산이 아닌 개인적인 표현, 형식적이 아닌 진정한 관계
12. 부분적인 아니 총제적(總体的)인 구조
13. 육체적 동작의 이면에 있는「표현에 풍부한 자기의 영속(永続)」의 목적에로의 트레이닝
14. 강력한 돌격
14. 전체적으로 완만하면서도 또한 강력한 돌격
15. 끊임없는 흐름(직선 또는 곡선동작의 조합 : 組合)
16. 항상 힘을 발휘할 수 있는 밸런스가 유지된 자세, 모든 힘과 모든 완화(緩和)의 중간 유지등.

진리는 길을 가지지 않는다. 진리는 살아
있다. 그런 까닭으로 변화한다.

# ■ 무형(無形) 의 형(形)

● 나는 무도가가 여러가지의 장식적인 가지(技), 꽃(花), 잎(葉)등에 흥미를 갖는것이 아니라 무도 그 자체의 뿌리에 흥미를 가져주기를 바라마지 않는다. 어느 한매의 나뭇잎을, 어느 나무가지의 디자인을, 혹은 어느 아름다운 꽃을 좋아하는가를 의논하는것은 아무 소용도 없는일이다. 뿌리를 알고나서야만이 개화(開花)의 모든것을 알 수 있는 것이다.

● 형(形)에 대하여 유(柔), 발차기에 대하여는 펀치, 엉켜싸울때에는 펀치나 또는 발차기, 원거리전에 대하여는 근접전등 이런것에 구애받아서는 안된다. 「이것」쪽이 「저것」쪽보다 좋다는 법은 없다. 경계해야 할것은 우리들의 원래의 완전함을 뺏고 이중성(二重性)의 중간에서의 통일을 잃게 하는 편견, 그 자체이다.

● 격투기에 있어서는 성숙이 필요하다. 그 성숙이란 한사람의 인간과 그 사람자신, 즉 자기의 본질과함께 전진하는 통합(統合)을 의미한다. 그것은 자유표현에 의한 자기탐구에 의하여서만 가능한것이지 강요된 동작형식의 반복에 의한것은 아니다.

● 직선을 좋아하는 스타일도, 곡선을 좋아하는 스타일도 있다. 그러나 전투의 일부분적인 면에 집착하는 스타일은 속박당한다. 절권도는 자유를 얻기위한 수법, 즉 깨우침의 행위이다. 예술은 결코 장식, 혹은 분장이 아니다. 보다 즐겨하게하는 방법은 그것이 아무리 엄한것이더라도 그 행위자를 어떤 형에 구속하여서는 안된다는 사실이다. 격투는 결코 일정하지가 않다. 그것은 순간에서 순간으로 변화하고 있다. 형(型)대로만 강요하는것은 근본적으로 저항행위를 의미한다. 이와같은 행위는 막다른 골목으로의 유도일뿐만 아니라 이해마저 불가능하게 한다. 그것을 지지하는자는 결코 자유를 얻을 수가 없다.

●격투수단은 개인적인 선택이나 기호에 기인되는것이 아니다. 격투에 있어서의 진리는 그 순간, 순간에 아무런 판단, 이유, 확인도 수반하지 않는 지각인식(知覚認識)만이 존재할때에 감지(感知)된다.

●절권도는 모든 형(形)을 취할 수가 있도록 독특한 스타일을 갖지 않기 때문에 모든 스타일에 적합할 수가 있다. 따라서 절권도는 모든 수단을 적용하면서도 특정수단에 속박되는 일은 없다. 이와같이 그 목적을 치루면서 어떤 기술이건, 어떤 수단이건 사용한다. 격투기에 있어서 실력이란 이기기 위한 모든것이다.

●수행의 절정은 단순이라는 한마디로 끝난다. 반면 어정정한 수행은 장식의 영역을 벗어나지 못한다.

●외적구조(外的構造)의 불필요한것을 베어버리거나 절단하거나 하는것은 용이하다. 그러나 그것을 피하는것과 내적(内的)으로 축소하기란 극히 어렵다.

●거리에서의 격투를 아무리 권투가(家), 권법가, 레슬러, 유도가, 등의 전문적인 입장에서 관찰하여도 그 전체를 볼 수는 없다. 격투의 실질은 스타일(型)이 방해하지 않을때에야만 비로소 명확히 볼 수 있다. 즉 아무런 편견도 수반하지 않고 그것의 일부분이 아닌, 전체를 단순하게 볼 수 있는것을 할 수 있다는 말이다.

●비교가 없을때에만 「··인것」이 존재하고 「··인것」과 함께 살아가는것은 즉, 평화라는것을 의미한다.

●격투는 권법(쿵후)가(家), 공수가(家), 유도가(家)등이 받은 제약에 의하여 실행되는것이 아니다. 더구나 어느 하나의 조직이 정반대를 찾아 구하는것은 더욱 다른 제약속에 스스로를 재차 투입하는것이 된다.

●절권도를 행하는 자는 형식의 결정체로서가 아니라 현실에 직면하는 것이다. 그 방법은 무형(無形)의 형(形)이라는 무기이다.

의식(意識)은 선택이나 요구없이도, 아무
런 걱정없이도 존재한다. 그와같은 상태의
마음속에는 지각(知覺)이 있다.

● 「무소재(無所在)」란 모든 물질의 궁극적인 근원이 인간의 이해가 미치지 못하는곳에 있으며 시간과 공간의 부류를 초월함을 의미한다. 그 원인은 모든 상관적(相関的) 방식을 초월하는것에서 「소재를 갖지않음」에 있으며 그 특질은 적용(適用)으로 얻을 수 있다.

● 소재(所在)를 갖지 않는 투사(파이터)는 이미 단순한 그 자신이 아니라 일종의 자동기계라고 볼 수 있겠다. 그는 여지껏 그 존재를 모르고있던 일상의 의식외부에 존재하는 힘, 다름아닌 그 자신의 깊숙히 파묻혀진 무의식속에 자기를 맡기게 된다.

● 표현은 형(포옴)의 연습에 의해서만 발달되는것이 아니다. 그러나 형(形)은 표현의 「일부분」이다. 보다 큰 표현이 보다 작은 표현속에서 발견되는것이 아니라 보다 작은것이 보다 큰것속에서 발견된다. 따라서 「형(形)을 갖지않음」은 형(形)을 갖는 것에서 진화한다. 「무형(無形)」은 보다 높은 수준의 개인적 표현이다.

● 「무수양(無修養)」이란 어떤 종류의 수양도 존재하지 않음이 아니다. 오히려 그것이 의미하는것은 수양없이 수양함이다. 수양을 수양에 의하여 행하는것은 자각(自覺)하는 마음으로 행동하는 일이다. 그것은 한마디로 단정적인 행동을 영위하는것을 말한다.

● 단순히 하나의 반응으로 고전적인 방법을 거부해서는 안된다. 그렇게 하는것은, 즉 자기를 속박하는 또다른 패턴을 만드는 결과가 되고만다.

● 육체적으로 속박된 자는 천식(喘息)과 분투하느라고 좀 더 델리케이트(섬세)한 방법을 놓쳐버린다. 더우기 지적(知的)으로 속박된 자는 이상(理想)과 외래취미(外來趣味)에 치우쳐서 능률이 결여되어 사물의 진실을 숙시(熟視)하는것도 결여하고 만다.

● 많은 무도가는 진실을 느끼지 못하며 또한 올바른 방법은 단순한 일상의 동작속에 있다는것도 알지못한채 「보다 좀 더」를 즐기고 「무엇인가 정상적이 아닌것」을 즐긴다. 그들은 여기에서 과오를 범하고 있다. 어떠한 비밀이 있다손 치더라도 그것은 탐지할수록 아무 얻을것이 없는 가치없는 것일뿐이다.

# ■초심(初心)의 章

우리들이 우리들 자신과 좀 더 다르게 되기위하여서는
자기에 대하여 다소라도 지식을 갖고 있지 않으면 안된다.

자기 표현은 시간의 개념없이 전체적이고 직접적이다. 그리고 육체적, 정신적인 분열에서 자유로울때만의 표현이다.

## ■ 트레이닝
### *Training*

● 트레이닝은 운동에 있어서 가장 소홀히 다루기 쉬운 부분이다. 실제로 너무나 많은 시간을 기술의 발달에 쏟으면서도 참다운 기술을 위한 개인적인 발전 그 자체에는 그야말로 너무나 적은 시간밖에 쏟지않고 있는것이다. 트레이닝은 어떤 물체를 취급하는것이 아니라「인간의 감정」을 다루는 것이다. 이러한 특질을 조종하기 위하여서는 지능과 판단력이 필요하게된다.

● 트레이닝은 육체를 강건하게 하는것에 대한 지식을 얻는반면 육체를 파괴시키며 상처를 입게되는것에 관하여도 지식을 얻게해준다. 잘못된 훈련은 부상을 초래하는 경우가 많다. 그러므로 훈련은 부상의 응급수단은 물론 부상을 방지하는것에도 관여된다.

● 트레이닝은 더우기 신경과 근육의 강렬한 반응에 대하여 준비하고 있는 개인의「정신적」또는「육체적인 조절」이다. 그것은 정신과 힘의 훈련, 육체의 지구력의 단련을 암시한다. 트레이닝은 기교를 의미하며 그것은 이들 모두가 조화속에서 함께 작용하고 있음을 뜻하는 것이다.


● 단련법 (*Fitness Program*)
  1. 두 다리 벌리기 (Alternate Splits)
  2. 팔 굽혀펴기 (Push-ups)
  3. 제자리 달리기 (Running in place)
  4. 어깨의 회전 (Shoulden Circling)

5. 높이 차기 (High Kicks)
6. 무릎 깊이 굽히기 (Deep Knee Bends)
7. 옆 차 올리기 (Side Kick Raises)
8. 비틀어 복근(腹筋)운동 (Twisting Sit-ups)
9. 허리 뒤틀기 (Waist Twisting)
10. Leg Raises
11. 상반신 앞으로 굽히기 (Forward Bends)


● 체조를 할 수 있는 일상의 챤스 (*Everyday opportunities for exercises*)

1. 가능하면 언제나 걷도록 한다.
2. 에레베이터를 피하여 계단을 사용한다.
3. 앉아있다던가, 서 있다던가, 혹은 옆으로 누워있는 사이에도 공격하여 오는 적을 상상하는것으로 감추어진 자각을 키운다. 그리고 여러가지 공격에 반격한다. 간단한 움직임이 최선이다.
4. 옷을 입을때, 혹은 신을 신을때, 한쪽발로 서는 경우가 있다. 이때 밸런스를 잡는 연습을 한다. 혹은 가능할 때는 언제나 한쪽발로 서 있는 자세를 취해본다.


● 보충 트레이닝 (*Supplementary Training*)

1. 계속 트레이닝
   順 1 (월, 수, 금)
   A. Rope Jumping
   B. Forward Bend
   C. Cat Stretch
   D. Jumping jack
   E. Squat
   F. High Kick
   順 2 (화, 목, 토)
   A. Groin Stretch
   B. Side leg raise

무예가는 무예의 장식적인 가지나 꽃, 혹은 잎이아닌 뿌리에 흥미를 가지기를 바란다.

    C. Jumping Squat
    D. Shoulder circling
    E. Alternate Splits
    F. Leg Stretch-A, B
2. 앞팔 / 웨스트
   順 1 (월, 수, 금)
    A. Waist twisting
    B. Palm up curl
    C. Roman chair
    D. Knee drawing
    E. Side bend
    F. Palm down curl
   順 2 (화, 목, 토)
    A. Leg raises
    B. Reverse curl
    C. Sit-up twist
    D. Leverage bar twist
    E. Alternate leg raise
    F. Wrist roller
3. 파워 · 트레이닝
    A. Press lockout
    B. Press start
    C. Rise on toes
    D. Pull
    E. Squat
    F. Shrug
    G. Dead lift
    H. Quarter squat
    I. Frog Kick

# ■ 준비체조

## *Warming Up*

● 준비체조는 생리학적으로 급격한 변화를 가져오는것에 대비한 인체의 심한 육체행위를 위하여 준비하는 운동이다.

● **중요**—준비체조의 효과를 최대한 살리기 위하여선 그 동작이 가능한한 격투의 실질적인 동작에 가까워야 한다.

● 준비체조는 근육 그 자체의 동작에 대한 저항인 점성(粘性)을 감소하는 역활을 한다. 더우기 준비체조는 연기(演技)를 높여줄 뿐만 아니라 격한 활동에 의한 부상을 다음의 두가지 방법으로 막아주기도 한다.
1. 운동이 시작되기전의 예행연습은 운동가의「신경과 근육의 조정조직」을 곧 있을 운동의 정확한 본질에 맞추어준다.
2. 체온의 상승이 근육을 수축시키기 위한「에너지를 공급하는 생화학 반응」을 촉진한다. 더우기 상승된 체온은「근육의 弛緩」시간을 단축 시키는 외에도 근육이 굳어지는것을 도우는 역활도 한다.

이상의 두가지 효과에 의하여 동작의 정확함, 힘의 강함이나 또는 급스피이드가 증진되어「세포조직의 신축력」이 증가되기 때문에 부상률을 적게 하여준다.

● 어떠한 투사(파이터)이든지 주의깊게 준비체조를 하지않고 자신의 육체, 특히 다리를 심하게 사용하지는 않는다. 이 원칙은 모든 심하게 사용되는 근육에도 적용될 수 있다.

● 준비체조의 지속시간은 운동종목에 따라서 다르다. 발레를 하는 사람은 공연전 2시간을 소비하여 아주 가벼운 동작에서부터 시작하여 점차 무거운 동작으로 행동의 범위를 늘리면서 출장임박시까지 준비하는 것이다. 이것에 의하여 무희의 동작을 방해하는 근육의 당김의 가능성을 축소 할 수 있는 것이다.

● 고령(高齡)의 운동가는 한단계 느린 동작으로 보다 시간을 끌면서 준비운동을 하는것을 본다. 이 사실은 고령 자체가 그 이상의 준비운동을 필요로 하기때문이며 운동가가 나이를 먹음으로써 그만큼 자신을 깨닫고 있는것이라고 보겠다.

세련이 고도(高度)한 것은 단순으로 향한
다. 어설픈 세련은 장식으로 달린다.

# ■방어자세 On-Guard Position

● 바른 자세는 장기간에 걸쳐서 규율있는 훈련에 의해서만 완성되는 신체의 능률적인 「내적(內的)」인 구조이다.

● 방어자세는 모든 전체적인 기술과 그 기술의 기계적인 실행에 가장 적합한 자세를 말한다. 그것은 완전한 긴장완화를 줌과 동시에 순간적인 반응에 극히 적합한 근육에 장력(張力)을 준다.

● 바른 자세는 다음의 3가지 임무를 맡는다.
  1. 동체, 손발이 다음순간에 취할 동작으로 옮기기 위한 기계적으로 가장 적당한 자세를 보증한다.
  2. 「포커·휘이즈」가 트럼프의 플레이어의 의도를 감추어 주는것과 같이 「포커·보디」는 계획된 동작을 감추려는 신체의 유지를 가능케 한다.
  3. 몸을 민속한 반응과 고도의 통합(統合)을 위하여 가장 적합한 특정의 장력(張力) 또는 긴장력(緊張力) 밑에 둔다.

● 적응하는 자세는 「언제나 동작이 원활할것」을 보증하며 최대의 침착성과 긴장완화를 가능케하는 자세가 아니면 안된다.

● 방어자세는 무엇보다도 「바른 마음가짐」의 발자세를 취하지 않으면 안된다.

▶머리◀ (*The Head*)

●서양권투에서 머리는 일반적으로 동체의 일부로서 취급되며 그 자체의 독립된 활동은 수반하지 않는것이 보통이다. 접근전에서 머리는 수직으로 유지되고 턱끝은 쇄골(鎖骨)에 끼이며 옆 턱은 앞으로 내밀어진 어깨의 안쪽에 두어진다. 턱을 어깨에 닿을 정도로 자연스럽게두면 그와 반대로 어깨는 내려오게 되어 턱과 중도에서 만나게된다. 즉 어깨는 몇센치 위로 이동한 셈이 되는것이다.

●턱끝은 「방어자세의 맨 끝」으로 머리를 뒤로 젖히는 경우 이외에는 앞 어깨의 내측에 눌려지지 않는다. 그것은 목을 부자연스러운 자세로 구부리는것이 되어 근육의 받침을 잃어서 「뼈의 일정한 정렬(整列)을 방해」하는 상태가 된다. 더구나 아래로 밀려 내려진 어깨와 팔에 힘이 과다하게 쏟아짐으로써 자연스러운 행동이 방해당할뿐만 아니라 피로의 원인이 되기도한다.

●턱끝이 쇄골(鎖骨)에 끼이면 근육과 뼈의 구성이 최대로 좋은 정렬로 나열되어 머리 꼭대기만 상대를 향하기 때문에 턱끝을 공격당할 염려는 없다.

▶리이드의 팔과 손◀ (*The Lead Arm and Hand*)

●절권도에서 사용하는 말로서의 리이드는 상대를 향하여 전방으로 내밀어진측의 기구, 즉 공격을 가하는 손, 팔, 발 등을 나타낼뿐만 아니라 때에 따라서는 그것들을 사용하여 공격하는것을 의미하기도 한다. (편집자)

●어깨의 힘을 빼고 손을 언제라도 공격할 수 있는 상태로서 힘을 주지말고 약간 아래쪽에 유지한다. 팔과 어깨는 투사(파이터)가 검으로 찌르는 것과같이 신속히 리이드를 찔러넣든가 내칠 수 있게끔 자연스럽게 힘을 넣지않아야 한다는것이 중요하다. 손의 위치는 뒤 아래쪽의 주먹의 위치에서 어깨높이까지 팔꿈치를 올리지 말고 가능한한 앞 어깨에서 멀리 바깥쪽으로 자주 변화시킨다. 행동하기 쉽게끔 앞팔(리이드)은 어떠한 미묘한 동작으로라도 쉬지말고 움직여야 한다.

# The JKD Right Ready Position

Springiness and alertness of footwork is the central theme. The left heel is raised and cocked ever ready to pull the trigger and explode into action — YOU ARE NEVER SET OR TENSED, BUT READY AND FLEXIBLE

- Evasive motion of head from head shots as well as sudden change of level
- Slightly raised and slightly dropped chin protects the right side of face
- R-elbow protects the center, right ribs and right side of body
- Right knees turn slightly inward for groin protection
- Right heel turns slightly outward (It is the major foot weapon) KICKING
- Left-hand protects the left side of face as well as the right side of face & groin (it is the major hand defense)
- L. forearm protects the center of body
- L. elbow protects the left side of body
- R-hand protects the right and left side of face and groin (it is the major striking weapon)
- Like a coiled spring, the left heel is raised for greater mobility

# The JKD Left Ready Position

Springiness and alertness of footwork is the key theme. The right heel is raised and cocked ever ready to pull the trigger into action — YOU ARE NEVER SET OR TENSED; BUT READY AND FLEXIBLE

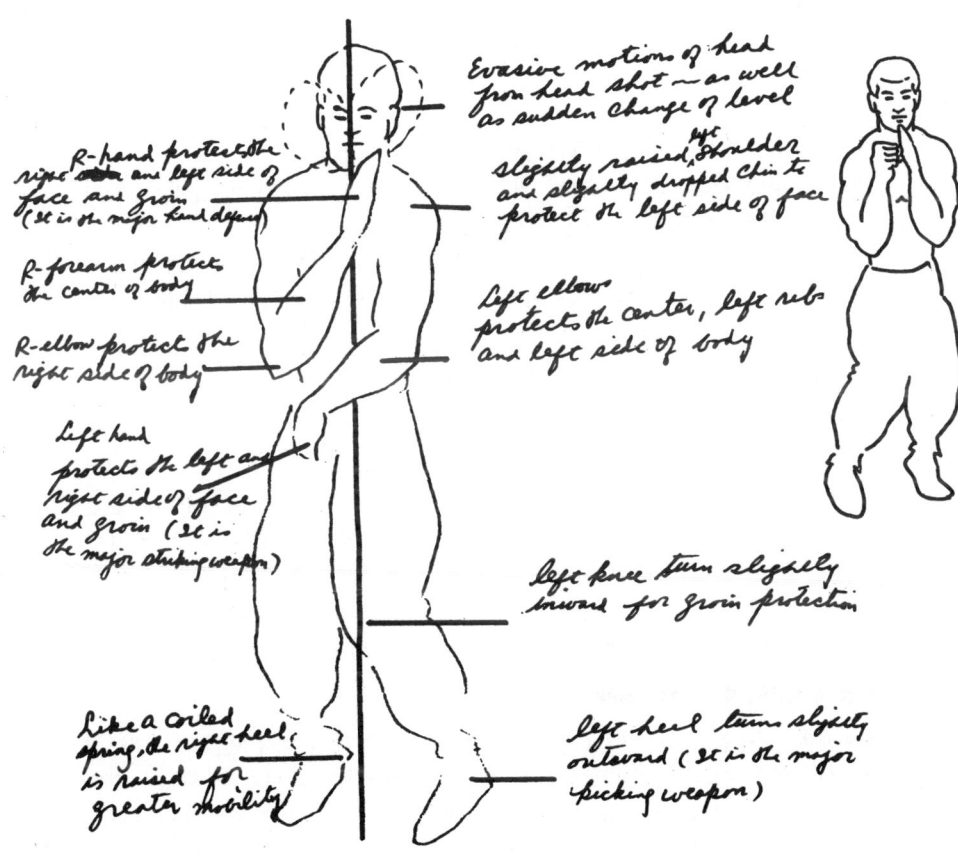

- R-hand protects the right and left side of face and groin (It is the major hand defense)
- R-forearm protects the center of body
- R-elbow protect the right side of body
- Left hand protects the left and right side of face and groin (It is the major striking weapon)
- Like a coiled spring, the right heel is raised for greater mobility
- Evasive motions of head from head shot — as well as sudden change of level
- eye slightly raised, shoulder and slightly dropped chin to protect the left side of face
- Left elbow protects the center, left ribs and left side of body
- Left knee turn slightly inward for groin protection
- Left heel turns slightly outward (It is the major kicking weapon)

절권도인은 형식의 구체화가 아닌 진실에 직면한다. 도구는 형(形)이 없는 형(形) 의 도구이다.

● 뻗어져 나온 리이드가 없는 낮은 자세가 즐겨 사용되는것은 대부분의 인간이 저자세공격에 약하기 때문이다. 더우기 뻗어져 나온 리이드가 없을 때에는 그것에 대하여 준비된 기술이 쓸모없게 되기때문이다(머리는 이때 민감한 거리때문에 움직이는 표적이 된다.) 따라서 만일 상대의 공격작전이 이와같은 예비동작에 있었다면 그 상대는 심한 핸디캡에 부딛치게 되며 사실상 부분적으로 저지한것이 된다.

● 팔이 연장된 자세는 공격에 있어서도 방어에 있어서도 위험한 약점이 되지않을 수가 없다. 불리한점을 들어보면 공격에서는
   1. 팔을 뽑는 필요성이 생기고 결과적으로 상대방으로 하여금 눈치채게 하는것이 된다(감겨진 용수철과는 다르다).
   2. 훅을 넣기위하여 준비를 요하게된다.
방어에서는
   1. 리이드측의 몸을 무방비 상태로 노출시켜 버린다.
   2. 상대의 리이드가 「어디에 있는가」를 알고 그 주위에서 상대로 하여금 움직이도록 선동할 수 있다.
   3. 연장되어진 손은 스스로 부동(不動) 상태가 되어진다. 따라서 자신의 리이드 도달가능범위를 비밀로 하기위해서는 추천된 자세를 적응해야한다.

▶리어의 팔과 손◀ (The Rear Arm and Hand)

● 뒷(리어)팔꿈치는 아래쪽으로 늑골 앞에 둔다. 리어의 앞 팔(팔꿈치에서 손목까지의 부분)은 명치를 습격한다. 벌린 손바닥은 상대를 향하여 앞 어깨(리이드)와 나란히 뒤어깨(리어)와 상대의 사이에 위치한다. 손은 가볍게 몸 위에 두는것이 좋다. 팔은 힘을 빼고 편하게 두되 항상 공격이나 방어할 수 있는 상태가 되어있지 않으면 안 된다. 어느 한쪽의 손, 또는 양손은 원형(円形) 의 「엇갈리게 하는」동작을 하여도 좋다. 중요한것은 손은 항상 움직이면서도 방어에 빈틈이 없어야 한다는 것이다.

▶동체(胴体)◀ (The Trunk)

● 동체의 자세는 주로 앞발(정강이)의 위치에 의하여 좌우된다. 앞발(정갱이)이 바른 위치에 자리잡았을때 동체는 자동적으로 바른 자세를 취하게된다. 「동체의 위치에 대하여 유일하게 중요한점은 그것이 앞다리(리이드)와 일직선을 이루는 일이다」. 리이드의 발이 내측으로 향하면 동체도 같은 방향으로 회전하기 때문에 위험스러운 좁은 목표를 상대에게 보여주는 결과가 되고만다. 하지만 만일 리이드 발이 원래의 발 방향을 향하게

되면 동체는 상대를 향하여 마주보게 되는것이되어 보다 큰 표적이 되고 만다. 방어목적으로 볼 때 좁은 쪽이 유리하다. 그러나 몇가지의 특정한 공격수단을 사용할 때에는 직면한 자세 그대로가 좋을경우도 있다.

### ▶발자세◀ (Stance)

- 절반가량 앞으로 구부린 발자세는 수비를 갖추고 있으면서도 「예비동작 없음」으로 공격, 반격, 방어가 가능하며 편하게 밸런스가 잡힌 자세로 있을 수 있기때문에 격투에서는 완전한 발자세다. 이 발자세는 「小局面膝屈 발 자세」라고 부를 수도 있으며 절권도에 있어서의 기본자세이다.

  小―적당하다는것을 의미하며 너무 앞으로 내밀어진 보폭도 부족되는 보폭도 아니다. 그것은 또한 상대에게 박자(拍子)를 뺏길 정도로 눈에 뛰지도 않으며 상대와의 거리에 다리(bridge)를 놓기위한 스피드와 통제된 밸런스를 유지하기위한 작은 걸음을 말하는것이기도 하다.

  局面―정지 또는 고정되어 있지않고 항상 변화하는 발전, 또는 환경( 사이클)속의 활동범위나 간격을 말한다.

  膝屈―동작이 언제나 용이함을 보증한다. (항상 준비가 갖추어진 상태를 말한다)

- 굴곡(屈曲)된 무릎, 앞으로 수구린 동체, 약간 전방으로 향한 중심, 또한 부분적으로 구부린 팔은 여러가지 스포츠에 있어서 「준비가 갖추어져 있다」는 것의 특징을 말하는 것이다.

- 어떤 경우이건간에 리이드의 발은 될 수 있는한 방해를 받지않게 위치한다. 만일 과도한 무게가 가하여졌을 경우에는 공격동작으로 옮아가기 직전 그 무게를 리어의발에 옮기지않으면 안된다. 이와같은 행위는 「속도의 저해」를 가져올뿐만 아니라 상대로하여금 경계를 하게 하는것이 된다.

### ▶기초가되는 기본적인 자세가짐◀ (Fundamental Positioning)

- 「기본적」이란 다음 3가지를 의미한다.
  1. 육체적으로 단순, 효과적인 구성.
  2. 「정신가짐」, 즉 마음가짐을 유지하는 사이의 침착성, 기분상태. 그리고 신체감각(보디필)
  3. 단순할것. 무리가없는 동작. 자연스런 자세이기 때문에 방침상으로 볼 때나 힘의 작용에 있어서나 별 제약도없다.

트레이닝은 물체를 취급하는것이 아니라 인간정신이나 인간의 감정을 취급하는 것이다.

● 「자세가짐」이란 다음의 3가지를 의미한다.
  1. 정지된자세, 즉 「정해진」형 (形—포옴)이나 태도에 상반되는것을말한다. 「움직임」의 상태.
  2. 상대가 가지고있는 경계심을 무너뜨리는 효과를 가져올 수 있는 자세를 다시 취한다. 특히 〝小局面동작〟에 의한다.
  3. 상대의 허점이없는 동작에 대한 적응.
● 발의 움직이는 방법, 즉 풋워크의 탄력성과 주의깊음이 중요한 요소이다. 뒤꿈치 (리어·힐)는 바닥에서 뜬 상태로 아무때라도 행동으로 옮길 수 있는 준비가 갖추어져 있어야 한다.
● 절권도의 주된 목적은 발차기와 찌르기, 그리고 육체의 힘을 적절히 사용하는것에 있다. 그러므로 방어자세를 취할때에도 그러한 공격수단을 가할때처럼 가장 적절한 자세나 몸가짐을 얻어내는것이 좋다.
● 효과적으로 명중시키고, 차려면 중심을 쉬지말고 이쪽 발에서 저쪽 발로 옮기는것이 중요하다. 이것은 신체의 밸런스의 완전한 지배를 의미한다. 「방어자세에서는 밸런스를 가장 중요하게 생각하여야 한다」.
● 자연스럽다는것은 모든 근육이 최대의 속도로 용이하게 작용할 수 있게끔 원활하게, 또한 즐겁게 움직이는것을 의미한다. 힘을 빼고 가볍게 서서 긴장과 근육의 수축을 피한다. 「훈련의 즐거움과 개인적인 즐거움을 구별하지않으면 안된다」. 이렇게 함으로써 증대된 스피이드, 정확함, 그리고 위력으로 방어하며, 공격한다.
● 당신의 전부가 등, 팔꿈치, 팔, 주먹, 혹은 이마인것이다. 그 모습은 마치 등을 구부린채 막 덤벼들기 직전의 고양이같이 보이지만 절대 긴장되어 있는것은 아니다. 이 자세는 빈틈을 조금도 주지않는다. 턱은 양어깨 사이에 감추어지며 팔꿈치는 옆배를 지킨다. 배는 부분적으로 당겨진다. 이렇게하여 얻어진 방어자세는 가장 안전한 자세인것이다.
● 따라서
  1. 방어자세에서 가장 떨어지지 않고도 되는 무기를 사용한다.
  2. 모든것이 하나의 지속되는 흐름같은 중립상태에서 순간적으로 격발하는 방법도, 그 수행에 더욱 더 중립을 유지하는 방법도 배운다.
  3. 가능한 범위내에서의 스피드로 방어자세의 모든 무기를 채용함과 동시 재차 방어의 자세로 되돌아 오는일을 계속 훈련한다. 몸자세의 수행 간격시간을 더욱 더, 짧게하여 나간다. 「준비」, 「스피드」, 「되돌아옴」이 요령이다.

●「무엇보다도 중요한것은 어떤 조건이나 규정을 설치해서는 안된다는 것이다」.

바른자세는 몸의 정비된 내부조직의 문제
이다.

# ■진행(進行)하는 수족(手足)의자세
## *Progressive Weapons Charts*

●전진하는 자세때문에 리이드하는손발은 적어도 80%의 발차기와 타격을 구성한다(수족은 시작전에 표적과의 중도의 거리에 있다). 수족이신속히, 강력하게, 단일 혹은 합동으로 쳐낼 수 있느냐가 문제인 것이다. 또한 리이드의 수족은 뒤떨어지지않는 정확성을 가진 리어의 수족에 의하여 보충되어야 한다.

## 右리이드의 발자세

코브라처럼 몸의 힘을 빼고 강하게 졸라맬듯한 긴장된 자세로 나아가야한다. 당신의 타격은 보이기전에 느껴지지않으면 안된다.

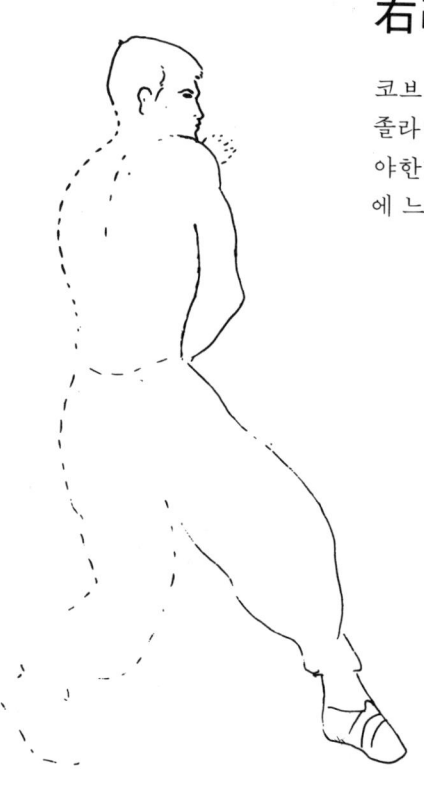

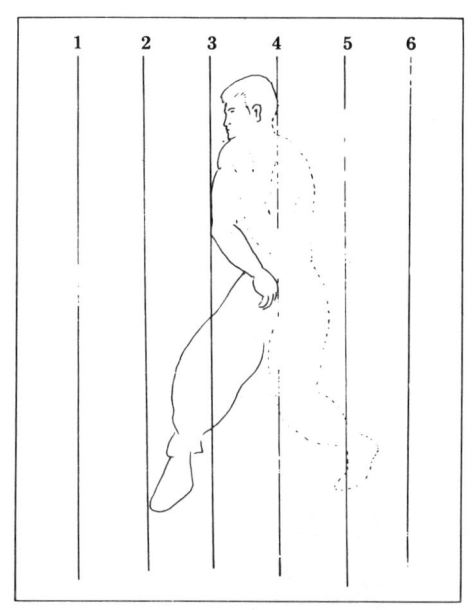

右리이드의 발자세

右리이드의 무기

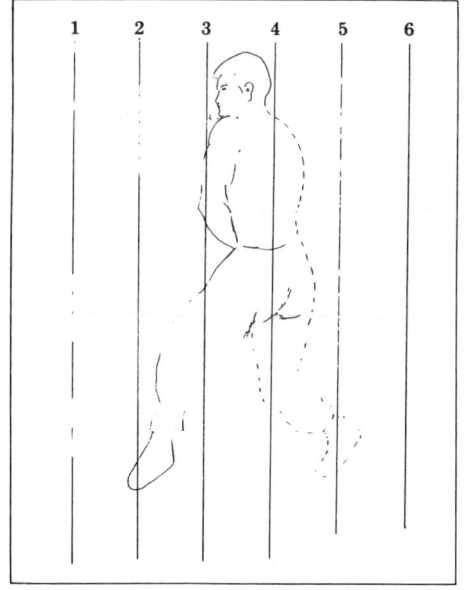

左리이드의 발자세

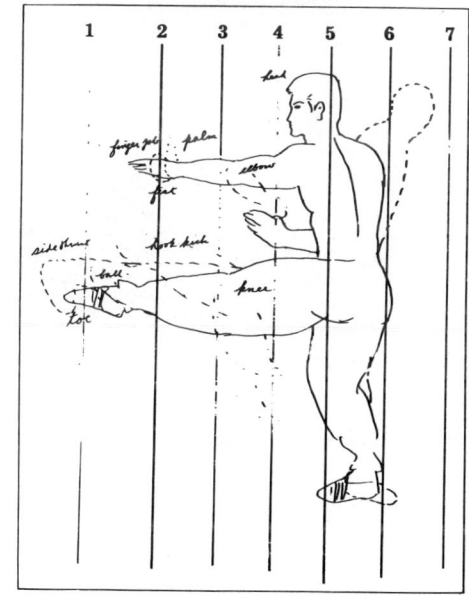

左리이드의 무기

연습장에서의 부르스·리

秘伝・截拳道의 道

## ■ 8가지의 기본적 방어자세 (左右의 몸자세)
## *Eight Basic Defense Positions (left and right stances)*

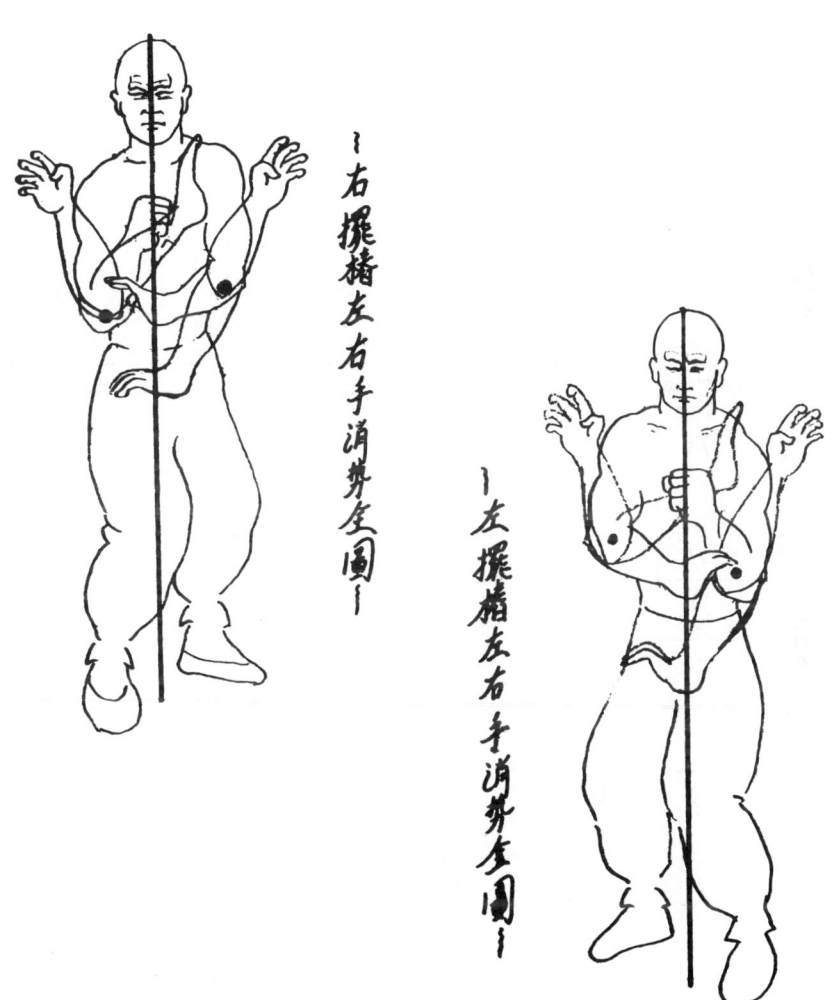

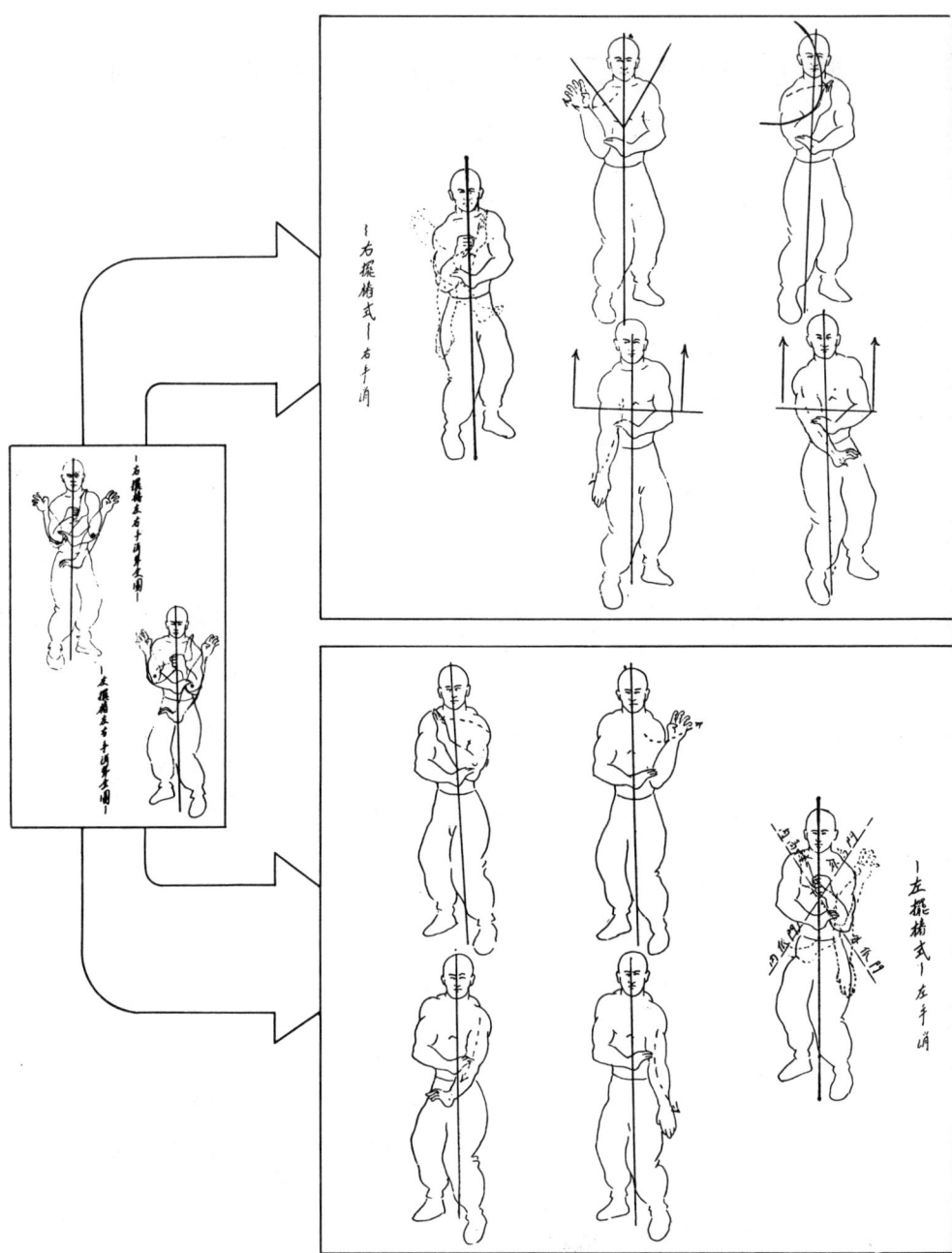

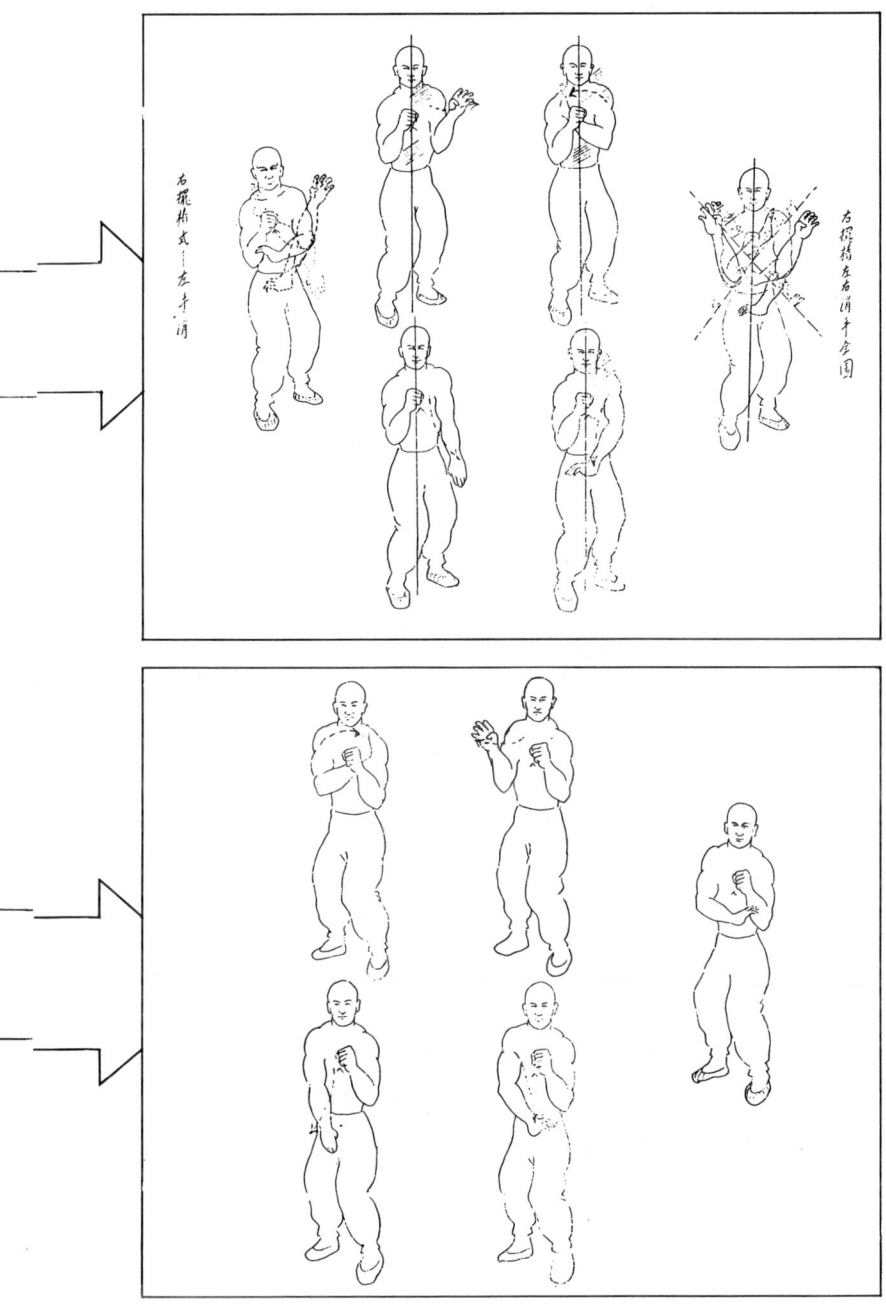

너무 굳어지나 너무 긴장하지 말고  준비를 갖추어라. 그리고 유연(柔軟)하라.

## ■타점(打点)

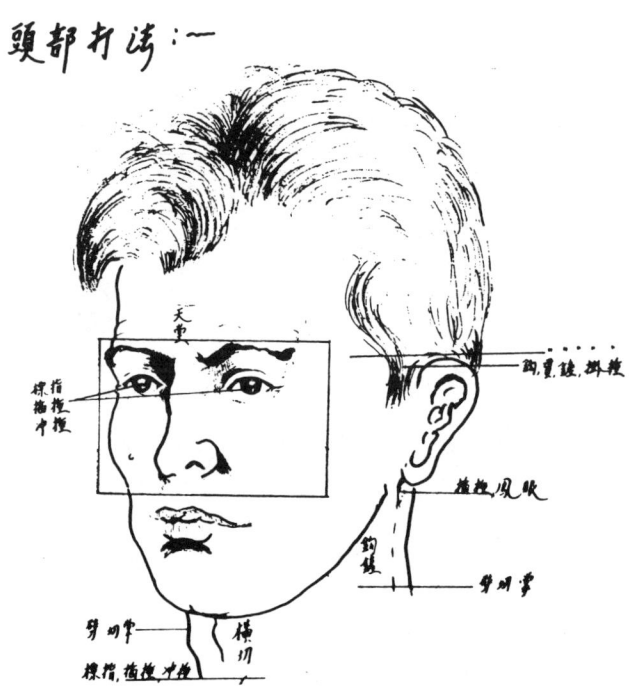

## 太極門之八死穴：-----

(1) 曰夫頂
(2) 曰兩耳
(3) 曰咽喉
(4) 曰中脘
(5) 曰兩肋乳
(6) 曰前陰
(7) 曰兩腎
(8) 曰尾閭

## 螳螂派 八打与八不打

### 八不打（死穴）：-----

(1) 太陽为首
(2) 正中鎖喉
(3) 中心兩璧
(4) 兩肋太極
(5) 海底撩陰
(6) 兩腎叶心
(7) 尾閭風府
(8) 兩耳扇風

### 八打：-----

(1) 眉頭双睛
(2) 唇上人中
(3) 穿腮耳門
(4) 背後骨縫
(5) 脅内肺腑
(6) 撩陰高骨
(7) 鶴膝虎頭
(8) 破骨千斤

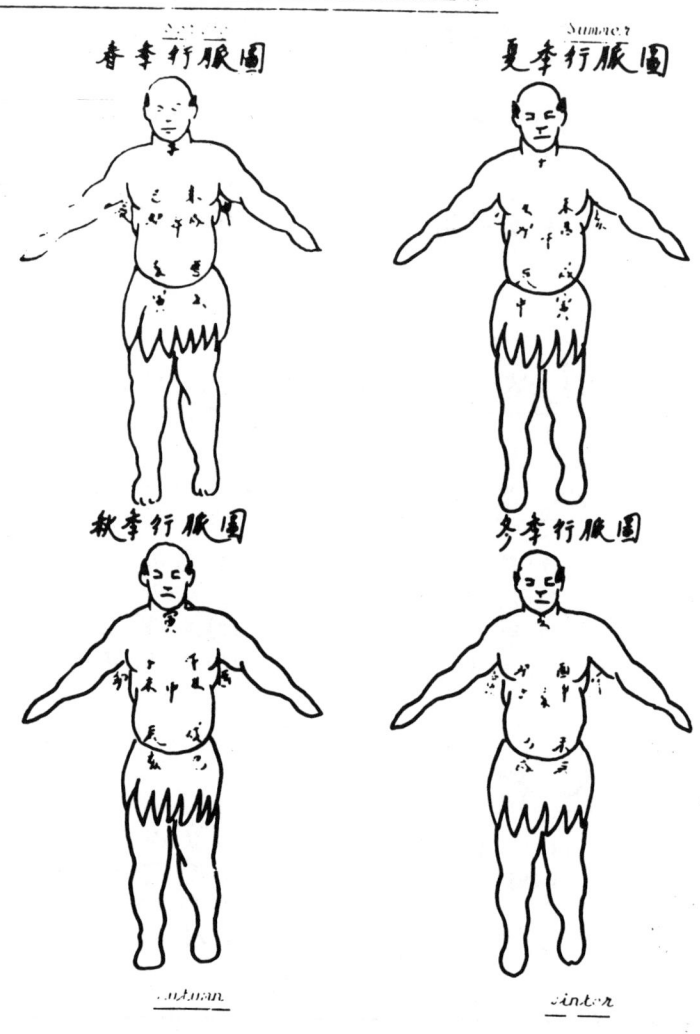

## 少林派三十六要穴節錄 (一)

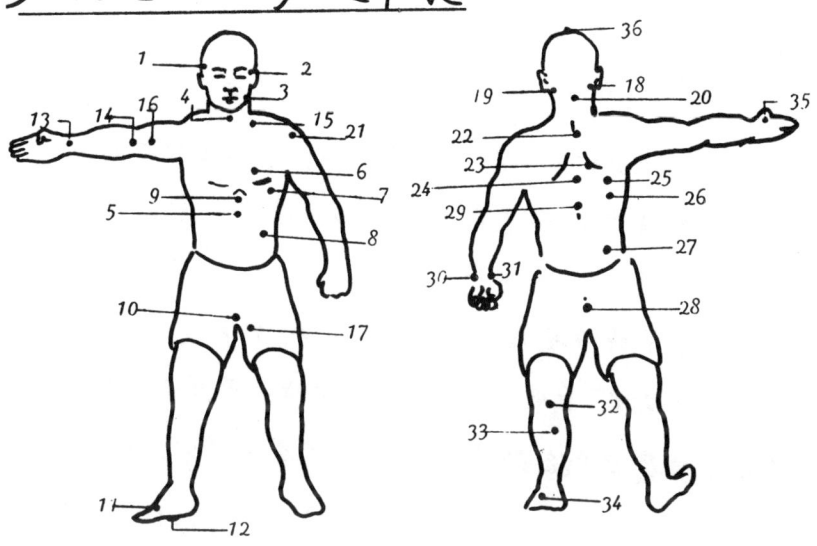

(1) 太陽穴
(2) 耳竅穴
(3) 牙腮穴
(4) 咽喉穴
(5) 玄機穴
(6) 胸分穴
(7) 期門穴
(8) 章門穴
(9) 心坎穴
(10) 下陰穴
(11) 太冲穴
(12) 涌泉穴
(13) 腕脈穴
(14) 曲池穴
(15) 肩井穴
(16) 臂臑穴
(17) 白海穴
(18) 天容穴
(19) 天柱穴
(20) 痙門穴
(21) 巨骨穴
(22) 鳳眼穴
(23) 入洞穴
(24) 背樑穴
(25) 鳳尾穴
(26) 精促腰穴
(27) 笑腰穴
(28) 尾龍心穴
(29) 脊陽穴
(30) 陽池穴
(31) 陽中穴
(32) 委築穴
(33) 築孫穴
(34) 虎口穴
(35) 虎口穴
(36) 百酒穴

## 詠春派先師秘傳總訣

師曰生死要害訣須知春夏秋冬四季分十二時反方可以斷生死。若不大傷心之事不可行之倘出外往別方或因路途險阻倘過惡人。此手自不可忌乃非惡人何必傷人之命也。此手出在三尖何為三尖虎尖掌尖眉尖定要子午分明百發百中覺徒學習此手法須傳師口訣分明努力工夫百中難曉但使手須善而用之若踢者不能成功矣。出手法雖曰虎尖掌尖諸眉尖諸掌尖切不可亂傷人命若亂傷人命是忘先師付託之言沒有良心也。此書不可亂傳無義無信之人緊記、、師有詩四句云：江湖一点訣莫時親朋說若讨無義說七呪皆流血。人有十八穴五十四小穴天地八知四大穴乃傷人之命也。何為小穴手足四肢是乃內外骨節共成七十二穴葉有七十二方學習練成葉可以治之。若出外往別處非知心者不可亂言戲語怕人晴算為人四海見事夏諫為師者緊記緊記～

## The First Two Primary Targets:

上取眼下擦陰～

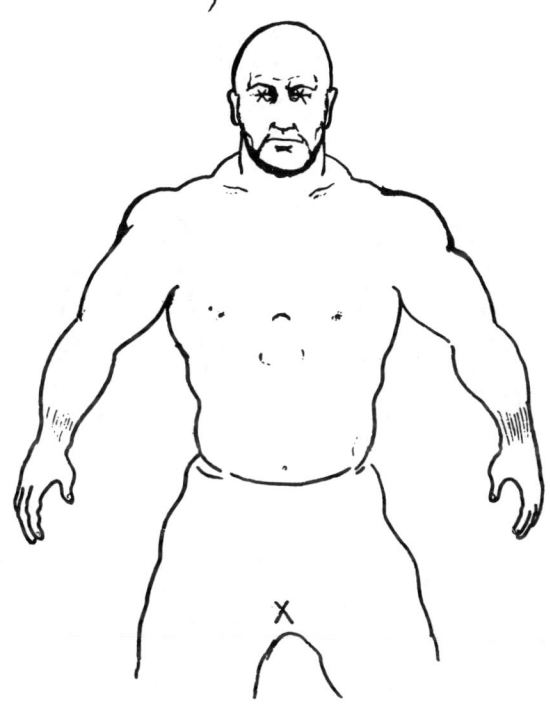

## Vital spots of The Body 身體要害

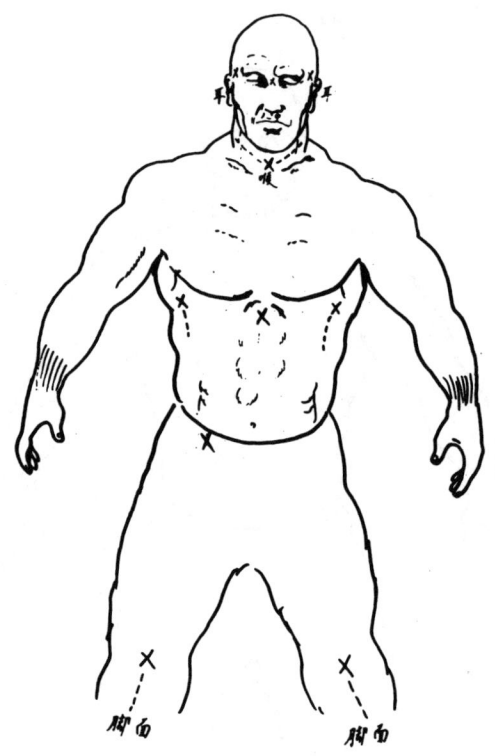

# ■기능(技能)의 章

나날이 증대(增大)하는것이 아니라
나날이 감소(減少)하는 것이다.
즉 불필요한 모든것을
던져버리는 것이다.

이 자세는 언제라도 움직임의 매끈함과결합된 최대의 여유와 편함을 주기 위하여 발견된 것이 아니면 안된다.

# ■통합(統合) Coordination

●통합은 항상 스포츠나 경기를 통하여 배울 수 있는 가장 중요한 문제중의 하나이다. 통합이란 개인이라는 한 유기체의 모든 힘과 능력이 능률적으로 어떤 행위를 실행하기 위하여 알맞게 합쳐지는것을 가능케하는 기능이다.

●어떤 동작을 하기전에 우선 움직여야할 관절의 양측에 있는 근육에 어떤 변화가 일어나지 않으면 않된다. 이 근육의 팀웍의 효과는 모든 운동의 연기(演技)에있어서 스피드, 인내력, 위력, 기민성, 정확성을 결정하는 요소의 하나이다.

●물구나무서기를 하거나 무거운 바벨을 들거나하는 정지된, 또는 서서히 하면서도 저항력이 있는 활동에 있어서는 관절의 양측 근육은 바라는 자세에 몸을 고정하기 위하여 강력하게 작용한다. 기민한 동작, 예를들면 달린다거나 물건을 던진다거나 할 때에는 관절을 닫히게하는 근육은 단축하는 반면 반대측의 근육은 연장됨으로써 동작을 가능케 한다. 아직 양측에 장력(張力)은 남아있지만 연장된 근육측이 상당량 감소되어진다.

●늘어난 근육에 조금이라도 과도한 장력은 브레이크로서 작용하기 때문에 행동을 느리게 할뿐만 아니라 약하게도 한다. 이와같은 반항적인 장력은 근육이 필요로하는 에너지량을 증대시키는 반면 빠른 피로의 원인이된다. 강함이 다른 짐(load), 비교, 반복, 또는 지속등을 요구하는 새로운 일이 가하여졌을 경우에는 아주 전혀 다른 「신경생리적인 조정」을 얻을 수 없으면 안된다. 이런 이유로 새로운 활동에 의해서 피로를 경험하였다면 단순히 다른 근육을 사용했기 때문만이 아닌 올바르지못한 통합의 「브레이크 작용」의 탓인것이다.

●숙련된 운동가의 뛰어난 특질은 가령 힘을 다하고있는 사이일지라 하더라도 그 동작이 자연스러운 것이다. 반면 초심자에게서는 긴장, 헛된 동작, 및, 과도한 힘의 낭비에의한 특징을 찾아볼 수 있다. 우리가 희귀하게 볼 수 있는 선천적인 운동가는 경험이 있고없고에 관계없이 어떤 스포츠에도 손쉽게 도전할 수 있는 능력을 가지고 태어났다고 볼 수 있다. 그 「손쉬움」이란 「최소한도의 저항하는 장력(張力)」으로 연기하는 능력이다. 이

능력은 특정한 운동가에게는 보다더 구비되어있다. 그러나 누구라도 이것을 발달시킬 수가 있다.

● 동작이 부드럽지 못하여 항상 무엇을 하여도 적절한 거리를 발견할 수 없는 투사(파이터)는 계속 그의 박자를 빼앗기며 상대의 허를 찌르는것은 커녕 항상 자기의 바람이 이루어지기전에 상대에게 들키고 만다. 그는 한마디로 통합부족으로 곤란을 당하고있는 것이다. 통합이 잘된 투사는 모든 것을 「순조」롭고도 「우아」하게 행사한다. 그 투사는 「최소한도의 노력」과 「최대한도의 사기(詐欺)」로 거리를 미끄러지듯 접근하거나 물러나거나 하면서 움직이는 것이다. 통합이 잘된 투사의 타이밍은 자신의 동작이 몹시 리드미칼 하기때문에 상대에게 대해서도 결과적으로 「그런 움직임에 대한 보족(補足)의 리듬」을 주기 쉬우므로 거의 대개의 경우 매우 유리하다. 그 상대의 보족의 리듬은 자신의 근육의 완전한 지배에 의하여 의도하는대로 무너뜨릴 수 있다. 이 경우 보통 자신은 「최초의 움직임」으로 크게 「상대의 반응을 강요한다」가 됨으로 손쉽게 상대를 간파할수 있다. 무엇보다도 그 투사는 우선 자신의동작을 어쩔수없는 바람이아닌, 목적을가지고 실행하는 것인것이다. 그 투사는 자신에 대하여 그야말로 확신을 가지고 있는 것이다.

● 근육은 그 자체를 유도하는 능력을 갖고있지않다. 그러나 근육작용이 하는일(즉, 우리들의 연기효과)은 어떻게 신경조직이 유도하느냐에 따라서 완전히 지배될 수도 있는것이다. 수행이 잘된움직임은 신경조직에 의해서 잘못된 자극에 따르던가, 아니면 몇분의 1초 느리던가, 빠르게 전달되었던가 또는 약간 부족하다던가 좀 더 강하던가에도 관계치 않는다.

● 수행이 잘된 동작이란 신경조직이 특정한 근육에 자극을 보내어 그것이 적절한 순간에 근육수축행위를 수행할 수 있게끔하게까지 훈련되어져 있는 것을 의미한다. 동시에 저항하는 근육에대한 자극은 그리 방해될 정도가 아니므로 그 근육들을 온화시키는것이 된다. 정확히 통합된 자극은 요구하는대로 정밀한 강함으로 밀고 나가던 중에라도 필요가 없다고 인정될 때면 정확한 순간에 멈춘다.

● 통합을 습득하는것은 신경조직의 훈련문제이지 근육의 훈련문제는 아니다. 전혀 불통합된 근육에서 최고로 완벽화된 근육의 변경은 신경조직내의 관계를 발달시키는 과정이다. 심리학자나 생물학자의 설(說)에 의하면 신

동체에 대하여 한가지 중요한것은 그것이
앞에 내밀어져 있는 발과 곧바른 선을 만들
어야 한다는 것이다.

경조직의 몇조(兆)나 되는 많은 수의 분자는 각각 직접 접촉하지는 않지만
하나의 신경세포의 섬유는 다른 세포의 섬유와 아주 접근하고 나서야 서로
결합하기때문에 자극은 하나의 세포가 다른 세포에 전달하는 「유도작용」
에 의해서 전달된다. 이 자극이 한 신경세포에서 다른 신경세포로 전해지
는 접촉점을「이론 연접(連接)이라고 부른다. 이 이론연접론은 볼을 보면
서도 전혀 불통합반응을 보여주던 어린아이가 최종에 가서 대 야구선수가
되기도 하는것으로 증명된다.

● 숙련을 위하여 훈련하는것(통합)은 단지 연습(정확한 훈련)을 통하여 신
경조직내의 정확한 접속을 이루어 주는것이다. 일정한 행동이 실행될때마
다 관련된 접속을 강화하여 다음 실행을 보다 용이하게, 보다 정확하게, 민
첩하게 하여준다. 다시말하여 사용치 않으면 한번 만들어진 통로를 약하게
할뿐만 아니라 그행동의 실행을 한층 어렵게하는것 외에도 부정확하게 하
고마는것이 된다. 따라서 우리들은 깨닫고저 하는일을 단순히 실행하는것,
즉 반복함으로써, 기술을 습득할 수 있는것이다. 요는 끊임없는 연습뿐인
것이다. 행하므로서 또 반응을 얻음으로서 우리들은 깨닫게 되는것이다.
접속통로를 연결짓는 것을 배울때에는 가장 단순한 행동과 요령을 얻음과
동시 최고로 능률적인 에네르기와 동작을 사용하는것을 잊지말아야 한다.

● 챔피언이 된다는것은 그 개인이 가령 그것이 가장 지루하고 고된 연습 기
간일지라도 기쁘게 받아드릴 수 있는「용의주도한 상태」를 요구하게된다.
사람은 자극에 대하여 반응준비가 갖추어져 있으면 있을수록 그 반응에 만
족을 느끼게되며 반면 준비가 없으면 없을수록 강제가되어 행동하는것 에
고민하게 된다.

● 중요한것은 피로상태일 때에는 정교하게 숙련된 동작을 연습하여서는 안
된다는 점이다. 그것은 섬세한 동작을 큰 동작으로 바꾸는것이 되어 특정
한 노력을 일반적인 노력으로 대용(代用)하거나, 하기시작하는 것이기 때
문이다. 그릇된 동작이 계속하여 일어나기쉬운 까닭으로 운동가(파이터)
의 진보를 저지하는것이 된다. 이상과같이 운동가는 자기자신이 신선할때
에만 섬세한 기술을 발휘할 수 있는것이다. 피로할때에는 총체적(總体的)
인, 주로 인내력을 요하는 동작에 치중하는것이 좋다.

## ■ 정밀(精密)  *Precision*

● 동작의 정밀이란 「정확」을 나타내며 일반적으로 힘의 정확한 사출(射出)의 의미로 쓰여진다.

● 정밀은 통제된 신체의 동작으로 이루어진다. 그 동작은 최종적 으로는 바라는 대로의 결과를 낳으면서도 실제적으로는 최소한의 힘과 노력 으로서 수행되어야한다. 정밀은 「초심자이건 숙련된 투사이건」 많은량의 연습과 트레이닝에 의해서만이 이루어진다.

● 숙련은 교묘한 동작이 보다 강한 「힘」과 스피드로서 시도되기 전에 정확한 정밀을 우선 스피드만으로 배우는 것이 중요하다.

● 거울은 항상 자세, 손위치및 기술에 대한 끊임없는 점검을 하여준다. 결정적인 도움을 준다.

밸런스는 받는 자세에 있어서 가장 중요한 것이다.

# ■힘(力) *Power*

●정확하기 위하여서는 치기, 또는 던지기를 할 때 적당한 바란스를 유지하는데 충분한 힘을 가지는 신체의 토대에서 이루어지지 않으면 안된다.

●운동량(탄력)과 기계적인 편의를 적절하게 결합시키기 위해서는 충분한 수량의 섬유가 마치 정밀한 순간에 작용하는것 같이 신경중추의 자극을 동작하는 근육으로 보내는것이 필요하다. 그 사이에 저항하는 반대 근육에 대한 자극은 그 저항을 축소하기 위하여 감소된다.

모든것이 이렇게하여 능률을 올리며 힘을 가능한한 유효하게 사용하기 위한 작용을 하고 있는 것이다.

●많은 운동가가 익숙치못한 동작을 해야할 필요에 임박했을때 필요이상으로 노력하므로서 근육을 과다하게 동원시키는 경향이있다. 이것은 바로 반사적인 신경근육, 통합조직의 「경험」이 불충분한 증거이다.

●강력한 운동가란 강장(强壯)한 운동가를 일컫는 말이 아니라 자신의 힘을 즉시 일할 수 있게하는 사람을 말한다. 동력은 힘과 스피이드가 합하여 이루어진 것이므로 누구라도 만약 이제까지 이상으로 민감하게 움직이는 것을 습득만 한다면, 가령 근육이 수축하는 장력(張力)은 변하지 않더라도 자신의 능력증대는 가능하다. 그런 까닭으로 신속하게 움직일 수 있는 작은 사람이 느리게 움직이는 큰 사람과 같은 강력한 힘으로 같은거리에까지 멀리 칠 수 있는것이다.

●중량을 사용하여 근육을 단련한자는 동시에 스피드와 유연성을 충분히 발휘할 수 있다는것을 반드시 고려하지 않으면 안된다. 그야말로 알맞는 스피드, 유연성, 거기에 내구력(耐久力)이 통합되었을때 거의 대개의 스포츠에서 고도의 위력이 실기의 우수성을 증명해준다. 만약 격투에 임했을때 이상의 특질이 없다면 아무리 강한 사나이라 할지라도 그 강대한 힘으로 헛되게 투우사를 쫓는 투우꼴이되며 로우·기어의 트럭으로 토끼를 쫓는것과 같은 꼴이 되고만다.

秘伝・截拳道의 道

그의 무기의 하나는 강력한 파워이다.

코브라처럼 느슨하게 여유있게 감아라. 그러나 당겨감은 자세 그대로 있는거다. 그리고 타격은 상대가 알아채기전에 가해져야한다.

# ■ 내구력(耐久力) *Endurance*

● 내구력은 「안정된」육체상태를벗어나 일시적이지만 거의 모든 힘을 뽑아낼 것 같은 「격한」, 「끊임없는」훈련에 의해서만 발달된다. 그렇게 하기위하여서는 호흡과 근육에 상당한 고통을 수반하게 되는것을 요구하게된다.

● 내구력을 단련하는 가장 좋은방법은 그 종목을 실제로 반복하여 행하는 일이다. 물론 달리기나 새도우복싱등은 내구력을 단련할 수 있는 소중한 보족운동(補足運動)이다. 그러나 이러한 운동은 일정치못한 리듬과 신경 생리작용의 불규칙한 조절을 한 후에는 연습할 필요가 없다

● 보통 초심의 운동가는 자기자신을 충분하게 혹사 시키기를 꺼린다. 여기에서 말하고 싶은 것은 어떤 초심자라도 휴식뒤에 노력을 증가시킨 다음 적당한 휴식을 가져야 한다는 것이다, 장시간에 걸쳐서 많고 짧은 하이스피드에 의했던 동작을 좀 더 가벼운 동작의 사이사이에 삽입하여 하는것이 내구훈련에 가장 적합한 방법이다.

▶ 기타의 내구훈련 ◀
1. 내구력은 방범위하게 볼 때 단거리 역주(力走)와 경주(輕走)를 연속하므로서 얻을 수 있다.
2. 특정한 스피드에 적합한 내구훈련을 하는것이 중요하다.
3. 고도의 내구훈련은 평소보다도 길고 엄하게, 혹독하게 하는것을 요구한다. (이와 같은 스파르타식 훈련은 챔피언용이다)
4. 다른동작과 어느정도 다른 근육섬유를 사용하여 때로는 페이스를 바꾸는것도 필요하다.

● 내구력 발달목적의 훈련은 서서히 주의깊게 강화되어야 한다. 고도의 내구력을 요하는 스포츠에서는 6주간의 트레이닝이 우선 시작하는 최저 기간이라고 알려져있지만 그러나 성과의 정점은 몇년이나 걸려야 도달하는 것이라는걸 잊어서는 안된다.

● 내구력은 그것을 항상 유지하려고하는 노력이 정지되면 급속히 잃고만다.

## ■ 밸런스 *Balance*

● 밸런스는 격투자의 자세나 발자세를 위하여 극히 중요한 요소이다.「쉴새없이」밸런스를 유지하지않으면 안된다.

● 밸런스는 「바른자세의 정렬(整列)」에 의해서만 얻어지는 것이다. 즉 양측 발, 동체, 머리의 모두가 밸런스가 잡힌 자세를 만들어내며 또 그것을 유지하기 위하여 중요역활을 한다. 이 각각의 부분이 바로 체내에 힘을 전달하는 기관이다. 양발을 서로 교차시키는 것은 동체에 대하여 바른 위치에 배치하는 것으로 바른 신체의 정렬을 유지하는데 도움이된다.

● 너무 사이를 벌린 발자세는 신체의 바른 정렬을 방해하며 밸런스의 목적을 무시하였다는 점에서는 스피드와 동작의 능률을 희생으로 하지만 그 반면 결속과 위력을 확보할 수 있다. 또 사이가 너무 좁은 발자세는 동작할 수 있는 토대를 주지않기때문에 밸런스를 좋지않게 한다. 이 경우에는 스피드는 낼 수 있어도 위력과 밸런스는 잃는것이 된다.

● 바른 스탠스에의한 좋은 밸런스의 비결은 양발을 동체 바로밑에 위치하는 방법이다. 즉 양발의 간격을 너무 좁게 벌린 경우와 너무 벌린 경우의 「중간폭」을 의미한다. 체중은 서양복싱의 경우처럼 양다리로서 지탱되던가 아니면 어느정도의 전방에서 앞다리에 의하여 지탱된다. 이때 앞다리는 약간 곧게, 무릎은 고정하지말고 부드럽게 힘을 뺀다. 더욱 리이드측의 신체는 앞다리의 발꿈치에서 어깨의 끝까지 일직선을 이룬다. 이 자세는 긴장완화, 스피드, 밸런스, 더구나 동작의 용이함을 가능케 할뿐만아니라 강대한 위력도 가능케하는 기계적인 유리함을 가져다준다.

● 일반적으로 스포츠경기에 있어서 「준비」의 스탠스는 「감겨 넣어진」 또는 반정도 앞으로 구부린 자세와 낮은 전방자세로 이루어진다. 앞무릎을 구부리는것에 의하여 중심이 약간 전방으로 이동된다. 전반적인 준비에 의하여 리이드 발꿈치는 무릎이 굽혀진 후에도 가볍게 지면에서 떨어져 있는것이 통상이다. 뒤꿈치가 가볍게 지면에 닿고있는것은 밸런스를 용이하게 하여주면서 긴장을 풀어주는 역할도 한다.

숙달된 운동가의 현저한 특질은  최대의
노력을 하는 사이에도 움직임이 용이하다는
것이다.

● 양발사이에 자연적인 보폭을 언제나 남겨두는것은 어느 한점에 서 있는
상태와는 달리 몸이 잘 받혀진 상태를 말하는 것이다.

● 양발이 교차되지않게 하는것은 상대에게 몰려 밸런스를 잃었거나  발판
이 좋지못할때 얻어맞는것을 방지하여 준다.

▶ 자세의 습관 ◀　*Postural habits*
  1. 중심을 내린다.
  2. 횡폭(橫幅)의 토대를 만든다.
  3. 발바닥의 엄지발가락의 부풀어있는 부분으로 체중을 지탱하게끔 한다.
  4. 가령 달리고있는 중이라도 무릎은 절대 전부 뻗어버리지 않는다.
  5. 델리게이트 하면서도 재빠른 동작밑에서 유지되는 중심은 급격하면서
     도 빈번한 방향전환을 강요하는 경기의 플레이어가 가지는  특징있는
     습관이다.

▶ 음양(陰陽)의 동등한 분배와 혼입 ◀

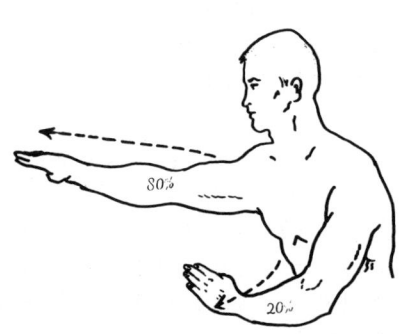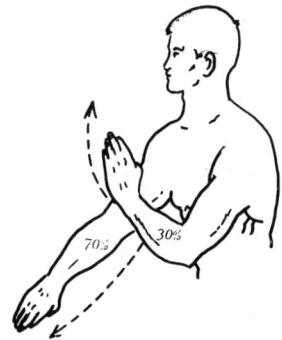

●이상의 자세습관은「정지된 자세」와 마찬가지로「동작에 용이주도할때의 자세」의 특징이다. 운동가는 다음행위의 준비를 위하여 이와같은 정지상태의 입상적(位相的)인 동작습관을 각 동작의 직전 직후에 전개한다. 운동가는 급격한 동작이 필요할때에도 거의 모두 예외없이 무릎이나 기타의 관절을 쭉 뻗어내리는 일이 없다. 이와같이 무릎을 구부리지않고 준비족(足)을 하는것을「유능한 운동가는 언제나 바지를 다름질해야 할것처럼 달린다」- The good athelete always runs as if his pants need pressing - 라는 미국적인 표현으로 부른다.

●밸런스란 중심의 컨트롤만이 아니라 동작을 쉽게 하기위한 신체의 경사(傾斜)와 일정치못한 평형상태, 즉 인력(引力)의 끌어당기는 컨트럴과 이용도 의미한다. 따라서「밸런스란 자신의 중심을, 그것을 지탱하는 쪽을 향하여 내던지면서 그것을 쫓아 결코 놓치지않는 능력이다」라고 정의지을 수가 있다.

●한발 뛰기나 교차족(足)에 대조하여보면「세밀한 한점」이나「발끌기」는 중심을 유지하기위한 수단이다. 민첩한 동작이 필요할때 숙련자는 자신의 중심이 가능한한 언제나 자신의 지배하에 있게끔 세밀한(細)스텝을 사용한다.

●준비자세에서 신체의 경사는 연장된 팔, 다리, 혹은 그 양측에 카운터·밸런스가 된다.

●「정지상태」에서의 좋은 밸런스보다「동작상태」에서의 좋은 밸런스를 구해야된다.

●투사의 중심은 자신의 행동 및 상대의 행동에 관련하여 끊임없이 이동한다.

●목표물에서 빗나간 펀치나 발차기는 순간적인 밸런스의 결손을 의미한다. 보통 그와같은 경우, 반격자가 유리한 입장을 얻게되지만 공격자도「小局面膝屈자세」를 사용하므로서 대체적으로 안전을 지킬 수가 있다. 요는 상대가 밸런스를 잃는순간 반격을 가하는 연습을 해야한다. 이 방법은 상대가 재차 공격하는 타입일때 유익하다.

공동작용을 배우는것은 신경조직을 단련하는 문제이다.

● 투사(파이터)는 시합도중 밸런스를 잃는일이 없는것처럼 항상 마음가짐에 조심해야 한다.

● 공격시, 재빠르게, 폭발적으로 돌격하는것을 손쉽게 할 수 있게끔 상대가 눈치못채게 중심을 앞발에 옮겨놓는다.

● 패리(parry- 받아흘러버리기)를 행하기 위하여서는 중심을 약간 뒷발에 옮기어 사이를 넓히고 패리뒤에 계속되는 리포스트(되받아 찌르기)의 동작에 좀 더 시간이 걸리도록 한다.

● 추가의 발차기나 펀치가 필요할때 뻗을 수 있게끔 밸런스는 항상 유지되어 있어야 한다. 어떠한 동작에도 자기를 너무 몰두하지 못하도록 주의해야한다.

▶ 트레이닝 ◀ *Training Aids*

● 양발의 올바른 상호관계나 동체와의 관계를 여러가지 용기(用器)와 조합하여 공격, 후퇴, 혹은 반격하면서 「감지(感知)한다」. 더구나 이렇게 모든 펀치나 발차기를 행할때에는 각부분의 위치가짐에 신경을 써야한다.

●밸런스를 취한쪽의 발자세를「느껴본다」. 필요하다면 걷는 페이스로서 모든 동작을 행할 수 있게 끔한다. 밸런스가 이루어진 자세와 그렇지못한 자세의 두가지를 경험하는 것으로서 그차이를 알아낸다. 전진, 후퇴, 그리고 옆으로도 움직여 본다. 찌르기와 차기를「통합」시켜 본다. 스피드와 위력을 얻기위하여, 더구나 상대보다 빨리 움직이기 위하여서, 그리고 신속한 회복을 위하여서도 밸런스가 이루어진 자세를 취하는것이 중요하다.

●밸런스의 감각을 발달시키는데 가장 적합한 체조의 하나는 줄넘기를 사용하여 실제로 필요한 뛰는것을 연습하는 방법이다. 우선 한쪽발을 다른쪽 발앞에 자리하고 여러번 뛴 후 계속하여 이번엔 다른발로 같은 방법으로 뛴다. 다음 두발로 줄이 일회전 할때마다 뛰어(이것은 의외로 어렵지만) 가능한한의 스피드가 나올때까지 계속한다. 효과있는 트레이닝 방법은 줄넘기를 3분간 계속하고 1분간 쉬고, 또 3분간 뛰는 요령으로 하는 것이 좋다. 특히 종류가 다른 방법으로 3회 반복하는 것은 아주 좋은 훈련이 된다.

움직임의 정확함은 적확(適確)함을 의미하며 일반적으로 힘의 발사에 있어서 정밀함의 의미로 쓰여진다.

# ■ 보디필 *Body Feel*

● 「보디필」즉 신체감각은 조화가 이루어진 신체와 마음, 서로 떨어질 수 없는 그 무엇이 있지만 「,」의 공동작용을 암시하는 것이다.

▶ 공격의 보디필 ◀

육체적 ;
1. 직전, 진행중, 직후의 밸런스를 고려한다.
2. 직전, 진행중, 직후의 빈틈없는 방어를 고려한다.
3. 상대의 움직이는 무기에 파고들어 상대가 기민하게 움직일 수 있는것을 제한해 버리는 것을 익힌다.
4. 활발하게 생명에 넘쳐 있다는것을 고려한다.

정신적 ;
1. 표적을 「쏘고싶다」라고 실제로 간절하게 바란다.
2. 방어, 혹은 반격하기위한 급격한 전환에 민감함과 주의깊음으로 원조(援助)한다.
3. 항상 상대를 관찰하면서 상대의 행동이나 반응에 적합하기 위하여 동요없이 경계를 유지한다.
4. 파괴력(힘을 넣지말것, 스피드, 간결, 용이)을 움직이는 표적에 전달하는것을 익힌다.

▶ 방어의 보디필 ◀

1. 상대의 움직임을 주시하여 전달(傳達)수단을 공부한다 ― 상대의 허점을 알아내는 신호를 놓치지 않는다.
2. 상대의 제 2, 제 3의 움직임을 정확히 예측하는것을 익힌다 ― 단순한 공격이 실패했을때에는 상대의 스타일을 읽고 문제를 해결한다.
3. 상대의 무력(無力)의 순간을 찾아낸다.
4. 힘을 모두 써버린 무기로서 「도달」하려고하는 공통된 경향을 이용한다.
5. 자기의 밸런스는 잃지말고 상대의 밸런스를 이 편의 민감한 기운속에 잃게한다 .
6. 뒤로 이동하면서도 능률적으로 자기표현을 할 수 있게끔 한다. 더불

어 모든 가능성을 시도하여 본다(사이드스텝, 커어브등).   최종적인 펀치나 발차기를 위하여 최후까지 밸런스를 유지한다.
7. 적절한 순간에 다음의 각 요소를 수반하여 공격한다.
   A. 자기의 정확한 동시화(同時化).
   B. 적절한 간격.
   C. 올바른 타이밍.

내구연습(耐久練習)의 최선의 형(形)은 시합의 실행뿐이다.

## ■ 좋은 자세 *Good Form*

●좋은 자세는「최소한도의 불필요한 동작과 에너지의 소모」로 가장 능률적인 방법으로 연기의 목적을 얻는것을 가능케 한다.

●바라는 결과를 얻기 위하여 필요한양의 최소한도를 소모하여 에너지를 보존하기 위하여서는 아무런 목적도 이루지 못하면서 피로를 초래하는「불필요한 동작과 근육의 수축」을 제거하여야 한다.

▶ 신경조직의 숙련을 양성한다 ◀
1.「긴장완화의 기대」를 얻는다.
2. 이 기대를 자유자재로 재생시킬 수 있게끔 될때까지 수업한다.
3. 긴장된 상황일때는 그「기대」를 자발적으로 재생시킨다.

●자기 근육의 수축과 완화감을 느낄 수 있는 능력, 즉 근육상태에 대하여 느낄 수 있는 능력을「근육동지각(動知覺)」이라 부른다. 근육동지각은 의식적으로 신체와 그외 다른 부분과를 특정한 자세로 두어「그 감각을 안다」는 느낌으로 발달된다. 이 밸런스가 취해진, 혹은 흐트러진 감각, 다시 말하여 우아한, 혹은 딱딱하게 굳어진 감각은 신체를 움직일때 언제나 가이드 역할을 맡는다.

●근육감지각이 최대한의 효과를 가져오기 위하여 최소한의 노력으로 각 동작을 행하지 않는다면 이미 신체는 침착성을 잃는선까지 가고 만다. (이것은 자세에도 적용된다)

●긴장완화란 육체적인 상태이지만 그것은 정신적인 상태에 의하여 통제받고 있는 것이다. 긴장완화는 자신의「사상」내지「행동양식」을 통제하려고 하는 자각어린 노력에 의하여 얻을 수 있는 것이다. 정신은 새로운 것을 생각하는 습관, 신체의 새로운 행동의 습관에 대한 훈련에 쏟기 위하여서는 감수성, 연습, 그리고 자진하여 행하려는 의지의 힘을 필요로하게 된다.

Stage I — THE TEACHING OF RIGHT FORM

STAGE II — BUILDING UP PRECISION, RHYTHM, SYNCHRONIZATION WHILE AUGMENTING SPEED PROGRESSIVELY.
本人的 - application of technique with full co-ordination and increasing speed — at various distance — precision in all.

STAGE III — TIMING AND THE ABILITY TO SEIZE AN OPPORTUNITY WHEN OFFERED
把对手 under fighting condition — regulate cadence and distance, to attack when opening is offered (发挥灵活)

STAGE IV — APPLICATION under FIGHTING CONDITION —
隐约弱点 — systematically attempting to provoke error by watching and TIMING & DISTANCE.

右直冲, 左直冲, 链捶, 钩捶, 挂捶,
(角捶)

右直冲 — ① 出范围 ② 着攻击无度手(出格) ③ 连击身
④ 依式直冲佛 ⑤ 过空 (收手,变手)

左直冲 — ① slip 右打 ② 过收手打 ③ 合扣
左冲 (Rib) ④ 散右摇 ⑤ 回散
左主上左击左身

链捶 — ① 散冲前左右冲 ② 散左指代手去取
我手 ③ feint low 链

批捶一散手厚下式挑本身包击
(自定苏)

바란스가 유지된 포움에서 에너지가 생겨난다.

●긴장완화는 근육조직의 내부의 서로 당기는 정도를 의미한다. 스포츠에 있어서의 원칙은 어떤 행위를 연기하는데 필요한 이상의 근육긴장을 갖지 않는 일과 저항하는 근육의 긴장을 될 수 있는 한 감소하여 계속 필요만큼의 저항조절을 유지하는 일이다. 근육은 항상 다소 긴장한 상태에 있어야 한다. 그러나 근육이 「굳어서 너무 조인다」고 할 때에는 우리들의 스피드와 기술은 여분(余分)만큼의 부담을 갖게된다. 이와같은 경우의 가장 큰 난점은 반대근육이 너무 긴장하는 것에 있다. 작용하는 근육의 긴장율이 낮을수록 에너지의 소모는 적은 것이다. 긴장된 반대근육은 에너지를 헛되게 하는것만 아니라 딱딱함이나 동작에 대한 저항의 원인이 된다. 그러므로 통합된 우아하면서도 능률적인 동작에 있어서는 반대근육을 재빨리 지장없게 연장시키지 않으면 안된다.

●스포츠에서의 긴장완화는 정신의 안정과 지배수업에 달려있다. 침착한 기교가는 정신적이거나 육체적인 에너지를 유효하게 소비할줄 아는 사람이다. 스포츠에서 바람직한 긴장완하란 이성(理性)이나 주의력의 완화보다 오히려 「근육의 완화」를 뜻하는 것이다.

●「자세의 합리적인 구조」에 의해서 저장 에너지는 「좀 더 긴 지속」혹은 「좀 더 힘찬 표현」을 위하여 사용될 수 있는 것이다.

●연배(年輩)의 운동가는 자세(포옴)를 에너지의 보존수단으로 본다. 또한 위대한 운동가는 보통사람 이상의 기교로서 여러가지 동작을 극히 능률적으로 행하기 때문에 체내의 에너지를 절약 할수 있다. 다시말하여 통달한 사람은 불필요한 동작을 자연적으로 제거하고 그 조정된 육체는 하나하나의 동작에 대하여 한층 적은량의 에너지를 소모한다

●항상 「좋은 자세(포옴)로 훈련하며」, 용이하면서도 원활하게 움직이는 것을 터득한다. 훈련은 우선 근육을 유연하게 하려는 목적이다. 섀도우복싱으로 시작하는 것이 좋다. 처음에는 좋은 자세에 전념하고 그리고 난후 좀 더 엄한 수업을 하는게 좋다.

●바른 기초에 대한 숙달과 그 진보적인 응용이 위대한 투사의 비결이다.

내구력은 그것의 유지를 위한 노력을 중
단하면 급속히 잃고만다.

● 대개의 경우, 각기의 작전적인 동작은 능률의 적당한 밸런스를 확보하기 위해서 같은 요령으로 신체의 반대측 부분에서도 훈련되지 않으면 안된다. 그러나 포옴을 발달시키는데에 있어서의 주된 고려는 가령 어느 한가지일지라도 기계적인 법칙에서 어긋나지 않게 하는 일이다.

### ▶ 동작의 간결 ◀
● 어떤 일이든지 그것을 수행하는 최량의 방법이 있다. 또한 연기개량(演技改良)의 목적으로 중요시되는 원칙의 몇가지는 다음과 같다.
1. 저항을 극복하기 위한 탄력을 사용한다.
2. 근력(筋力)으로 극복하지 않으면 안될 세력은 최소한으로 축소하여야 한다.
3. 연속되는 「곡선동작」은 급격하고 예리한 방향전환이 수반되는 직선운동보다 노력이 적어도 된다.
4. 개시의 근육이 무저항 또는 자유 원활한 동작을 허락할 때에는 제한된 혹은 통제된 움직임때 보다도 동작은 재빨리 용이하며 또한 정확하다.
5. 부드러우면서도 자연스러운 리듬을 가능케 하는것처럼 배려된 푸로세스는 부드러우면서도 자발적인 경기로 이끌어 준다.
6. 주저, 또는 일시적인 자질구레한 동작의 정지는 연기에서 빼어버려야 한다.

● 임기응변식으로 자기의 스타일을 바꾸는 것은 좋지만 근본적인 자세를 바꾸어서는 안된다. 스타일을 바꾸는 일은, 즉 공격방침을 다시 바꿔야하는 것이 된다.

● 바른자세란 "행동에 임하여 개인이 최대한도의 능률에 도달하는것을 가능케 하여 주는 특정의 테크닉이다"라고 의미 지을 수가 있다.

● 바른자세를 습득하려면 밸런스가 극히 중요하다. 펀치이건 발차기이건 간에 뻗을때에는 밸런스와 완벽한 타이밍이 충분치 않으면 힘을 발휘할수가 없다.

● 무엇보다도 우선 잊어선 안될것은 몸을 긴장시켜서는 안된다는것. 성공

한 파이터에게 결여할 수 없는것은 유연성과 타이밍을 잃지않는 일이다. 따라서「매일」, 의식적으로 간결한 심리적인 신경 근육 지각운동을 훈련하고 항상 긴장완화를 유지하는 일이 중요하다.

일반적으로 경기시합을 위한 준비의 몸자
세는 약간 수그린 자세, 그리고 낮게 취한
전방으로의 중심을 필요로 한다.

## ■ 시각(視覺) Vision Awareness

●「시각인식(視覺認識)」을 아주 빠르게 행하는 법을 익히는것은 그 기본
적인 초보이다. 수업은 매일 짧은 시간내에 보기에 전념하는 연습을 해야
한다. (인식훈련)

●높은수준의 지각(知覺)스피드는 연습의 산물이지 유전의 산물이 아니다.

●반응시간 또는 공격스피드에 느린 **사람은** 이 늦음을 재빠른 시각으로 보
충하지 않으면 안된다.

●지각스피드는 관찰자의 주의력의 **분배에** 어느정도 영향을 받는다. 즉 이
것 저것의 선택이 적을수록 행동은 신속해진다. 감수(感受)되어야할 신호
가 수많은것 중의 하나인 이상 다른것들도 각기 반응을 요구하게 되므로
시간은 연장되게 된다.「선택된 반응은 단순한 반응보다 시간을 요한다」
인 것이다.
　이상은 신경생리적인 조절에 의한「본능적인 간결(簡潔)」의 기초이다.
본능적인 동작은 가장 단순한 동작에서 가장 신속하고 정확한 동작이 된다.

●의지(意志)작용에서「반사작용의 컨트롤」에서 전진은 운동가의 지각이
작은 상세ー詳細(기계적 연기)가 큰 상세로 옮겨진 후 드디어 어떤 단일
부분에도 특별한 사려(思慮)를 주지 않으면서 전체적인 행동을 할수 있게
되었을 경우에 일어난다.

●주의력을 보다 광범위하게 확산시키는 습관은 공격자가 그 호기를 한층
재빨리 분별하는 것을 도와준다.

●신속한 지각을 위하여서는 감지(感知)해야 할것 자체에 최대의 초점을
맞추지 않으면 안된다(라고 하는것은 "준비!/ 스타트!/"의 "준비!/"할 때
준비되어 있는 자가 유리하다는 것이다).

●실험에서 제시된 자료를 보면 청각의 신호가 운동가의 가까운 거리에서
일어났을 경우 시각의 신호보다 빠르게 반응된다고 한다. 그러므로 가능
한한 시각의 신호와 청각의 신호를 동시에 이용하는게 좋다. 그러나 알아
두어야 할것은「일반동작」에 주의를 집중하는 쪽이 듣는것과 보는것에 주
의를 집중하는것 이상으로 재빠른 동작을 가져다 준다는 것이다.

●상대로 하여금 다종다양한 반응을 불러 일으키게 하면서 스스로는 불필
요한 반응을 감소해 나가게끔 훈련하여야 한다. (자연스럽게 자신의 움직

임을 최소한으로 줄여가는 것이다.)

● 숙련자는 항상 상대를 완만한 반응에로 유도하려고 시도한다.

● 자신의 어느 한쪽측만 사용하여 펀치나 발차기를 하는 공격자에 대하여 수비자는 그 다른측에만 집중하면 되기때문에 통상보다 신속한 행동이 가능케된다.

● 상대의 주의심을 흩어지게하는 책략(거짓동작이나 페인트)은 상대의 주의를 끌어들이므로서 상대가 행동하려는 의도를 확인하게전에 주저시키기 위한 수단이다. 이와같은 수단에 상대가 어느정도의 반응을 보여준다면 자신에게 있어서도 또하나의 유리한점이 된다.

● 눈에 들어오는 어떤 재빠른 움직임에 본능적으로 우리들은 눈을 깜박하는 반응을 보인다. 그러나 이와같은 본능적인 눈의 깜박임은 훈련에 의하여 컨트롤 하지않으면 안된다. 그렇지않고 만일 상대의 위협에 눈을 감는것이 상대에게 발각되었을 경우, 그것에대한 상대의 반응을 유발하는 결과가되어 자신이 맹목(盲目)이 되는순간 상대의 펀치나 발차기에 걸려들게되는 결과가 온다.

● 「중앙시각」은 시각과 주의가 어느 한점에 집중되어 있는것을 의미하지만 「주위시각」에 있어서는 시점은 어느 한점에 고정되어 있더라도 주의 (注意)는 좀더 광범위하게 확대된다. 중앙시각을 예민, 명료하다고 본다면 주위시각은 좀더 확산되어있는 상태라고 봐야한다.

● 격투에서 제자는 주위시각을 발휘하여 주의를 전 표면에 확장시켜야 한다는것을 잊어선 안된다. 주위시각의 훈련은 다음과같은 방법으로 할 수 있다.

▷ 선생은 인지를 내밀고 제자에게 그손가락 끝에 시선을 두게끔 지시를 준다. 다음 선생은 또 한쪽의 인지를 제자의 시계(視界)내에 넣은후 느린 동작으로 문자나 숫자를 써 보인다. 제자는 초점을 그대로 둔채 집중범위를 필요한만큼 확장하여 그 글씨나 숫자를 읽는 노력을 한다.

● 시계(視界)는 거리에 비례하여 광대되며 접근함에 따라서 감소된다. 또 발쪽이 손보다 느리게 움직이기 때문에 일반적으로 상대의 발 움직임

사람은 정지상태가 아닌 움직임속에서 좋은 밸런스를 추구해야 한다.

을 쫓는쪽이 손 움직임을 쫓는쪽보다 쉽다.

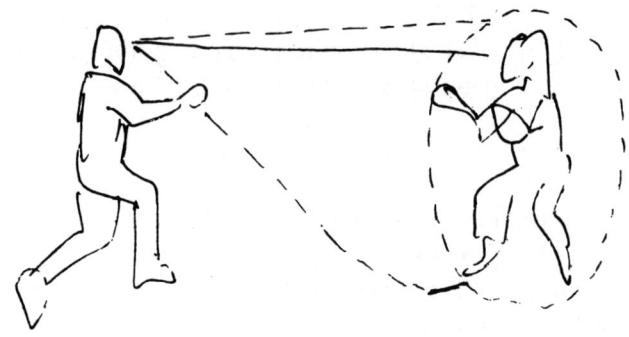

# ■스피드 Speed

▶스피드의 종류◀

1. 지각(知覺)스피드―재빨리 최초의 움직임을 본다. 상대를 속여서 동작의 스피드를 떨어지게하여 상대가 나오는것을 막는다.
2. 지능적 스피드―상대를 좌절시키거나 반격하기 위하여 적절한 동작을 선택하는 빠름.
3. 행동개시의 스피드―바른자세와 적절한 마음가짐의 요령을 얻는 스타트의 빠름.
4. 연무 스피드―선정된 움직임을 효과적으로 전달하는 빠름, 이것은 근육의 실제수축스피드에 관련된다.
5. 변경 스피드―도중에서 방향전환하는 능력.이것은 밸런스와 관성(慣性)의 컨트롤에 관련한다. 小局面膝屈자세를 이용할것.

▶스피드를 촉진하기위한 바람직한 특징◀

1. 가동성
2. 탄력, 탄성(彈性), 신축력
3. 피로에대한 저항(즉 스테미너가 풍부하고 건강하여야 할것)
4. 심신, 모두 기민
5. 상상력, 예상력

●수족(手足)의 기술과 유연성을 증대시키는 훈련은 파이터에게 있어서는 필요불가결한 것이다. 많은 파이터는 실제로 스피드가 여하히 「동작의 간결, 바른자세와 통합」에 의하는가를 보지않는다. 이렇게 되려면 끊임없는 기계적인 훈련이 중요하다. 어느정도의 「감정의 자극」도 도움이 된다.

●새도우복싱(혼자서 하는권투)은 스피드를 높이기위한 수단인 동시에 경쾌함을 얻기에 더없이 좋은 훈련이다. 자기가 하고있는것에 전념할 수 있게 해준다. 최악의 적이 눈앞에 있다고 상상하면서 자신의 모두를 그 적에게 던져넣는것이다. 상상력을 최대로 활용, 환상의 적이 시도할만한 움직임을 예기하면서 진실로 싸우는 심정으로 스스로를 유도해본다. 새도우복싱은 호흡과 스피드를 단련하여주며 좋은 아이디어를 가져다줄뿐만 아

만일 필요하다면 모든 움직임을 보행 속도에 맞추어야 한다.

니라 가장 필요하다고 느낄때 복싱동작을 마음속에 정하는데에 도움을 준다.

● 자세의 간결과 근육의 긴장완화는 스피드를 높여주는 요소이다. 경기에 있어서 초심의 운동가가 가장 조절하지않으면 안되는것은 너무 지나치게 열심이거나 초조하거나, 긴장하여서는 안된다는것과 더구나 한방으로 결말을 내려고 시도하는 자연스런 경향 등이다. 운동가가 자신이가지고 있는 모든것을 연기에 쏟으려고 무리를 할때에는 자신의 정신적요소가 육체적 능력을 초월하게 된다. 그 결과로「특정한 노력」이「일반적인 노력」으로 대용되는 결과가 되고만다. 몸전체의 긴장이나 불필요한 근육수축은 브레이크로 작용되어 스피드도 감소되고 에너지도 헛되게 소모시키는것이 되고만다. 육체는 운동가가 강제하고자 할때보다 자연스럽게 맡겼을때 쪽이 더 잘 움직인다. 될 수 있는한 빠르게 달리고 있으면서도 좀 더 빨리 달려야겠다고 무리해서는 안되겠다.

### ▶고도의 스피드를 가능케하는 요소◀

▷ 점성(粘性)을 적게하고 신축성과 유연성을 증대시키며 신체조직을 보다 고도의 생리적 템포(맥박, 혈액순환, 혈압, 호흡조절)에 조율하기 위한 시작으로서의「준비체조」
▷ 고도의「근육긴장」과 부분적인 수축.
▷ 적절한 발자세.
▷ 적절한 주의(注意) 집중.
▷「민속한 지각습관」을 몸에 익히기 위하여「불필요한」자극감수를 감소시키며「재빠른 반응습관」을 위한 결과적인 동작의 감소.

● 던질때나 타원형으로 치는 경우, 긴 진동의 반경과 호(弧―원주, 또는 기타의 곡선상의 두점에 의하여 한정된 부분)에 의해서 운동량(모멘담)이 생긴뒤에는 급속히「호(弧)의 반경은 단축한다」는 원리에 의하여 그 이상의 파워를 가하지 않아도 스피드를 증대시킬 수 있다. 이 효과는 햄머 던지기의 호(弧)의 최종적인「끌어넣기」, 혹은 야구배트를 앞발쪽에서 뒤쪽으로 비트는 동작등에서 볼 수 있다. 타월을 낚아채는 동작이나 회초리를 획 하고 휘두르는 동작은 같은「단축된 지레」의 흔히있는 예이다.

●치는(던지는)행위에 수반하는 인간의 몸이 회초리처럼, 또는 시계태엽 같이되는 동작은 극히 주의해야할 현상이다. 신체의 움직임은 발가락끝의 미는 힘으로 시작되어 즉시 무릎과 동체가 곧게 펼쳐지면서 어깨를 회전, 윗팔둑의 진동으로 연속되어 곧 아래팔둑, 손목, 그리고 손가락에 튕겨지 므로서 최고조에 달하게된다. 「그 타이밍은 각부분에서 다른부분으로 전 달될때마다 스피드가 증대되게 자연히 이루어져 있다」인것이다. 또 단축 된 지레의 원리는 이와같이 태엽을 푼다든지 회초리를 후려치는것과 같은 동작의 특정한 스피드를 강조하기 위하여 쓰여진다. 하나 하나의 관절부 분은 고속도로 회전하지만 그것은 이미 회전하고있는 관절의 지점(支点)이 가속되어 있기때문이다.

●보올을 던지는 경우는 전완(前腕)이 신속하게 움직이는 팔꿈치 지점에 서 튕겨나가면서 신체의 축척된 전 스피드를 팔꿈치에 집중하게 한다. 대개의 경우, 원거리에 던지거나 또는 호(弧)를 그리면서 치는 행동은 이 와같은 스피드법칙의 예이다. 사람은 「발로 치지않는다」라는 말은 운동량 이 발에서 생겨난다는 얘기다.

●이 가속의 복합작용에 있어서 중요한것은 支点의 최고가속을 최대한 유효하게 이용하기 위하여 「각부분의 동작을 가능한한 느리게 전달한다」 는 것이다. 팔은 그것을 반대로 끌어당기는 가슴근육의 긴장으로 당겨 졌 다가 늘어지는 정도로 뒤쪽에 머무르는것이 되어 최종적인 손목의 튕김은 놓기직전까지, 치는 경우 접촉의 직전까지 연기(延期)된다. 축구에서 환 터는 보올에 접촉함과 동시, 또는 바로 직후에 마지막 팀을 자신의 무릎 과 발에 가한다. 이와같이 최종적인 가속을 고려하는것은 축구에서는 「상 대를 통하여 방해한다」, 복싱에서는 「상대를 통하여 펀치한다」고 한다. 즉 어느것이나 원칙은 「최고가속을 최후의 접촉순간까지 눌러준다」이다. 거 리에 관계없이 최종단계의 동작은 가장 신속히 행하여 지지않으면 안된다. 더우기 접촉하고 있는 사이에도 계속하여 이 증대되는 가속을 유지하는것 이 합리적이다. 이상의 개념은 접촉이 완료된 후의 신체의 관성에 의한 전 속력으로 자유스러운, 방해되지않는 운동의 개념과 종종 혼동되지만 후자 의 원칙은 완만한 최종적 동작이 다음행동의 스피드를 방해하지 않을때에 야만이 타당하다고 볼 수 있다.

●스피드는 매우 복잡한 요소이다. 그것은 「인식(認識)하는 시간」과 「반 응하는 시간」을 포함하여 반응시간이 복잡하면 할수록 행동은 늦어진다. 여기에서 우리들은 페인트에 의한 효과의 중요성을 알아야한다.

보디 감각은 양쪽 모두 떼어 놓을 수 없는
몸과 정신의 조화적 상호작용을 의미한다.

● 운동가는 「바른 주의를 하는법 (주의집중)」과 「바른 준비자세」를 터득하므로서 자기의 스피드를 높일 수가 있다. 또 운동가의 근육의 수축력은 그의 동작의 신속성에서 볼때 중요한 요소이다.

● 스피드를 좌우하는 몇가지의 특정한 물리적 법칙
▷ 민첩한 행동을 위한 단축된 반경
▷ 운동량을 증대하기위한 연장된 호(弧)
▷ 회전 스피드를 위한 중심되는 중량
▷ 연속적인것과 동시에 중복되는 동작에 의한 가속된 스피드.
운동가가 스스로 해답하지 않으면 안될 질문은 그 독특한 행동수단에는 어느종류의 스피드가 가장 능률적일 것인가? 하는 것이다.

● 중요 포인트는 여하히 재빠르게 진행하는가가 아니라 여하히 재빠르게 도달하는가에 달려있다.

# ■ 타이밍 *Timing*

● 스피드와 타이밍은 서로 보조적이어서 만일 타이밍이 정확치 못한 경우 일격을 가져다주는 스피드는 그 효력의 대부분을 잃고만다.

### ▶반응시간◀ *Reaction Time*

● 반응시간은 자극에서 반응까지의 간격이다.

● 반응시간은 다음 2가지 조항에 의해서 보다 완전히 정의(定義)된다.
  1. 자극 또는 행동신호가 주어지고 난 후 근육동작이 「시작」할때까지 경과하는 시간.
  2. 자극이 발생한 후 근육의 단순한 수축이 「완료」될때까지의 시간

● 이상의 2개 조항에는 지각(知覺)에 요하는 시간도 포함되어 있다. 지각인식이 총소리를 들었거나 깃발이 내려지는것을 보았다든지하는 단순한 일의 경우에는 지각작용에 요하는 스피드의 진보 가능성은 적지만 반응시간을 단축하기 위하여 「준비동작」의 테크닉을 개량하는것은 가능하다. 근육운동의 작용에 집중함으로써 반응시간을 단축하는 결과가 된다. 제 2조의 기타요소는 근육수축의 스피드이다.

전체적인 반응은 다음 3요소로 이루어진다.
1. 자극이 수신될 때까지의 시간(즉 청각, 시각, 촉각등)
2. 가해오는 것에서 받은 자극을 뇌가 적절한 신경계통을 통하여 정확한 근육에 전달시키는데 요하는 시간
3. 가해오는 것에서 근육이 자극을 수신하고난 후 행동하는데까지 요하는 시간

다음과 같은 상황에서는 반응시간이 연장된다.
1. 어느 타입의 신경조직도 훈련되어 있지않다
2. 피로하다
3. 부주의 하다.
4. 감정적으로 평온치않다(즉 노함, 무서움등)

다음과 같은 경우에는 상대의 반응시간이 연장된다.
1. 하나의 테크닉의 완료직 후
2. 자극이 복잡할 때

양질의 포옴은 헛된 움직임과 낭비되는 에너지는 최소한으로 하고 동작의 목적을 완성하는 가장 효과적인 방법이다.

3. 그가 숨을 들여마실 때
4. 그가 에너지를 회수할 때 (자세에 관계된다)
5. 그의 주위나 시선이 그릇된 초점에 있을 때
6. 일반적으로 그의 육체적 또는 정신적인 바란스가 흩어져 있을 때

●준비운동, 생리적인 상태, 동기의 강함등의 모두가 일반적인 반응시간에 영향을 준다.


▶동작시간◀ *Movement Time*
●동작시간은 펜싱타임과 비교할 수 있다. 펜싱타임은 검사(劍士)가 단순한 검술(펜싱)동작을 연기하는데 필요한 시간이다. 여기서 말하는 검술의 단순한 동작이라함은 팔에 의한 단일동작 또는 한발 앞으로 밟고 들어가는것 (내딛는)과 같은 동작을 말한다.

●단순한 동작에 요하는 시간은 투사(파이터)의 개인적 스피드에 따라서 다르다.

●상대가 예기치 못하고있는 공격을 가한다던가 상대가 검(劍)으로 찔러올 때 그 칼을 슬쩍 받아 흘려 버리는것들은「순간에 알맞게」수행된 동작의 예이다.

●순간에 알맞는 행위는 반드시 신속하거나 강렬한 동작에 의해서 수행되는것이라고 한정되어 있지는 않다. 명백한 예비동작 없이 정지상태에서 시작하여「매끈하게 주저없이」진행하는 동작은. 전혀 예기치 못하기때문에 상대가 경계하기전에 타격을 주는것이 됨으로 성공한다.


▶상대의 동작시간을 다음과같은 방법으로 잃게 만든다◀
1. 상대의 리듬을 무너뜨리기 위한 방해를 한다
2. 상대를 저지하면서 컨트럴 한다 (부동 - 不動 - 으로 한다)
3. 자기의 공격전반(前半)에 상대의 예비반응을 끄집어낸다
4. 상대의 동작을 빗나가게하여 득점한다

●어떤 행동이 아무리 기술적으로 완전하다 하더라도 상대의 방지펀치에 의하여 실패하는수가 있다. 따라서 상대가 이쪽의 일격에 닿지 않을때에는

즉시 정신적이건 육체적이건을 구별하지 말고 그 순간에 알맞는 정확한 공격타이밍을 잡는것이 절대적으로 중요하다.
● 이와같은 타이밍이란 정확한 순간을 인식하고 그 챤스를 스스로의 행동을 위하여 잡는 능력을 의미한다. 타이밍은 육체적, 생리적, 그리고 정신적인면으로 분석될 수 있다.
　▷ 상대가 준비중, 또는 행동계획을 세우고 있을때 일격을 가한다
　▷ 상대의 행동이 최고조일때 일격을 가한다.
　▷ 주기적(周期的)으로 변동하는 긴장이 보일때 일격을 가한다
　▷ 상대가 주의를 게을리할때, 즉 상대의 집중이 산만할때 일격을 가한다
● 이 절호의 순간은 직관적으로 파악되던가 의식적으로 지각할 수가 있다. 숙련된 투사는 공격챤스를 지각하는것 보다 느낌으로 알아야 한다.


▶타이밍 훈련◀
1. 적절한 사이(간격)를 유지하게끔 연습한다
2. 파트너가 자세를 바꾼다든지 무기를 당겨넣을때 공격을 가하는 연습을 한다.
3. 「방어찌르기」, 즉 상대가 교전을 시도하고자 할때에는 그때에 알맞는 단순공격을 연습한다. 「방어찌르기」는 단순하여야 하며 반원, 또는 원형의 교전동작에 대하여도 연습해야 한다.

● 신속하게 펀치하는것을 목적으로 한다면 위력을 얻기위하여 스피드를 잃지말아야 한다. 맹렬한 발차기나 강한펀치는 (a) 지레작용 (b) 타이밍의 두가지 요소에 좌우된다. 이때 타이밍은 지레작용의 필수부분이지만 그것의 반대는 그렇지않다. 강력한 펀치를 날리는데에는 힘도 무게도 필요치 않다 즉 「일격의 타이밍을 얼마나 잘 조절하느냐가 강타하는 것의 비결」인 것이다.

● 복싱에서 타이밍을 정확히 계산하여 펀치를 뻗는것은 라이벌을 강타하는 타격술에 있어서 「상대가 전진하자 마자」, 또는 「앞으로 속아서 나왔을때」를 놓치지않는 기술을 의미한다. 유능한 투사는 언제나 상대의 뒤를 찌르다가도 가능하면 스스로가 선수를 취하여 행동하여 「상대의 반응에 영향을 준다」. 이렇게 함으로써 그의 행동은 「목적을 가지고」 「주저함이 없이」 수행되는 것이다. 또한 그러기 위해서는 「확신이 필요하며, 누구라

형(形)에 대하여의 확실한 역학에 의하여
구하여진 에너지는 보다 오랜 지속, 혹은
보다 강한힘의 기능표현에 이용할 수 있다.

도 자기의 능력에 전혀 신뢰를 가질 수 없다면 한치의 틀림도없는 타이밍을 갖춘 진정한 의미의 투사가 될 수 없는것」이다.

### ▶변칙적 리듬◀ Broken Rhythm

● 보통, 두사람의 동등한 능력을 가진 투사가 서로 마주했을때 그 둘은 서로가 서로의 동작을 읽을 수가 있기때문에 어느 한쪽의 스피드가 월등하게 차이가 난다든지 하는 이외에는 좀처럼 공격하지 못하는 경우에 처하게 되는 경우가 흔히있다. 이것은 쌍방의 공격과 방어동작이 거의 같은 리듬으로 행하여지기 때문이다. 여러가지 동작의 적절한 타이밍은 그 먼저의 동작에 의하여 좌우되는 연속적인 관계를 가지고있다. 또 공격을 우선하는쪽이 조금은 유리할것 같지만 성공적인 일격을 가하기 위하여서는 상대보다 우수한 스피드로 스스로를 백·업해야 한다. 그러나 어느 한쪽의 리듬이 파괴되었다면 스피드 자체는 이미 그 투사의 공격, 또는 반격의 성공에 있어서의 주된 요소는 아닌것이다.

만약 리듬이 뚜렷하게 확립되어 있을때에는 동작의 영속적 지속이 일어나기 쉽게된다. 다시 말하여 각자 그 연속동작에 대하여「동작이 정해지고 만다」가 된다. 이 단계에 도달하여 버린 경우에도 가벼운 주저나 예기치못한 움직임에 의해서 이 일정한 리듬을 파괴시킬 수 있는자가 반격에 성공하게 된다. 이때 상대는 이제까지의 리듬으로 계속하는 동작이 정해져 있기때문에 그 리듬의 변화에 스스로를 조정하기전에 이미 일격을 받고마는 결과가 된다. 이와같은 이유로 볼 때 정확한 타이밍으로 좋은 공격법중의 하나다.

● 타이밍은 격투에서의 문제로서보다 오히려 정신적인 문제로 받아들여마스터 하지않으면 안된다. 왜냐하면 리듬을 파괴시키는것은「그 희생자가 연속하던 동작을 돌연 방해당한 후에도 아주 몇분의 일초 가량은 계속하여 행한다」는 사실을 기대할 수 있으니까 말이다.

● 경우에 따라 타이밍은 많은 위협적인 동작(페인트)을 포함한다.「만일 수비자가 페인트의 리듬을 받아들여」이것의 다양한 협박을 패리 (받아서 흘러버림) 하고자 시도하였다면 아주 작은 주저가 리듬을 파괴하기 때문에 공격의 기회를 스스로가 상대에게 공급하는 결과가 되고만다.

그 외의 경우, 상대의 진격, 혹은 위협동작이 최고조에 달하였을때 우선 첫째 상대가 예기하던 반응을 주어 상대의 페인트에 말려든것처럼 하다가 돌연 반격을 가한다. 이 반격은 상대가 페인트를 계속하게끔 동작이 지어 졌기 때문에 이 편이 득점한 후에도 상대는 패리를 해야하는 필요성에 자기를 조정 못함으로 성공율이 매우 높다. 일반적으로 타이밍이란 상대가 공격준비를 하자말자 공격이나 행동을 우선 하는것을 의미한다, 이와같은 타이밍에 있어서는 상대가 패리를 행하기 위해 자기를 조정하기까지의 아주 **짧**은 사이를 얼마나 유효하게 이용하느냐 하는것이 문제가 된다

## ▶ 1 $\frac{1}{2}$박자◀ *One-and-a-half beat*

● 상대가 움직이던 도중 실행하는 공격을 반박자($1\frac{1}{2}$박자)공격이라고 부른다. 투사는 완전한 한박자의 동작을 스스로 연기하거나 혹은 상대가 일으키겠끔 하든지 하면서 상대의 리듬을 달랜 후 반박자로서 쳐들어가「황홀한 상태를파괴시켜 버린다」. 이 변칙적 리듬에 의한 수단은 종종 상대가 방어를 위하여 필요로하는 정신적 또는 육체적인 **밸런스**가 흩어지게 하는 것이 되므로 허를 찌르는것이 된다.

## ▶캐던스◀ *Cadence*;박자

● 대항자의 스피드에 맞춰 조절된 스피이드를「캐던스」라 말한다. 이것은 계속되는 동작이 수행될때의「특정한」리듬이다.

● 올바르게 판단된 캐던스는 일격을 뻗는것에 대하여 냉정한 컨트럴을 약속한다. 또 이와같이 컨트럴을 얻는일은 투사에게 있어서 성공적인 공격과 방어동작을 용이하게 선택하는것을 의미하기도 한다.

● 알아두어야 할 일은 일격을 명중시키기 위하여서는「상대의 방어를 피하지 않으면 안된다」이다. 극히 높은 스피드는 상대의 패리동작을 쫓아 넘을 수 있지만 이 경우 공격자는「스스로 패리한 것이다」가 되고만다.

● 이상적으로 볼때 투사는 자신의 캐던스를 상대에게 밀고 나가는것을 항상 시도하여야 한다. 이것은「의식적으로 자기동작의 캐던스를 변화시킨다」는 결과가 오므로 성공이 가능하다. 예를 들어보면 합성적인 공격에 있어서 그는 페인트동작의 리듬을 고의로 정하여 상대가 그 허위캐던스에 말려들 때까지 계속하는것이다.

양질의 포옴은 개인의 행동에 있어서 최대한의 효과를 달성하는것을 가능케 한다. 특별한 기술로서 정의(定義)되어진다.

● 적보다 스피드의 우위를 얻음으로써 투사는 기선을 제압한채 행동할 수 있다. 다시 말하여 언제나 뒤따라 붙으려고 노력하지 않으면 안되는쪽은 상대인것이다. 자신에게 충분한 스피드의 여유가 있는자라면 이 우세를 유지하는것은 그리 어려운 일이 아니다. 더구나 그렇게 하므로서 적의 중대요소인 스피드에 있어서 상대의 의지에 복종하고 있는 자신을 알고 자신에대한 확신을 잃거나 혹 그대로라고 하더라도 이미 정신적 영향을 입은것에 틀림없는 것이다.

● 노어멀(규칙적인)한 리듬에서 이루어지는 일련의 양동(陽動)이나 페인트에 의한 준비는 상대로 하여금 준비태세에 있는것같은 허위의 착각으로 유도하는 결과가있다. 이것은 상대의 반응을 실제공격에 사용되는 캐던스 이외의 리듬에 익숙하게 만들어 준다. 이렇게한 후 최종적인 공격을 구성하는 동작은 돌연하면서도 가속되어 상대는 거의 모든 경우 꼼짝없이 당하고 만다.

● 가장 효과적인 캐던스의 변화는 복합공격, 혹은 리포스트(되받아 찌르기)의 최종적인 동작을「스로우·다운」하는것이지「스피드·업」하는것이 아니다. 이와같이 캐던스를 느리게하는 수단은 이미 배달이 시작된 그 전진도중에서 잠시 머뭇거릴때 대항자가 승부를 끝낼셈으로 이쪽의 협박선에서 이탈될때 재차 계속되는 타격이라고 생각할 수 있다.

● 가장 알맞는 순간에 적용된 스피드는 정확히 판단된 동작수행의 캐던스처럼 일격을 성공시키는데 매우 중요하다.


▶ 템포 ◀ *Tempo*

● 한 동작의 성공은 방어이거나 공격이거나간에 우리들이 얼마나 알맞는 순간에 행하느냐 못하느냐에 달려있다. 상대에게「불의의 한방」을 먹이거나 상대가 무력한 순간을 놓쳐선 안된다.

● 효과적으로 어떤 행동을 하기에 가장 적합한, 극히 짧은시간(캐던스의 한박자)을 템포라고 부른다.

● 템포의 챤스는 다른곳에도 있다. 예를 들어 상대가 의식적으로 동작을 행할때, 즉 일보 전진하거나 이쪽을 유인한다거나 아니면 부동의 기법을 시도하거나 하는 순간이다. 이외에도 공격에 적합한 순간은 상대가 동작

을 수행하고 있을때이다. 이 말은 하나의 동작이 끝날때까지 상대는 그것을 되돌이킬 수 없기 때문이다.

● 격투기에 있어서 모든 행위의 절정은 「템포」이지만 반드시 주의해야 할 것은 상대편의 허위템포의 챤스에 잘못 빠져버리면 안된다는 것이다.

● 상대가 어떤일에 몰두하고 있을때, 공격준비를 하고있을때, 전진할때, 공격동작을 취할때, 혹은 작전을 변경하려는 때를 놓치지 말고 공격해야 한다. 성공적으로 수행하기 위하여서는 끊임없는 집중과 경계가 필요하다.

● 상대에게 대한 집중을 그라프상에서 읽어본다. 움푹 쳐졌을때, 즉 저하가 있을때 공격해야 한다. 다시말하여 「상대가 결단을 못내리고 있는 순간」에 습격하는 것이다.

● 때(時)의 선택은 공격의 성공에 있어서 가장 중요한 요소다. 그러므로 때를 선택하는 능력을 발달시켜야 한다.

결점없는 기교나 번개처럼 빠른 속도라 할지라도 만약 공격이 「그 때를 놓치고」개시된 경우, 실패하고 만다.

● 「어떻게 하여」도 중요하지만 일격의 성공을 위하여서는 「왜」와 「언제」까지도 알아야 한다.


▶ 스톱 · 히트 ◀ *Stop hit*

● 사이(간격)가 떨어졌을 경우 공격하여오는 상대는 어떤 준비를 필요로 하게된다. 그러므로 상대가 이와같이 공격준비를할때 공격하는게 좋다.

● 스톱 · 히트는 상대가 공격하여 옴과 동시 가하여지는 계산된 타격이다. 그것을 상대가 원하는 공격의 최종전을 「예기」하고 「방해」하면서도 실행자는 항상 스스로를 커버하면서 행할 수 있다.

스톱 · 히트의 성공을 확보하기 위하여서는 정확한 예기능력, 타이밍, 한치의 빗나감도없는 배치가 구비되어 있어야 한다.

● 본질적으로 스톱 · 히트는 공격의 발달과정에 있어서 상대를 저지하는 수단이며 직접, 간접으로 가할 수가 있다.

스톱 · 히트를 사용할 수 있는 좋은 챤스는 상대가 발차기나 펀치를 넣으려고 앞으로 한발 내디딜때, 상대가 페인트를 행하느라 여념이 없을때, 또는 복잡하게 조합된 두가지 행위 사이, 둥이다.

세련된 지각(知覺)스피드는 유전이 아니
라 배우는것의 결과이다.

### ▶다음과 같은 경우 스톱·히트를 활용하면 좋다◀

1. 상대가 앞으로 한발을 내디딜 준비를 할때
2. 상대의 팔이 아직 굽혀진채 공격을 스톱한 상태일때
3. 상대가 너무나 폭넓게 페인트를 행하여 자신의 방어에 허점이 생겼을때
4. 폭이 넓은, 목표가 제대로 정하여 지지않은 공격에 대항하여
5. 고정기법을 적용하기 전에 직접, 또는 간접 스톱·히트를 사용한다
6. 상대가 실제공격으로 들어오기전, 방어자세에서 최초로 페인트를시 도할때

● 스톱·히트는 자기방어에 만족할만한 주의를 하지않고 난폭하게 공격해 오거나 혹은 단순하게 너무나 접근하는 상대에 대한 뛰어난 방어수단이다(특히 상대의 전진부분, 또는 노출부분에 매우 유효하다).

● 정확한 타임과 서로의 거리(간격)의 판단은 효과있게 스톱·히트를 행하기 위하여서는 절대 필요하다. 보통 스톱·히트는 바로 찌르기, 혹은 발차기에 의하여 수행되지만 데이젠케지멘트(이탈—離脫)나 카운터데이젠 케이지멘트의 일부로 볼 수도 있으며 또한 어떤 경우에는 신체를 가라앉게(더킹)하거나 피하게 하는 동작(스리핑크등)을 행하면서도 가할수가 있다. 경우에 따라 스톱·히트를 이용하여 상대의 손의 자유를 빼앗고자 할때에는 신체를 어느정도 각장(角張)하는것이 필요하다.

● 스톱·히트는 상대의 초점이 되기전에 타격을 가하기 위하여 동시에 전방으로, 한발 내딛는것을 종종 필요로한다. 만일 그렇지 않으면 공격자와 만나는 느낌으로 적어도 몸을 앞으로 구부리게는 좋다.

● 스톱·히트는 앞으로 한발 내딛는 것으로 시작되는 공격에 대하여 사용하는 쪽이 아무 준비동작도 수반하지 않은채 시작되는 공격보다 시간적으로 여유가 있기때문에 그 유효성과 성공율이 높다. 따라서 일반적으로 스톱·히트는「한발 앞으로 내딛기 위한 준비」에 대처하기 위하여 선정된 일격이라고 할 수 있다.

어떤 단계나 어떤 동작의 도중이라도 항상 스톱·히트를 뻗을 수 있게끔 훈련하지않으면 안된다. 적절하게 채용된 스톱·히트는 많은 중요한 타격의 성공을 가능케 할뿐만 아니라 강렬하고 자신에 넘치던 상대에게 정신적으로 참담한 영향을 주게된다. 이와같은 이유로 여러가지 각도에서 고도의 스피드와 정확함을 수반하여 스톱·히트의 훈련을 하는것이 중요하다.

## ▶카운터·타임◀  *Counter Time*

● 상대의 동작시간이나 손 위치등의 상황 컨트럴을 우선 최초에 얻어내지도 않고 공격하는것은 결코 현명한 방법이 아니다. 그래서 현명한 투사는 스톱·히트를 뻗기전에 모든 가능한 수단을 최대의 인내심으로 계통적으로 사용한다. 그렇게 함으로서 상대의 손 혹은 발이 자기의 닿을 수 있는 범위내에 들어오게 되며 그것들에 대하여 컨트럴을 획득하는 기회를 얻게 되는 것이다.

● 제 2의 인텐션(意図)를 가진공격, 또는 「카운터·타임」은 일반적으로 끊임없이 스톱·히트를 시도하거나 공격에 대하여 공격으로 맞서는 습성을 가진 투사, 즉 상대가 어떤 공격적인 동작을 보이면 즉시 자신도 공격하여 오는 사람에게 이용하는 계획적인 동작이다.

● 카운터·타임은 상대를 「어떤 템포」로 공격하여 오게끔 유도, 또는 도발하게히는 책략이며 그것의 목적은 카운터·타이밍(상대가 도발, 공격하여 오는것을 이용하여 일격을 가한다) 또는 대신 상대의 손을 속박하거나 떨쳐버린 후 공격, 혹은 리포스트(되받아 찌르기)를 가하는것에 있다. 중요한것은 스톱·히트를 뻗는 그 자체보다 그 스톱·히트를 피하는 패리의 타이밍을 정확하게 행하는것에 있다. 그렇게 하기위해서는 우선 첫째 상대의 반응스피드를 알아내야하며 그의 캐던스도 판단되지않으면 안된다.

● 일련의 카운터·타임동작의 최종적인 일격(리포스트)를 제대로 가하기 이해서 상대의 사정내에 있을때에는 도리어 상대의 일격을 자신이 받을 위험이 있으므로 그것을 최소로 멈추기 위해서는 간격(사이)을 정확하게 판단하는 것이 필수조건이다.

● 카운터·타임이 성공하느냐? 못하느냐는 어떻게 자신의 의도(인텐션)를 비밀로 숨기느냐에 달려있으며 상대가 그것에 대하여 확신을 가지고 스톱·히트를 뻗어오게끔 유도하느냐에 의하여 이쪽에서 리포스트(riposte)를 가하기전에 패리(공격을 받아넘기기)를 행할때 어느정도 상대가 회복하는 기회를 얻지못하게 하느냐에 달려있다.

숙달된 사람은 쉴새없이 적을, 보다 천천
히 선발된 반응의 입장에 두고자 강요하는
것을 시도한다.

▶스톱·히트는 여러가지 방법으로 끌어낼 수 있다◀

1. 유인의 사용에 의해서(단순히 목표를 노출시켜 주면서)
2. 고의로 무방비상태의 페인트를 행한다
3. 또는 찌르기를 중도까지만 행하는 허위공격을 가하거나 단순히 전 방으로 한발을 내딛는것등

● 상대의 스톱·히트나 그 대용무기를 움직이지 못하게 하면서 상대가 대항할 때에는 즉시 리포스트를 가하든지 아니면 피하기에 쉬운방법(변화있는 자세에서 행하거나 직접공격이 아닌방법)으로 공격하는것이 현명하다.

● 상대가 페인트를 하면서 스톱·히트를 가하여 오는 경우도 있기때문에 경계를 요한다. 그렇지않고 이쪽에서 찔러내는 리포스트는 패리가 되므로 결과적으로 카운터·리포스트(즉시 되받아 찔러오기)를 먹는 결과가 된다. 이와같은 상대는 스톱·히트를 아주 즐겨 사용하는것 처럼 일부러 과시하여 이쪽의 카운터·타임을 끌어내고자 시도할 가능성이 강하기 때문에 주의를 게을리 말아야한다.

● 공격과 리포스트는 보통 둘다 좋은 계획으로 수행되지만 정확한 순간 (타이밍)에 적절한 스피드로 행하여지지 않으면 일반적으로 성공하지 못한다.

● 공격은 항상 시간과 거리에 의하여 좌우된다고 한다. 사실상의 불리한 점을 극복하기 위하여서는 「상대의 손이 벗어나고 있는 부분을 향하여 공격의 타이밍을 일치시키는 것이다. 즉 열리고있는 선(線)을 향해서는 행동하여야 하며 닫히는 선(線)에 대하여서는 행동하지 말아야 한다」.

● 이와같은 공격개시에 가장 적합한 순간은 「상대가 바로 공격준비를 하고 있을때」이다. 상대의 의사와 동작은 이때 잠깐사이이지만 방어보다는 공격에 집중되어 있기때문이다.


● 준비중의 공격은, 특히 정확한 간격을 유지하여 이쪽의 공격이 아주 적은 차이로 상대에게 닿지않게끔 거리(간격)를 유지하는것이 상대에게 대하여 가끔 효과적이다.

준비중에 가하여지는 공격은 공격에 대하여 행하는 공격과 흔히 혼동되지만 양자를 정확히 구별하지 않으면 안된다. 전자는 준비중, 즉 상대의 공격이 개시되기「전」에 실행되는것을 가리키는것이고 후자는 사실상 반격행위를 가르키는 것이다. 준비중에 가하는 공격이 상대의 공격에 우선하

려면 특히 정확한 간격의 선택및 면밀하면서도 주의깊은 타이밍이 필요하다.

전체적으로 긴장과 불필요한 근육의 움추려둠은 스피드를 줄이고 에너지를 낭비하는 브레이크역할을 한다.

## ■태도 *Attitude*

●경기전의 운동가의 정신상태는 당연하게 그 실기를 다분히 좌우한다. 자기의 차례를 기다리는 사이에 과도의 긴장을 경험하지 않고도 해낼 수 있는 운동가라면 전형적으로 자신감과 침착성으로 가득찬「어떠한 일에도 겁내지않는 태도」를 몸에 익히고있는 사람이다. 이와같은 사람에게는 그 자신이 직면하고있는 운동경기 상황아래서도 별다른 동요가 없다. 많은 운동가에게 있어서「나는 누구에게도 지지않는 챔피언이다」라는 확신은「심리상으로 볼때 빼놓을 수 없는」요소인 것이다. 이제까지의 실패를 이론적으로 납득이 가게끔 해석한후의 안도감은 자기스스로를 작은 물 고기 떼에 둘러싸인 반인반어 (半人半魚)의 해신 (海神) 트라이튼 (Triton) 이라고 착각하게 하여준다.

●운동가에 따라서는 자신이 출전하는 종목이 다가옴에따라 배의 힘이 빠지는것 같기도하고, 토할것 같기도하고, 실제로 토하거나 하는 사람도 있다. 심장은 두근거리고 등 밑부분에 통증을 느끼기도 한다. 그러나 경험을 쌓은 스포츠맨은 이와같은 상태를「내면적인 약점」이 아닌「내면적인 과잉」이라고 인정한다. 어떤면에서 볼때 이런 상태는「심한 활동에 대하여 준비가 되어있다」는 것을 나타내는것으로 볼 수도 있다. 그 반면 경기 전에 일종의 도취감을 맛보는것같은 운동가중에 사실상 준비가 안되어 있는 경우가 많다. 왜냐하면 이와같이 얼핏보기에 침착하게 보이는 도취상태는 副腎내분비조직의 이상한 작용에의해서 일어나는수도 있기때문이다.

●자신의 감정을 완전하게 지배할 수 있을때까지 수업을 쌓지않은자는 감정이 가장 고조되는 격투의 아슬아슬한 순간에 기교를 잃고만다. 근육이 갑자기 자기스스로 너무나 긴장하여 반대근육에 대항하지 않으면 안되게 되어 몸이 굳어짐과 동시 동작도 둔해지게 된다. 이와같은 경우가 발생치 않게하려면 자신을 여러가지 상황하에 두고 감정을 지배하는것을 습득하지 않으면 안된다.

●나 자신의 경험으로 말한다면 체격의 한계까지 자기를 끌어올리는 운동가는 필요한만큼의 체력을 지속시킬 수 있다는 사실이다. 보통정도의 노력으로서는 인간체내에 잠재적으로 저장되어있는 막대한양의 예비힘을 불러 낼 수 없다는것을 의미한다. 보통 이상의 노력, 고도로 감정적인 상태, 무엇이 어떻게 되더라도 이기지않으면 안된다는 진정한 결의등이 예비에너지를 방출시킨다. 따라서 인간은 실제로 피곤해 있으면서도 절대로 이

긴다는 마음가짐만 있으면 자신의 목적을 달성하기 위하여 거의 무한으로 경기를 계속할 수 있는것이다. 그렇지만 「정말 이기고 싶다고 생각하면 이길수 있다」는 것은 이기고 싶다는 결의가 불굴일때만 타당한것이라고 할 수 있다. 승리하기 위하여서는 얼마나 많은양의 타격도, 얼마나 많은양의 노력도, 어떠한 상태라도 결코 가혹하지는 않다.

●전문가는 언제, 어느때이건간에 몸을 내던지고 연기해야 한다는것을 잊어선 안된다. 이 말은 필요할때에만 발파(發破)를 하는것이 아니란것을 말한다. 진정한 파이터란 항상 자기의 모든것을 투입하는 인간을 가리키는 것이다. 파이터(투사)는 항상 자신의 최대능력에 가까운 곳에서 활동하려고 마음을 가지므로서 스스로 자기가 갖고있는 모든것을 준다고하는 「태도」를 몸에 익히는것이 된다. 그러나 이와같은 태도를 실제로 나의것으로 하기에는 보통 필요한 정도가 아닌 좀 더 엄격한, 스피드에 넘치는 방법으로 자신을 단련하지 않으면 안된다.

●태도에 의하여 다음의 요소를 만들어낸다.
 1. 극히 가벼운 동작에 의한 회피
 2. 상대를 부수는 강렬한 공격
 3. 스피드
 4. 자연의 역학(다이나믹)
 5. 속임수와 재빠름
 6. 끈질김과 솔직함
 7. 완전한 침착성

# ■무기(武器)의 章

무술을 알기까지의 펀치는
그저 보통의 펀치에 지나지
않았고 킥은 보통의 킥에 지나지
않았다.
무술을 알고난 후의 펀치는
이미 펀치가 아니었고 킥은
이미 킥이 아니게 되고 말았다.
그러나 자기가 무술을 이해한 지금
펀치는 역시 보통의 펀치이고
킥은 보통의 킥에 지나지
않는다.

일격하는(던지는)동작형(型)에 있어서 인간의 회초리와 같은, 혹은 감겨진 태엽 과 같은 활동은 놀라운 현상이다.

● 서양복싱은 규칙위반이나 불공평한 전술에 대한 제약이라는 제한이 있기때문에 오히려 너무 단조롭다. 그것에 비하면 동양의 무도는 신체의 어느부분에 대하여서도 공격할 수 있게 되어있으나 반면 과보호(過保護)를 필요로 한다. 거기에 동양무도의 상식은 표적의 몇십센티앞에서 멈추는 연습법이어서 거리감에대한 습관적인 그릇된 감각을 형성하고 만다. 이와 같이 표적앞에서 먼지나 일으키는 행위는 움직이는 표적에 대하여 정확히 대처된 폭발과는 매우 상이한것은 물론 몸의 회피(回避)전술의 실시를 소홀히 하게하는 요인이 되기도 한다. 얼마나 몸을 잘 피하느냐는 실제에 있어서 침략적인 무술의 중요한 위치를 자리하고 있다는것을 알지않으면 안된다. 슬리핑(Slipping), 더킹(Ducking), 위빙(Weaving)등은 모두 보디를 어떤 범위안에 둔채 행하는 침략적인 방어인 것이다.

● 실제의 완전한 격투에서는 앞에 말한 2가지 전술의 실용적인 요소를 사용해야 한다. 즉 접근전에서 몸을 피하는 방법과같이 거리를 방어의 책략으로 이용한다. 실제의 접근전에서 성공을 얻기 위하여서는 그 어느쪽도 결여하여서는 안된다.

● 동양식의 형(型)에 박힌 격투에 있어서는 방어의 책략과 공격의 쌍방을 상대와의 최종적인 교전행위의 절정에서, 아니면 연속하는 두개의 공격동작 사이를 이용하여 적용시킬 수 있다. 이와같은 공격수단을 사용하는것은 공격자로부터 우세를 빼앗거나 서로 교전할때 도움이된다.

● 복싱에서 정확하게 가하여진 공격이 가장 좋은 방어인것은 주지의 사실이다. 성공적인 공격이란 양질의 펀치나 가동성, 압력, 책략으로 보조되는 페인트동작과 반격에 의해서 이루어진다.

● 숙련된 복서는 그야말로 번개같이 빠른속도로 상대보다 먼저 펀치를 가하고 페인트동작을 이용하여 상대의 반격펀치를 유인해 낸다. 그 교묘한 기교앞에 공격펀치는 끝내 실패로 끝나고만다. 이와같은 상대의 실패는 자세를 무너뜨리는것과 연결되므로 공격자에게 있어서는 더없이 좋은반격펀치(실은 반격의 반격)의 표적 된다.

●상대보다 영리해 지는것과 상대전략의 뒤를 치는것이 복싱경기의 기술이다. 이 능력을 얻기 위하여서는 여러종류의 펀치(또는 발차기)나 타격을 알아야 하고 그 하나하나가 언제, 어떤경우에 가장 유효적절하게 사용되는가를 이해하지 않으면 안된다. 이 말은 자기에게 가장 알맞는 펀치(또는 발차기)의 컴비네이션을 만들어 내야한다는 것이다. 장시간에 걸친 훈련 후에는 자기의 전체무게와 힘을 하나의 펀치(또는 발차기)에 쏟아넣어야 한다.

●치는것(또는 발차기)이 자동적인것으로 진보된 후에는 그 동작이 순간적인것이 되므로 따라서 정신적으로도 해방되기 때문에 격투가 진행되고 있는중에 어떤 새로운 상황이 발생하였다 하더라도 그것에 대처하는 작전을 세우는데 자신을 전념시킬 수 있다. 이와같이 진보된 능력은 거기에서 빼어놓을 수 없는 훈련에 자기 스스로가 나아가 부딪친 후에야 도달할 수 있는것이다. 이 훈련은 복싱이 가지는 가장 가치있는것중의 하나다.

●공격에는 여러가지 요소—스피드, 속임수, 타이밍, 정확한 판단—가 책략을 통하여 활용되기 때문이다. 그는 이 요소들을 멋지게 짠 후 완벽한 공격으로 한다.

●숙달된 사람이 사용하는 공격수단이란 특히 속임수에 의한 공격이다. 일류복서는 상대를 현혹시켜 주춤거리게하는 테크닉을 자유자재로 구사할 수 있다. 그는 상대를 교묘하게 기만하며 혼란에 빠뜨린다. 이렇게하여 자기가 생각하고있던 동작을 상대에게 강요시키며 상대를 자기에게 끌어넣는다. 방어펀치라고 판단되게하는 동작으로 「적을 항상 밸런스가 안잡힌 상태」에 머물게한다. 즉 숙달된 복서는 접근전의 중요함을 이해하여 생각대로 상대에게 가까이 할 수 있는 능력을 가지고 있는것이다. 이와같은 복서는 자신의 신체의 움직임(피하기)을 완전하게 습득하여 그것을 방어에는 물론 공격수단으로도 사용한다. 최후에 그는 반격의 명인이 될것이다. 왜냐하면 그는 「언제 공격할것인가」「언제 공격해오게 해야할것인가」를 납득하고 있기때문이다. 이상과같은 교묘한 공격이란 한마디로 말할 수 있을만큼 간단한것이 아니다. 그것을 완벽하게 사용하게끔 되려면 수년간의 연구와 훈련이 필요한것이다.

운동신경 활동에 대한 인간의 주의(의식)
의 방향은 반응시간을 축소시킬 수 있다.

● 공격과정에서 종종 사용되는 4 가지의 기본적인 수단은 리이딩, 페인팅, 드로윙, 그리고 인·파이팅이다.

▶ 리이딩 ◀ *Leading*

● 공격에 숙달된 사람은「스트레이트」한 리이드가 얼마나 중요한 것이라는것을 알고있지않으면 안된다. 어떠한 수단을 선택하건간에 공격행위를 행하였을 경우, 반듯이 어떤 허점(혹은 무방비부분)이 생기어 그 허점을 노리는 상대의 공격이 있게 마련이며 또한 그 반격에 대하여 패리, 또는 카운터·타임이 있다는것도 잊지말아야 한다. 어떻게, 언제, 공격을 가해야 스스로도 비교적 알 수 있을것인가를 알아야할 필요가 있다.

● 옆으로 움직이면서 앞쪽손으로 리이드(공격)하고 뒷쪽손으로 방어하는 방법은 곧장 앞으로 전진하는 공격의 경우 흔히 볼 수 있는, 허점을 아주 적게하는 잇점이 있다.

▶ 페인팅 ◀ *Feinting*

● 페인트(공격처럼 보이게 하는것)는 숙련된 파이터의 특징이다. 한결같이 상대를 속이기위해 눈, 신체, 손발의 전부를 동원하여 행동한다. 이와같은 행동은 하나의 미끼로서 만일상대가 그것에 대하여 방어동작을 취하는 결과로서 생기는 허점을 효과있게 이용하려는것이 목적이다. 또 페인팅의 여러가지 동작에 의한 상대의 반응을 확인하기 위하여서도 사용된다.

● 페인팅은 단순히 순간적인 허점을 그 행위자에게 만들어 내는것 뿐이다. 이와같은 아주 작은 허점을 이용하려면 즉석에서의 반사작용 혹은 어느 특정한 페인트에 의해서 어떠한 허점이 생기는가를 미리 알고있어야 하는것은 물론이다. 이러한 지식은 훈련에 의해서만이 예상할 수 있게 되는것이다. 가능한한 많은 상대와 실제로 여러종류의 페인트를 연습하고 경험하는것이 일반적인 반응의 영향을 결정짓는 유일한 방법이다. 상대가 페

인트를 행하여 허점이 생겼을 경우 확실하게 성공할 수 있는 타격을 뻗는 것이 가능한 경우 이외에는 무시해 버려야 한다. 유능한 파이터는 페인트를 행하기전에 그것이 어떤 허점을 가져올것인가를 알고있기때문에 실제에는 그 허점이 이루어 지기전에 다음의 동작을 개시한다. 더욱 같은 스피드, 파워, 기교를 가진 파이터끼리 서로 마주했을 경우에는 페인트를 적절히 사용하는자가 승리를 얻는것이 된다.

● 페인트를 사용할때 빼어놓을 수 없는 요소는 신속, 변화, 속임수, 정확, 거기에 틈을 주지않고 계속 뻗는 신속하고도 경쾌한 일격이다. 그러므로 같은 방법으로 페인트를 몇번이고 사용하는것은 상대에게 반격템포를 뺏기는것을 의미하며 페인트의 최대목표를 무효로 만드는 결과가 되고만다.

● 미숙한 상대를 대할때에는 강한 상대를 대할때만큼 페인트가 중요하지는 않다. 그러나 어떤것이든지 많은 새로운 콤비네이션을 짜내어 그들 모든 동작이 그야말로 자연적인 움직임이 될때까지 연습을 계속하는것이 중요하다.

### ▶드로윙◀ *Drawing*

● 상대로부터 여러가지 특정된 반응을 유도해 내려는 목적으로 행하는 행위를 말하며 페인트와는 밀접한 관계가 있다(실제로 페인트는 드로윙의 일부이다). 페인트를 행할때 허점이 생긴다는것은 이미 기술한대로지만 드로윙은 신체의 일부를 일부러 무방비상태로 상대에게 내어보임으로써 상대가 어떤 특정의 일격을 사용하여 공격하여 오게끔 하는 수단이다. 이렇게 하여 자기의 자신있는 반격을 사용할 챤스를 스스로가 만들어낸다.

● 드로윙(꼬임, 유도)은 책략을 사용함과 동시에 강제(強制)의 수단도 사용하는 것으로 실제로 적에게 공격의 허점을 노골적으로 내보이면서 전진하여 가령 적이 거기에 편승하여 일격을 넣어왔다 하더라도 그것에 대하여 반격할 수 있는 준비가 갖추어져야하나 그저 보통의 노력으로선 되지 않는다. 또한 대부분의 파이터는 선(先)을 잡는것을 피하려고 한다. 따라서 상대에게 선(先)을 잡게하여 공격해오게 유인한 후 강제(強制) 하는것이 중요하다.

숙련된 투사는 타격찬스를 지각(知覺) 하는것 보다는 오히려 감(勘)으로 알아야 한다.

### ▶접근전◀ *In-fighting*

● 인·파이팅(접근전)은 근거리에서의 격투기이다. 상대에게 가까이 접근하려면 숙련을 요하지만 그 근거리에서 멈추는것 또는 기술을 필요로 한다. 무난하게 접근이 이루어지려면 슬리핑, 보빙, 위빙, 드로윙, 페인팅 등의 수단이 필요하다.

● 격투는 그 변화가 풍부한 특색때문에 조심성있게 덤비지않으면 안된다. 하나하나의 행위가 고심속에 끈질기게 준비되어야 한다. 항상 감각을 예리하게 유지하고 또한 최고로 융통성있게 하여야 한다.

# ■ 절권도의 주된무기
## Some weapons from JKD

▶레그·테크닉(足技) ◀ Leg Techniques
A) 사이드·킥(side kick)
　▷주로 리이드족(足)
　1. Downward side kick (무릎, 정강이 그리고 허벅지)
　2. Parallel side kick (늑골, 배, 신장등)
　3. Upward side kick
　4. Angle-in high side kick (우측 리이드 자세에서 좌측 스탠스로, 그리고 그 반대로)
　5. Agle-in low side kick
　6. Slide-in drop side kick (상단이나 평행으로 찔러차기)
　7. Step-back shin /knee side kick (반격)
　8. Leading side kick
　9. Reverse shin /knee stop-kick
B) 스트레이트·리이드(Leading straight Kick)
　1. Joe Kick (낭심을 향하여 전방으로 혹은 되받아 차기)
　2. High straight Kick
　3. Medium Straight Kick
　4. Low Straight Kick
　5. Angle-in straight Kick
　6. Rising straight Kick (무릎이나 손목을 向하여)
　7. Step-back straight Kick
　8. Leading straight Kick
　9. Downward frout Cross stomp
C) 리버스·스트레이트킥(Reverese straight kick)
　1. (High reverse straight kick)
　2. (Medium reverse straight kick)

일격의 적합한 시기를 노리는것은 힘찬 타
격을 가하는 비결이다.

    3. (Low reverse straight kick)
    4. (Angle-in reverse straight kick)
    5. Step-back reverse straight kick)
    6. Reverse cross stomp
D) Hook Kick
    1. Leading hook(상단, 중단, 하단)
    2: Rverse hook (상단, 중단, 하단)
    3. Leading one-two hook
    4. Reverse one-two hook
    5. Double leaping hook
    6. Step-back hook
    7. Vertical hook
    8. Inverted
E) Spin back kick
    1. (High spin back kick)
    2. (Medium spin back kick)
    3. (Low spin back kick)
    4. Step-back spin back kick(받아차기)
    5. Leaping spin back kick
    6. Vertical Spin back kick
    7. Spin back wheel kick(360°)
F) Hooking heel kick(다리동작이 둔하거나 굽는 사람)
    1. (High hooking heel kick)
    2. (Medium hooking heel kick)
    3. (Low hooking heel kick)
    4. Leading one-two hooking heel kick
    5. Reverse one-two hooking heel kick(뒷발로서)
G) Knee Thrust
    1. Leading upward knee thrust)
    2. (Leading inward knee thrust)
    3. Reverse upward knee thrust
    4. Reverse inward knee thrust

▶ 핸드・테크닉(手段) ◀ *Hand Technigues*

A) Leading Finger Jab
  1. Long-range finger jab (상, 중, 하)
  2. Close-range finger jab-the poke
   3. Corkscrew finger fan
B) 스트레이트・리이드・펀치 및 잽
  1. High straight lead
  2. Medium straight lead (몸을 向해)
  3. Low straight lead
  4. Slanting right
  5. Slanting left
  6. Double straight lead
C) Leading lead hook
  1. High lead hook
  2. Medium lead hook
  3. Low lead hook
  4. Tight
  5. Loose
  6. Upward (Shovel)
  7. Horizontal
  8. Forward and Downward (Corkscrew)
  9. Palm hook
D) Rear Cross
  1. High rear cross
  2. Medium rear cross
  3. Low rear cross
  4. Overhand downward stroke (Corkscrew hook or palm)
  5. Upward groin strike
E) Backfist
  1. High backfist
  1. Medium backfist
  1. Low backfist
  4. Vertical backfist (상단, 하단)
  5. Stiff-armed (big backfist)

정확하게 판단된 율동은 모든 타격의 조용한 조정을 가능케 한다.

F) Quarter Swing (shortened arc)
 1. With palm
 2. With back of fist
 3. Reverse guarter swing (rear hand)
 4. With firger fan

G) Uppercut
 1. High Uppercut
 2. Medium Uppercut
 3. Low uppercut (낭심을 向해 찌르듯이)
 4. Reverse ridge hand to groin

H) Reverse spin Blow
 1. With bottonfist
 2. With forarm
 3. With elbow
 4. Double spinning blow

I) Hammer Blow
 1. Left hammer
 2. Right hammer
 3. Downward hammer


▶엘보우·테크닉(肘技)◀ (*Elbow Techniguse*)
 1. Upward elbow
 2. Downward elbow
 3. Twisting downward
 4. Backward elbow
 5. Smashing right
 6. Smashing left


▶헤드·버드(頭突)◀ (*Head Butt*)
 1. Lunging forward
 2. Lunging backward

3. Lunging right
4. Lunging left

▶ 그밖의 기(技) ◀ *ETC*
서로 엉켜서 치기 (Grappling)
   1. 레스링 : 피의 순환을 압지(壓止)한다 (hair control)
              다리를 태클한다 (leg tackles)
              허리꺾기등 (Tie-ups)
   2. 유도 : 관절굳히기 (Toint locks)
            목조르기 (Chokes)
            지레작용의 타이밍 (Leverage timing)

▶ 정신수양 ◀ *Mental cultivation*
   1. 크리슈너몰테이
   2. 선 (禪)
   3. 공자 (孔子)

▶ 컨디셔닝 ◀ *Conditioning*
   1. 일반적 : 런닝
              유연성
   2. 전문적 : 복싱
              킥킹
              레슬링
   3. 체  격 : 중량
              그밖의 단련기구(특별기구)

유효한 활동을 달성하는데 가장 적합한시간의 세편(細片)―율동에 있어서의 한박자―을 템포라고 부른다.

### ▶영양◀ *Nutrition*
1. 소화 흡수
2. 근육을 만드는 다이어트

# ■ 킥킹 *Kicking*

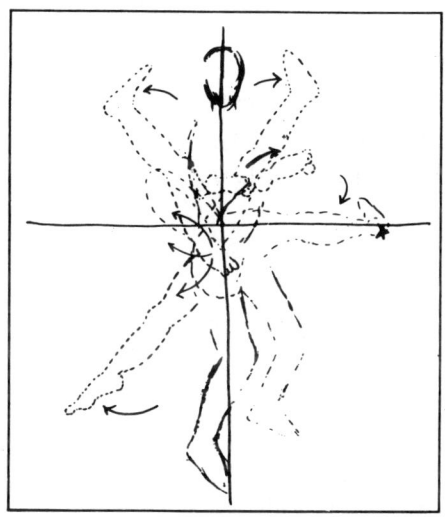

적의 불의(不意)를 치고, 그리고 그가 무
력(無力)으로 있는 순간을 잡지않으면 안
된다.

용이, 안전, 능률을 고려한 경우의 표적의 선택은?
a. 훅킥
　1,右 스탠서(우측자세)의 앞무릎
　2,右 스탠서(우측자세)의 뒤꿈치
　3,右 스탠서(우측자세)의 머리
　4.左 스탠서(좌측자세)의 무릎
　5,左 스탠서(좌측자세)의 머리
注－좌우 어느 스탠서에 대하여 익숙치 못하더라도 다이렉트한 표적부
　　분에 타격을 가할때의 보디필을 연구할것. 左 리어의 훅을 잊지말
　　것.
b. 사이드·킥
　1,右 스탠서(우측자세)의 정강이, 무릎
　2,左 스탠서(좌측자세)의 정강이, 무릎
注－근거리에서의 하체부분 차기(발등, 정강이, 무릎)와 크로스스톤푸
c. 리버스 훅
　1,左 스탠서(좌측자세)의 앞무릎
　2.右 스탠서(우측자세)의 무릎
d. 스트레이트·킥(무릎, 뒤꿈치를 찌르는 연습을 한다)
e. 左(리어)스트레이트·킥
f. 左 스핀 킥
g. 수직 훅킥
h. 右 횡거 잽(3방향)
i. 右 잽(3방향의 상단, 하단)
j. 右 훅(상단, 하단)
k. 右등 주먹(상단, 하단)
m. 右 縱擊(掌部) － 손목
n. 左(리어) 縱擊(逆스핀블로우)
o. 가능성있는 킥의 컴비네이션
　1,자연스러운 팔로우 업(계속하여 행하는 행위)
　2,훈련된 팔로우 업
p. 가능성있는 수기(手技)의 컴비네이션

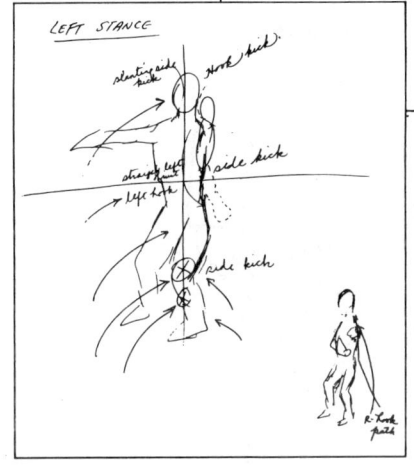
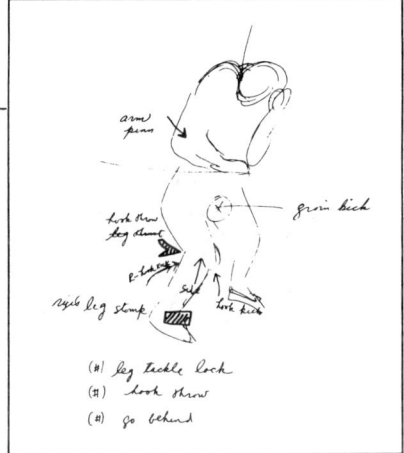
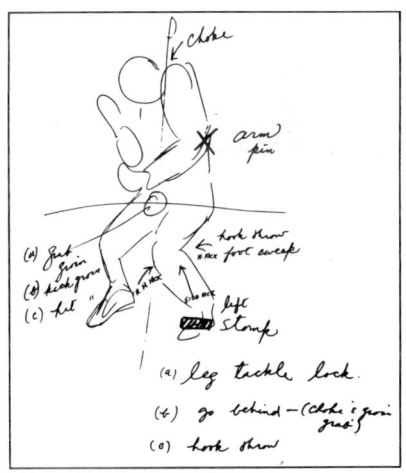
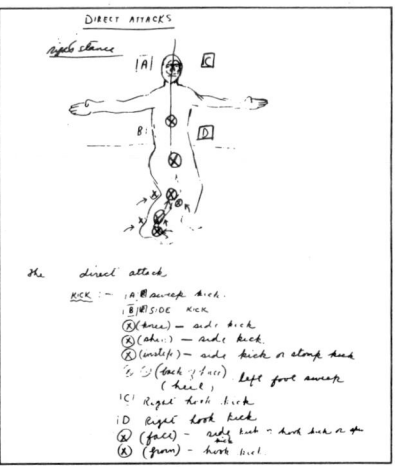

# Thai Boxing

●프랑스식 권투(Savate) 차기의 테크닉.
  (원형(円形), 혹은 상방(上方)으로의 힘)
  1. 무릎은 상체만큼 움직이지 않는다.
  2. 전방에서 후방으로 차낸다.
  3. 최대의 신속(능률적), 최대의 파워(자연), 물러나기가 가장 어렵다.
  4. 보통 발 뒷꿈치가 접촉한다. 발바닥의 趾根部(박목부분의 튀어나온 곳)로 접촉하는것도 시도하여 본다
  5. 경우에 따라서는 상대의 앞발을 무시하고 체중을 지탱하고있는 뒷발을 공격한다. 체중이 얹혀있으면 있을수록 무릎에 주는 손상이 크다.

●발차기의 테크닉에 필요한 사항은?
  1. 연습이나 보족(補足)훈련으로 습득한 강한 힘의 침착성.
  2. 개시의 시점에서 고도의 조절이 가능할것.
  3. 개시동작(발차기)이 그야말로 돌연적일것.
  4. 스므스한 스피드에 풍부해 있을것.
  5. 다른 어떤 동작과도 병용될 수 있을것.
  6. 용기(用器)의 부분을 표적에 전달할 때에는 순간적이며 직접적일 것.
  7. 정확하고 조금도 빗나가지 말것.

●최대로 연장된 발차기의 용도는.
  1. 주로 멀리 떨어진 표적에 닿기 위해.
  2. 파괴용기로서
  3. 또다른 하나의 발차기 또는 핸드테크닉을 기하기 위한 가교로서
  ▷ 어떤 발차기를 사용하느냐는 대항하는 상대에 준한다.

●공격의 돌진(한결음, 끌고가는 발, 그밖의 발의 공격용의 걸음)은 다음과 같은 역할을 치르지 않으면 안된다.
  1. 공격에 실패하는 경우, 재빨리 반격거리 내에서 탈출하는것을 용이하게 한다. 아주 작은 밸런스의 손실이나 컨트롤의 손실은 비록 몇분의 1초 하더라도 상대에게 반격표적의 일부를 무방비 상태로 노출시키는 것이 된다.
  2. 장기(長期)의 측정을 스피드, 능률, 그리고 컨트롤을 이용하여 정

파괴적인 힘을 목표가 있는곳으로, 혹은 목표가 향하는 곳으로 중계(中繼)하는 것을 배워라.

  복한다.
  3. 상대의 정신적이나 육체적인 방심의 순간을 포착, 불시에 공격을 하는 요소를 가진다.
  4. 한번 동작을 개시한 이상 결의, 스피드, 파워를 가지고 맹진한다.
  5. 표적을 차기위한 최대도달거리(공격할때는 특히 3/4굴절(屈折) 이나 그 이상)를 이용한다.
  6. 힘에 넘치는 우아함을 이용, 손을 움직일때처럼 살인적인 파워를 폭발시킨다. ―이것이 발차기(킥킹)의 기(技)이다.

● 다음 경우에서는 즉시 파워를 발달시킨다.
  1. 같은발을 이용하여 엉켜서 싸울때
    ▷상단, 하단 돌려차기나 앞정강이, 무릎을 차는 옆차기
    ▷상단, 하단의 각도에 넣는 돌려차기
  2. 교차된 발로 차는 사이
  3. 연장된 사이, 연장되었을때, 혹은 훅을 행하는 사이
  4. 근접거리에서 발차기를 행하는 사이
    ▷막히지 않게끔, 또는 강력한 용기(用器)로 가할때, 급접거리의 사이드·킥은 아래 방향으로 행할것.

    ▷근접거리에 있어서 무릎무기의 용도를, 더우기 밸런스가 잡힌 자세를 유지하고있는 사이는 밟고 차기의 용도를 고려할것.

● 자신도 움직이면서 움직이는 표적을 향하여 용기(用器)를 뻗을때의 보디필(거리감, 타이밍, 등)을 알것. 스스로 활동하고 있는중에도 무기의 부분을 전달하는것을 알아야 한다.
  1. 발꿈치 ― 스트레이트, 사이드, 교차(크로스)
  2. 趾根部(발목의 튀어나온 부분)상방(업), 스트레이트, 사이드
  3. 발끝
  4. 발등
  5. 발의 양면 ― 훅의 옆을 차는 동작, 깎는다. 뿌리친다.

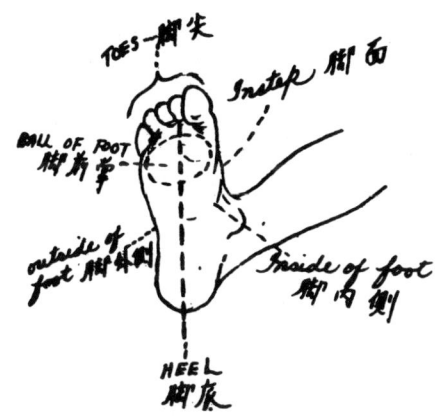

● 모든 타입의 발차기와 모든 단계의 풋 워크(발의 움직임)를 서로 조화시켜 본다.
　1. 전진
　2. 후진
　3. 좌로 회전
　4　평행으로 움직임

● 스피이드킥의 요점
　▷ 코브라와 같은 신속한 차기는 눈에 보여지기전에 느껴지지 않으면 안된다.

● 상대를「찔끔」하게 하기위하여서는 스피이드에 찬 발차기를 계속해야한다. 이렇게 하기 위해선 발차기를 넣기전에 반대근육을 완화시키는것과 같은 상태, 즉, 「준비」하고 있는 상태라기 보다는「끝없이 기다리고 있다」는 태도를 확보해야한다. 또한 상대가「중립상태에서 탈출 하는것」을 저지하기 위해서는 스피이드·킥을 이용하면 좋다.

●「항상 주의깊게」공격, 접촉, 또는 회복에「신경을 쓰며」, 손에 　의한

보디감각을 지침(指針)으로 사용하라.

「방심없는」방어기술로 보강한다.

● 밸런스를 유지하기 위한 중심

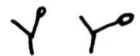

● 동작개시
  1. 중립상태에서의 긴급 완화
  2. 중립상태에 자신을 조화시키는 능률적인 스타트
  3. 놀이때와 같은 즐거움(정신적)과 스무스한 스피드(육체적)

● 옮겨가꾸기
  1. 명석한 관찰
  2. 중립(中立)
  3. 조절이 잘 이루어지 밸런스
  4. 굳은 방어

● 접촉
  1. 용기(用器)의 바른 부분으로 정밀하게 계산된 충돌
  2. 코오디네이션(統合)이 잘된 파괴력의 자연적인 방출.

● 회복
  1. 중립상태에 되돌아 가든가 공격을 계속한다.
  2. 방심없는 경계로서 보강한다.


● 박자를 넣어서 상대의 주의를 끌면서 거리를 줄이는 역활을 하는데 가장 안전한 방법은 우선 처음의 스피드·킥이 그것들에게 위력을 잃지않고 얼마만큼 스피드를 낼 수 있느냐다

▷ 복싱의 잽을 참고로 한다. 예를들면 리어훅은 틀림없이 거리를 확보하게 하여주며 상대의 컨디션을 파악할때 까지는 사용하지 않는다. 어떻게하면 이쪽의 실행을 상대에게 이용되지 않게 하면서 끝낼 수 있느냐를 연구할것. 상대에게 고통을 주는것보다 정신적으로 어떤 동요를 가져다 준다

● 무릎에 의해서 만이 파생되는 차기는 어떤것이 있는가? 예를들면,
    ▷ 표적 중앙을 차는 훅(내측으로 튕긴다)
    ▷ 역(逆) 훅(외측으로 튕긴다)
    ▷ 상방(上方)으로의 스냅킥(튕겨차기)
    ▷ 眞직전으로의 스냅・킥

● 허리에서 찔러내는 차기에는 어떤것이 있는가? 예를들면,
    ▷ 옆으로 차 내는 사이드드라스트킥
    ▷ 뒤로 차 내는 백드라스트킥
    ▷ 앞으로 차 내는 프론트드라스트킥

● 파워를 얻기 위하여 무릎에서 튕겨내는 차기나 급스피드를 얻기 위하여 허리와 무릎에서 튕겨내는 차기를 연구할것. 쌍방을 長・中(자연스러운 페인팅 간격), 근거리에서 시도해 본것.

● 재빠른 후퇴로서 끊어 차고 결합하는 페이싱킥(pacing kick - 걸으면서 행하는 발차기).
    ▷ 자신을 상대의 공격진로에서 벗어나게 하면서 그 추적자의 동작방향으로 발차기를 넣어 상대로 하여금 행동을 하는데 시간이 걸리게끔 하는 발차기가 필요하다.

● 상대를 혼란시키는(jam) 페이싱킥은?
    ▷ 잡히지 않게끔 예방책을 강구할것.

● 근접거리에서 위력적인 발차기는?
    ▷ 손발이 자연스럽게 뒤쫓는 동작을 연구할것.

가장 효과적으로 간격(사이)을 좁히는 외
에도 적의 움직임에 맞추는 가장 효과적인
타이밍을 배워라.

● 앞발의 가능한 각도
　▷ 표적이 존재하는곳, 또는 표적이 향하고 있는곳에 파괴력을 전달하
　　는것을 깨우칠것. 이때에는 보디필에 의지한다.

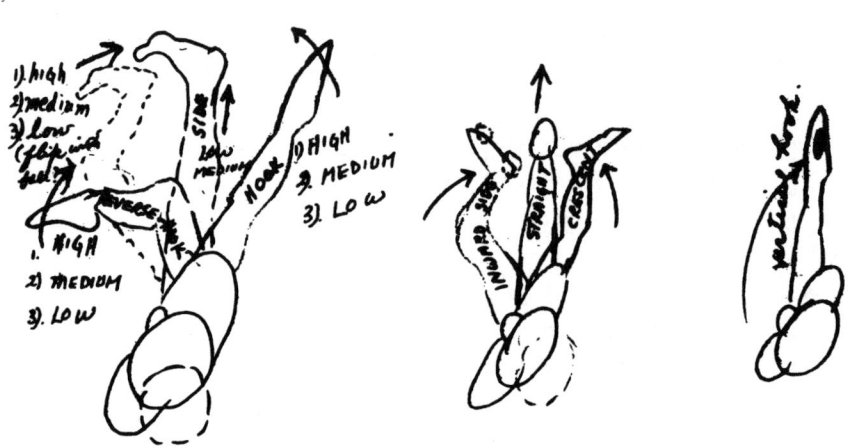

● 뒷발의 가능한각도
　▷ 가장 파괴력이 강한 발차기는 어느것인가.
　　가장 용이하게 상대를 쓰러뜨릴 수 있는 발차기는?

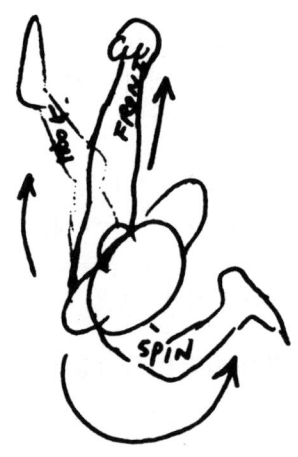

● 발차기의 방법
  ▷ 차 올린다.
  ▷ 차 내린다.
  ▷ 외측에서 내측으로
  ▷ 내측에서 외측으로
  ▷ 真직전으로 찬다.


● 앞발에 의한 킥한 킥의 예(例)
상방 (上方)을 향하여 발등으로 사타구니를 찬다.
  (근거리, 중거리)
  ▷ 상대에게 가장 강렬한 파괴력을 전달하기 위한 보디필을 시험하여 볼것. 1.정강이, 2.무릎, 3.사타구니, 4.기타

순간에 효율적인 체세(体勢)를 취하라.

● **수직 훅**(상방으로의 힘)
　　　(중거리)

● **훅킥**(외측에서 내측으로)

▷ 밸런스와 재빠른 회복을 위하여 신체의 경사에 조심할것.
  (상단, 중단, 하단, 장거리, 중거리, 근거리)

접촉 – 발끝, 발등, 趾根部, 정강이, 발의 내측에 의한 후려치기

▷ 이 발차기에는 어느 근육이 일하는가? 또 어떻게하여 그들부분에 완화가 오게되는 것인가를 깨닫는다.
▷중요 – 타이밍을 이루어 주는 근육을 완화시켜주는 한편 자세와 타이밍의 전체적인 경계는 유지한다.
▷趾根部를 사용하여 상대의 정강이, 무릎, 또는 발등을 공격하는것을 시도하여 볼것.

● 역(逆) 훅킥(내측에서 외측으로)

가장 효과있는 펀치, 혹은 발차기의 조합
(組合)을 발전시켜야 한다.

● 사이드 킥(真횡, 상방, 하방, 내측각도)
  장거리, 중거리, 근거리 (하방으로 밟아 찬다)

▷ 격투할때 사이드·킥은 하방을 향하여 차는것이 가장 유익하다.
▷ 사이드·킥에서 델리게이트한 편함을 찾아낼것.


● 정강이, 무릎차기(Shin knee Kick)
  하는방법 - 정면, 정면직하, 내측에서 외측(逆훅과같이), 외측에서 내측
  (훅)
  ▷ 다음에 열거한 신·니·킥에 대하여 각기 길이를 결정할것.
    —신·니·사이드킥 (Shin knee side kick)
    —신·니·훅킥
    —신·니·역(逆)훅킥
    —신·니·스트레이트(앞발및 뒷발)
  ▷ 모든 종류의 발차기는 파워와 동시에 스피이드와 불의(不意)를 찌르
    는 능률을 고려하면서 수행하지 않으면 안된다.
  ▷ 가장 능률적으로 거리를 줄이는 방법을 익히는 반면 상대의 행동에
    대한 가장 좋은 타이밍도 익힐것.

● 리딩·신·니·사이드킥(앞발-리이드-로 상대의 정강이, 무릎을 옆차기
로한다) 이 발차기는 폭발적이며 활기에찬 동작으로 다리 또는 손에 의한
쫓는 동작이 거리를 유지하는 다리역활을 하여주는 사이에 상대의 무릎을
뒤틀어 구부리는것같이 압박하는 동작으로 행할 수가 있다. 이 수단은 상

대의 사기를 떨어뜨리며 상대에게 자신감을 상실하게 하는 역활도 하여준다. 더구나 이 수단을 사용함으로써 상대로 하여금 일정한 거리를 두게 강요할 수 있다.

● 공격으로서의 신·니·사이드킥
　(右 스텐서에 대하여)

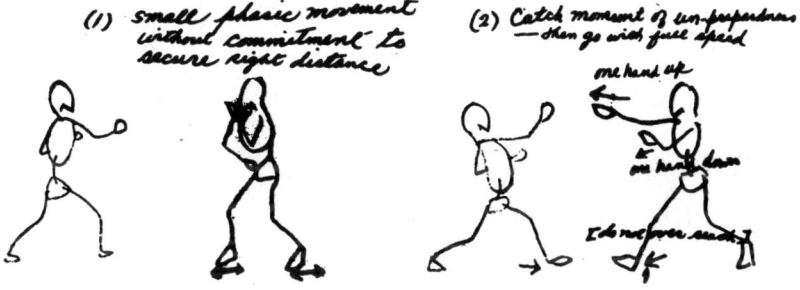

선제(先制)의 스트레이트·펀치는 절권도
에 있어서 모든 펀칭의 등뼈이다.

## SIMPLE ATTACK

● 크로스·스탐프(교차 밟아치기 : Cross stomp)
— 하방(下方)으로 향한다.

前足 　　　　　　　　　　　　後足

 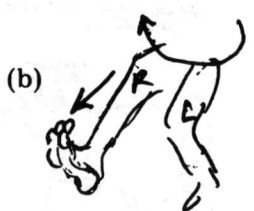 

　앞발 둔부의 클로싱　　뒷발 둔부의 오프닝

▷방어에 자세를 변경하지 않고 훅킥, 사이드·킥, 수직 킥, 또는 역(逆) 훅등의 전후에 행할 수 있는 발차기는 어느것인가.
▷이들 능률적인 발차기중 훅킥 외에 어느것이 절대적인 스피이드를 수반할 수 있는가?
▷스피이드를 염두에 두어 만족할 수 있는 수단을 찾을것. 비틀거리거나 반동으로 움직여 지지않게 주의한다. 더구나 방어동작을 변경시키지 않고 차 내는 수단만을 사용할것이 아니라 다른 기타 수단에 대해서도 개시의 배치를 조사할것. 첫째 갑작스레 발차기를 행하는것을 고려할것.

●서로 너무 관계하지 않고도(즉시 회복이 가능한) 위력을 발휘할 수 있는 발차기
  ▷스피이드가 풍부한 전달을 할것.
   훅킥의 예(例一図)
  1. 小局面膝屈자세(중립)
  2. 능률적인 이니세이션
  3. 중립자세로 재빨리 회복할 수 있는 포인트를 찾을것 (모든 발차기에 관계된다 )

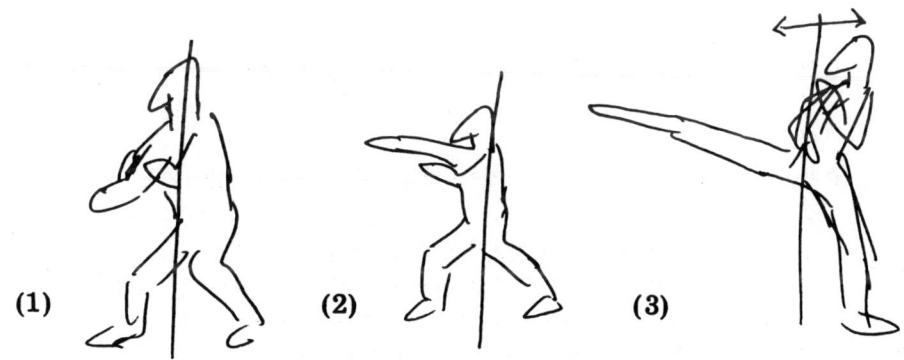

(1)　　　　　(2)　　　　　(3)

모든 펀치는 목표의 몇인치 뒤에서 스냅
을 수반하여 끝나야 한다. 적을 치지 말고
꿰뚫어라.

● **발차기의 기본적인 공격**(풋워크 없이)

 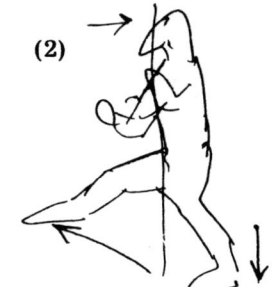 

▷ 개시(차 넣을때)와 중립에 대하여 빠른회복을 어떻게하여 커버(원호)
할 수 있는가를 깨달을것. 원호(援護)는 자동적이며 연속적이어야 한
다.
▷ 개시전 후에서 방어자세의 완전한 체인지를 수반하는 발차기는 어느
것인가.
▷ 정지상태에서 개시되는 지렛대의 작용을 배울것.
▷ 고자세나 저자세, 지면에 구부린 자세에서 신속하고 강력한 발차기를
가할때의 보디필이나 능률적인 포옴을 발달시킬것. 또 익숙치않은 스
쿠아트(쭈리고 앉은)포지션에서 일어나기 위하여서는 「에너지의 흐름」
을 이용할것.

● 직립(直立)한 자세
  전(前), 횡(橫), 회전

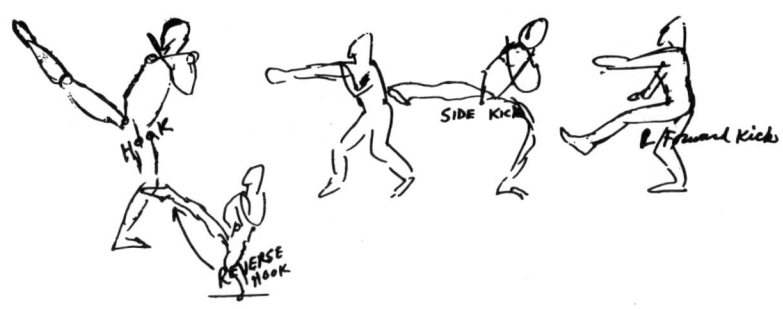

● 쭈그리고 앉은, 또는 지면을 기는자세
  전, 횡, 회전하면서 떨어진다

코브라와 같이 당신의 타격은 보이기전에 이미 닿아있어야 한다.

● 공중에서의 자세
전, 횡, 회전

▷ 발차기의 요령으로 스위프(Sweep)(살짝 스친다, 혹은 살짝 지나가는 동작)를 행하는 능력을 기를것. 장거리, 중거리, 근거리에 있어서 공격이나 반격으로서의 수단을 동반하든가 또는 수반하지 않고 다리걸기(풋 스위프)를 가하는 것을 시도할것.
▷ 풋 스위프의 연습을 다음과 같이 할것.
 a. 재빠른 이니세이션으로
 b. 다른 수단과의 컴비네이션으로
 c. 반격으로서

● 상대가 쓰러져 있을때 이용하는 발차기
▷ 발끝으로 귀밑, 관자노리, 목덜미, 꼬리뼈 등을 찬다.

▷ 무릎, 복숭아뼈를 밟아 제친다(스탐프)

▷ 발꿈치로 명치, 얼굴, 늑골 등을 찬다.

스트레이트 치기(스트레이트·킥)는 과학
적인 격투기술의 기초이다.

▷무릎굽혀차기로 사타구니, 머리, 명치를 찬다.

# ■ 스트라이킹(当技)
## *Striking*

▶스트레이트 · 리이드◀ (***Leading Straight Punch***)

●스트레이트 · 리이드 · 펀치는 절권도의 모든 펀치의 기본이 되는 당기(当技)이다. 공방 양편에 이용할 수 있는 무기이며 상대의 복잡한 공격을 즉시「스톱」하고「저지」할 수가 있다. 오른쪽 발을 앞으로 하고 서 있을때에는 위치적인 편의에서 우측 펀치와 우측 발이 주된 공격용 무기가 된다. 즉, 우측자세의 경우에는 우측 손이 상대에 가까운 위치에 있기때문이다. 이와 반대로 좌측자세도 마찬가지다. 싸울때는 자신의 가장 강한측을 전방에 두는것이다.

●스트레이트 · 리이드 · 펀치는 모든 펀치중에서도 가장 신속한것으로 최소한도의 동작으로 칠 수 있기때문에 밸런스를 잃는 일이 없는것 외에도 표적을 일직선으로 겨누기때문에 명중율이 높다(상대에게 있어서는 블록할 시간이적다). 더구나 스트레이트펀치는 가장 정확한 펀치이다.

●어떤 펀치라도, 가령 효과적인 스트레이트 · 펀치라 할지라도 단독으로 목적을 치를 수는 없다. 그러나 스타일에 따라서는 아주 정면으로 가하는 펀치만을 사용하는것도 있다는것을 말하여 둔다. 順스트레이트펀치는 목적달성의 수단이지만 확실히 다른 각도에서 넣는 펀치(발차기)에 의하여 강화되어 보조되어야 한다. 그렇게 하는것은 자기가 어느 특정수단에만 의하여 제약받는것을 피하게 하여 무기에 융통성을 갖게 하는것이 되기때문이다. 누가 뭐래도 달인(達人)은 순간을 이용하여 어느각도에서 부터라도 어느손(또는 발)을 사용해서라도 치고 나갈 수 있게끔 되지않으면 안된다.

●스트레이트 · 펀치의 넣는 방법은 전통적인 고전 쿵후하고는 다르다. 우선 첫째로 주먹은 결코 허리위에 위치하거나 거기에서 시작되지는 않는다. 왜냐하면 이 방법은 방어해야하는 부분이 너무 넓을뿐만 아니라 상대와의

스트레이트 치기는 몸구조와 지레작용 의
이해에 바탕을 둔다.

사이에 불필요한 거리가 있어서 실용적이 아니기 때문이다.

●절권도에서는 상대를 주먹만으로 치는일은 결코 없다. 몸전체로 치는것
이다. 다시말하면 팔힘만으로 치는것이 아니라 팔은 비상한 스피드에 의
한 다리, 허리, 어깨, 손목동작의 정확한 타이밍에 의해서 거대한 힘을
전달하는 수단이기 때문이다.

●스트레이트 펀치는 어깨에서 생기는것이 아니라 수직한 주먹, 엄지는위
를 향하니까 코끝까지 직선을 이루는 신체의 중심에서 생겨나는 것이다. 펀
치를 뻗기직전, 손목은 약간 아래를 향하며 격돌과동시에 곧바로 펴지는
것은 콜크마개 빼기의 효과를 상대에게 가하는것이다.

●중요한 점은 스트레이트펀치이건 기타의 다른 펀치이건 뻗기전에 고전
적인「준비」자세나 준비동작을 하지않는다는 점이다. 順스트레이트펀치는
자기의 손을 허리나 어깨로 올린다거나 어깨를 뒤로 빼는등의 여분동작
이 일체 없이 그대로 정돈된 자세에서 넣는것이다. 이미 정리되어있는 스
탠스에서 즉시 펀치를 뻗고는 곧 원위치로 (허리위는 아닌것이다) 되돌아
오는 연습을 해야 한다. 나중에는 자신의 손이 어디에 있더라도 거기에서
펀치를 뻗을 수 있게끔 되지않으면 안된다. 이와같은 방법으로 펀치를 가
하는 일은 증대된 스피이드(헛된 동작없는)와 상대를 기만하는 요소(펀치
를 뻗기전에 신호동작을 보이지 않는다)를 보태는것이 되는것이다. 선(禪)
에 의하면 일을 생각하면서 하는 식사는 맛이 없다고 한다. 펀치에 있 어
서도 겁내거나 초조해 하거나 하여서는 진정한 펀치의 위력을 발휘할 수
없는것이다.

●대부분의 방어는 뒷손(後手)에 의하여 이루어 지기때문에 뒷손을「방어
의 손」이라고 부른다. 앞의 손(리이드)으로 펀치를 넣을때 전통적, 고전
적인 방법으로 後手를 허리에 가져가는 통상 범하기 쉬운 과오를 저질러
서는 안된다. 後手는 前手(앞의 손)를 보조하기 위하여 있으며 자기의 공
격을「방어적인 공격」으로 한다. 예를들면 리이드에서 상대의 보디에 타
격을 가할 경우 방어의 손은 상대의 반격을 상쇄하기 위해 높게 두어지지
않으면 안된다. 요컨데 한쪽손이 뻗쳐졌을때 또 다른 한편의 손은 상대의
팔을 묶어 두던가 아니면 반격에 대비하여 방어하기 위하여 또는 다음행
위의 전략적인 자세의 확보를 위해 사용되어져야 한다 (허리까지는 아니
다)

●신속 강력한 펀치를 가하기 위하여는 긴장완화가 절대 필요하다. 천천히, 쉽게 펀치를 해야지 충돌순간까지 주먹을 딱딱하게 하거나 꽉 쥐거나 하여서는 안된다. 종류에 차별없이 펀치는 「표적의 몇인치 뒤에서 튕겨진다」가 되어야 한다. 상대에게 대하여 펀치하는것이 아니라 상대를 「꿰뚫고」 펀치하는 것이다.

●전수(前手)로 펀치를 넣은후 그 손을 원위치로 되돌리는 사이에도 아래로 내려서는 안된다. 숙달된 사람은 극히 민속한 위에 타이밍이나 거리조절을 잘 하기때문에 그와같이 전수를 내리는 경우가 있지만 보통은 반격의 가능성을 고려하여 뻗었던것과 같은 길로 되돌아와 상방에 유지되어야 한다.

●리이드에서 펀치하고 있을때에는 상대의 반격에 자기를 지키기 위하여 머리의 위치를 쉴새없이 이동하는것이 현명하다. 진행의 처음 몇인치는 머리를 똑바로 두다가 다음부터는 그때의 상황에 적응시키면 된다. 또 상대의 반격을 최소한으로 멈추게 하기 위하여서는 때에 따라서 공격전에 페인트를 한다. 이렇게 말하지만 페인트나 머리의 취급이 지나치면 하지않은것과 별다를바 없다. 「단숨함」을 잊어서는 안된다.

●때와 경우에 따라서는 더블·리이드(펀치)를 사용하면 좋은 효과가 있다. 상대가 예기치 못할때 제 2의 펀치를 먹임으로써 상대를 일순간 주춤하게 하고 리듬을 깨기때문에 공격자가 다음동작을 하기에 유리하다.

●공격의 목적으로 파고들때 리이드의 발은 주먹이 상대에게 접촉한 후까지도 바닥위에 닿아서는 안된다. 그렇지 않으면 체중이 펀치에 집중하는 대신 리이드족(足)을 따라서 흘러가 버리는것이 된다. 또 알아야할것은 뒷발로 지면을 밀어 참으로써 위력을 증대시킬 수 있다는 사실이다.

▷리이드의 손은 결코 굳어있거나 정지하거나 하여서는 안된다. (기름을 끼얹은 번개불처럼 되어야한다. 어떤 큰 행동을 하는것이 아니라 하더라도 상대를 위협하는 상태로서 조금씩 움직임으로써 상대로 하여금 초조하게 할뿐만 아니라 동작중에 무기를 뻗는것이 정지상태에서보다 신속하게 이루어 진다는 잇점이 있는것이다.

▷코브라와 같이 일격을 보이기전에 느껴지지 않으면 안된다. 이것은

타격에 있어서의 파워는 허리를 신속하게 뒤트는것에서 생기는 것이지 스윙이나 스웨이 하는 동작에서가 아니다.

라이트의 횡거·잽의 경우 특히 그러하다.

▶ 피하는데 필요한 리이드◀

● 리이드를 뻗을때 머리의 포지션은 끊임없이 변화시켜 어떤때는 위로, 어떤때는 아래로, 어떤때는 「이것도, 저것도 아닌」상태에 둔다. 또 때에 따라서는 얼굴을 후수(後手)로 가리는것같이 할 수도 있다(이 경우는 도달거리, 또는 속도의 손실을 수반하는 수가 있다). 요는 적을 항상 당황하게만들것, 즉 버라이어티(Variety)가 필요한 것이다.
注·고도(高度-라벨)의 변경
▷ 처음의 2인치(5 cm)는 공격점으로, 그리고 갑자기 변경한다—머리로 행하는 페인트. 다음경우 방어로 사용한다.
 1. 손발에 의한 스윙(흔들기)
 2. 손발에 의한 훅
 3. 역(逆)허일
 4. 스핑킥내지 스핑펀치
▷ 엉겨서 싸울때, 태클에 들어갈때 이용한다.

● 스트레이트 리이드에 불가결한 요소.
 1. 전체의 완전한 밸런스
 2. 겨냥의 정확함
 3. 한치도 틀리지않는 타이밍과 통합
 4. 펀치의 최대파워
▷ 스트레이트·리이드의 잇점은 공격, 방어, 어느쪽에 사용되어도 다른 수단과 비교하여 가장 신속하게 상대자의 타격이 미치지 못하는 거리에 되돌아 갈 수 있는 점이다. 따라서 대개의 숙련자를 스트레이트·리이드를 자신의 주요무기로 삼는다.

● 일부의 파이터는 계속하여 공격동작을 반복하고 나서는 휙-그만두는 수가 있다(손을 내리거나 뒤로 빼는것같은 동작을 수반하면서). 상대의 이와같은 습성을 유효하게 이용해야하며 특히 상대가 肩甲骨(등갑골)을 남긴채로 반대방향으로 이동할때는 스트레이트·펀치를 먹일 수 있는 좋은 찬스인것이다.

●결단력에 결함이 있는자, 특히 공격을 시도하다가 중도에서 방어자세로 되돌아 가는자를 상대로 하는경우에도 스트레이트·펀치는 유효하다. 더욱 이 경우, 상대가 발을 앞으로 딛고선것같은 방어적인 과오를 범하였을 때라면 스트레이트·펀치는 한층 더 가능한것이다.

●스트레이트·펀치나 스트레이트·킥과 같은 앞으로 찌르는 방법은 숙련된 격투기의 기초이다. 무도의 역사에 있어서 훨씬 뒤에 개발된 것으로 진지한 고려의 선물이다. 스피이드와 지능을 필요로 하지만 일직선으로 뻗는것은 원형으로 뻗는(훅이나 스핑등)것 보다도 짧은 거리로 진행하기 때문에 표적에게 곧장 닿는다. 스트레이트·킥과 스트레이트·펀치는 기타의 수단보다 정확한것은 물론 수족의 길이를 풀로 활용할 수 있는 잇점이 있다.

●일직선으로 타격을 가하는 수단은 우리들의 신체구조와 지레작용의 이해에 기초를 둔것으로, 팔을 단순히 힘의 전달수단으로 사용하면서 체중을 하나하나의 타격에 투입하는 시도인 것이다. 팔의 액션만으로서는 진정한 위력을 얻는것이 불가능하므로 실제적인 위력, 빠름, 정확함은 엉덩이와 어깨가 팔보다 우선하여 신체의 중심선에 오게하는 방법으로 체중(중심)을 이동한 경우에만 얻어질 수 있는것이다.

●체중의 완전한 이동을 가능케하는 2가지의 수단
1. 피버트(pivot)혹은 허리의 재빠른 회전에 의하여 허리와 어깨가 팔에 우선하게 한다.
2. 보디의 전체로서 행하는 피버트를 사용하여 중심을 한쪽 다리에서 다른 다리쪽으로 옮긴다.
▷허리(웨스트)피버트쪽이 스피이드가 있으면서도 하기쉽기때문에 펀치의 기(技)를 가르치는 기초로서는 빼 놓을 수 없다. (피버트는 선회축—旋回軸)

●친다는것은 미는것이 아니다. 실제로 히팅은 회초리가 튕기는것과 비교할 수 있다. 모든 에너지가 한곳에 집중되었다가 돌연 엄청난 파워를 유출하면서 방출되는 것이다. 그러나 미는것은 그 정반대로 처음 밀때 힘이 집중되므로 팔이 몸에서 벗어날때 그 파워는 감소되고 만다. 또한 미는경우 일격의 힘이 신체의 회전에 의하여 생겨나는 것이 아니라 단순히 뒷발

지면에서 발을 통하여 허리, 등으로 파워를 흡수한다.

의 밀어 떨어지는 작용에 의하여 생기는 것이므로 신체의 밸런스를 허물어 뜨리기 쉽다.

● 히팅의 위력은 허리의 「재빠른 비틈」, 곧바로 (真直) 뻗어진 리이드의 족(足) 상의 「피버트」에서 생기는것이지 손을 흔든다거나 감는 동작에 의하는것이 아니다. 이렇게하여 곧바른 선을 잃지않게하면 허리는 힘을뺀채 생각하는대로 움직이는것이 되고 어깨는 힘을 넣지않고도 팔이 뻗어지기 전에 중심선(센터·라인)을 넘게되므로 자연히 파워풀한 묘한 펀치를 얻을 수 있는것이다.

● 파워는 리이드측의 직선이 무너지면 잃고만다. 이것은 곧바로 리이드측의 신체의 받침이 되며 피버트축(軸)이되어 세력과 파워를 최대한으로 살리게하는 요인이 된다. 이렇게하여 생기는 위력은 극히 강력하기때문에 진정하게 숙달된 사람은 일보도 발을 내딛지 않고도 어떤 뚜렷한 노력을 기울이지 않은채 넉아웃펀치를 먹일 수 있는것이다.

● 「긴장하지 않고 힘을 뺀다」는것에 특별히 주의를 하여야 한다. 신체가 굳어진다는것은 교묘한 펀치에 있어서 불가결한 유연성과 타이밍의 손실을 의미하는것이다. 따라서 항시 긴장완화를 기하여 타이밍이 일격(펀치)을 효과적으로 수행하는데 가장 중요한 요소라는것을 잊어서는 안된다.

● 펀치는 팔을 흔드는 와인드·업 동작을 이용하여 뻗어서는 안된다. 겨냥이 정해진 앞팔(팔꿈치에서 손목까지의 부분) 및 어깨의 힘을 주지않은 근육에 의하여 뻗어져야 하는것이다. 이때 주먹은 격돌하는 순간 쥐어진다. 또한 그 세력은 팔을 적절한 포지션으로 되돌리는데에도 소용이 되는 것이다.

● 어깨의 상부는 표적의 높이가 아니면 안된다. 때에따라서 키 큰 상대의 머리를 노리는 경우는 자기의 어깨가 상대의 턱높이가 되게끔 발밑의 趾根部로 서는 일도 가능하다. 또 상대의 명치를 찌를때에는 자신의 어깨가 상대의 명치 높이가 되게 양 무릎을 구부려야 한다.

● 잊어서는 안될것은 양발, 허리, 등을 따라서 「지면(地面)에서」 파워를 얻는 일이다. 모든 근육의 힘을 펀치에 주입시켜 (동시에 자신의 동작은 최소로 줄인다) 최후까지 돌진시킬것, (지면에서 밀어 올려지는 일이다.)

秘伝・截拳道의 道

●보디・피버트를 행할때에는 펀치를 넣으면서 「양발」의 趾根部를 축으로 하여 회전한다. 주먹은 어느쪽이든지 한쪽발의 전력을 얻은 중심에서 곧바로 뻗어낸다. 경우에 따라서 재빨리 3,4인치(10cm)정도 점프하는 것으로 효과를 올릴 수도 있다.

●우측 리이드・펀치를 사용하지 않으면 안될경우 자신의 포지션과 상황에 따라 왼발로 몇인치 좌로 「작게」한걸음 밟고 나가도 좋다(상대의 발차기를 경계한다). 특히 비교적 장거리인 경우, 이것에 의하여 펀치에 보다 한층 중량이 가해진다.

●상대가 서두르고 초조해 있을때가 펀치를 먹일 수 있는 좋은 찬스인것이다.

●앞으로 밟고 나갈때에는 펀치가 격돌하기전에 발이 바닥에 닿으면 안된다. 체중이 펀치에 가지않고 바닥으로 흘러 버린다는 것을 잊지말도록. 이때 뒤꿈치는 약간 들어 올려지고 바깥쪽을 향해진다.

●강인한 허벅지의 근육이 작용할 수 있게끔(용수철과 같이) 양다리는 언제나 다소의 굴절을 유지할것.

●밟고 들어가는 보폭은 펀치가 잘 닿을 수 있게끔 취해져야하며 펀치를 표적의 조금 저쪽까지 꿰뚫는 요령으로 행하여야 한다. 「당신이 닿을수 있도록 최대한으로 노력하라」.

●펀치의 성공을 확보하려면 펀치와 밟고 들어가는것이 잘 통합(統合)되어 한동작으로 행하여지게 하여야한다.

●머리는 앞으로 한걸음 나감과 동시에 우측으로 어느정도 기울어져야 한다.

●결코 이끌리거나 눈을 감거나 하지않게끔 노력하여 언제나 상대를 여념없이 관찰해야 한다. 턱을 잘 보호하여야 한다.

199

힘의 응용이 서로 다른형(型)이 있으나 우리들은 그것을 모두 사용해야 한다.

● 「방어가 가능한」범위를 염두에 두어 무방비한 부분을 위해 보족(補足)의 방어를 언제나 구비하여 두는것을 잊어서는 안된다.

● 항상 뒤쪽의 방어의 손을 위에 유지하는것을 잊어서는 안된다. 더우기 後手(리어 핸드)로 뒤쫓는 동작을 할 수 있게끔 준비해 두어야 한다.

▶ 팔로우 드루(*Follow-Through*) ◀
● 우선 첫째, 타격을 가하는 방법은 여러가지가 있지만 파이터는 그 모두를 활용할 수 있지않으면 안된다.

● 팔로우 드루란 일반적으로 무기가 접촉한 순간에서 떨어질때까지의 동작의 속행(續行), 또는 가속되는 일을 의미한다. 펀치는 표적을 향하면서 스피이드를 더하고 접촉순간에도 아직 충분한 세력과 위력을 수반하여 표적을 꿰뚫는것이 가능하게 하지않으면 안된다. 단순히 상대에게 펀치를 먹이는 것만이 아닌, 상대를 찔러 통과하는것을 목적으로 해야 하는 것이다. 이것은 그러나 상대를 향해서 「기대는 것」같은 결과를 가져 와서는 서는 안된다.

● 만신의 힘을 전부 짜 내고 단호한 신념을 가진채 될 수 있는한 강력하게 쳐서 맞추자. 맞친 후에도 일층 강하게, 강하게 찔러 나가는 것이라고 자신에게 일러두자.

● 예를들면 복싱에서는 상대를 「계속 치는」것을 가르쳐 주지만 이것은 접촉하는 순간에도 동작을 유지하면서 혹은 가속까지하여 「폭발적인 찌름」을 보다 멀리까지 날리므로 인하여 상대의 자세를 예리하게 바꾸어 버리는것이다.

● 쳐서 맞추는 행위의 최후순간에 있어서 손목의 튕김은 (압축된 테니스보올과 같이) 문자 그대로 목적을 향하여 「돌진」하는 가속인 것이다. 또 최후의 팔로우 드루에서 힘을 빼어버리지 말고 돌진할때와 같은 속도로 원위치로 되돌아 오지않으면 안된다, 더구나 허리를 반대로 뒤트는 동작은 최후의 가속과 원위치로의 신속한 복귀를 원조하여 준다.

## ▶ 리이드로서 상체 찌르기 ◀ (*Lead to Body*)

● 상대의 상체에 대하여 공격하는것은 상대에 대하여 매우 귀찮게 구는것으로서 상대의 방어를 무너뜨리는데 편리한 수단인 것이다(선도〈先導〉하는 상단에서의 파이트와 같다)

● 이것은 통상 그다지 강렬한 타격은 아니지만 명치를 노리는 경우에는 상당한 고통을 줄 수 있다. 이 경우 자신의 상체가 팔에 따르는것에 조심해야 한다. 다시 말하면 상대의 상체에 일격을 가할때에는 자신의 신체를 표적의 높이까지 가라앉힘으로써 효과와 안전성을 증대하는것이 된다.

● 그 방법은 우선 상체를 허리에서부터 전방으로 양다리에 직각이되게 떨어뜨린다. 앞다리는 아주 약간만 굽혀지지만 뒷다리는 완전히 굽혀진다. 상체가 가라앉음과 동시 상대의 명치를 향하여 리이드의 팔을 강력한 연장으로 유도한다. 이 경우의 펀치는 약간 위를 향하여도 좋으나 결코 아래로 처져서는 안된다. 후수(後手)는 상대의 리이드훅에 대비하여 앞쪽 상부에 두어둔다. 머리는 끝부분만 보이게 밑으로 숙이고 연장된 리이드의 팔로서 보호된다. 또 머리는 당겨진 팔에 착실히 밀착하는 것으로 유지된다.

● 상대의 동체를 우측 스트레이트·리이드로서 펀치하려면 왼손을 재빨리 상대의 머리를 바라보면서 전방에 뻗으며 페인트해야 한다. 왼발로 밟고 (그래도 아직 뒷부분에 두어진다) 들어감과 동시에 좌측으로 기울어지는 것으로서 대부분의 위험을 피할 수가 있다. 이렇게 한 다음 뻗는 우측 리이드는 강력하면서도 다루기 어려운 펀치가 되는것이다. 더구나 자신이 필요하다면 강력한 좌측 리이드를 머리에 먹이는 것도 가능한 몸가짐이 갖추어져 있는것이다.

## ▶ 훈련 ◀ (*Training Aids*)

● 특정한 작전적인 행동을 수행한 뒤에는 복싱자세로 복귀하지만 다른행

손가락 잽은 검(劍)이 없는 서양식 검술이다. 그리고 제1의 목표는 적의 눈이다.

위로 옮겨가기전에 풋 워크의 준비와 긴장을 풀기 위하여 발바닥의 趾根部로 몇초동안 움직이면서 도는것이 중요하다. 이러한 방법은 훈련중에 기묘한 실제의 격투 감각을 가미하여 주는것이다.

● 가공할만한 펀치의 실제 위력의 비결은 당연히 타이밍과 잘 통합된 조준의 정확성에 있다. 작은 보울에 공기를 가득 넣어서 연습하면 좋다.

● 하나 하나의 펀치에 풀·파워를 투입하는데에 족할만큼 팔을 당기면서 리이드를 신속하게 연속하여 찌르는 연습을 한다.

● 여러 각도에서 능률적으로 쳐 나가는 연습을 하여 점점 거리를 늘려 나간다.

  ▷ 모든 수기(手技)에 있어서 손이 발보다 우선하여 움직인다. 항상 손이 먼저라는것을 잊어서는 안된다.

● 스트레이트·리이드에 대한 방어
  다음에 드는 여러가지 예는 우측자세에 대한 방어방법이다.
  ▷ 상대의 리이드·펀치에 대비하여 왼손을 사용할 수 있게 둔다. 왼손은 이미 넓어져서 통상보다 높게 두어 진 상태로 신체앞에서 원형운동을 반복한다. 여기에서 만약 상대의 리이드·펀치가 얼굴을 노리고 날아 왔다고 하자. 그때에는 왼쪽으로 약간 벌리고(傾) 왼손으로 즉시 상대의 손목이나 앞팔(前腕)을 찌른다. 이 방법에 의하면 아무리 강력한 펀치라도 힘 안들이고 무난히 흘려버릴 수가 있다. 더구나 이 결과로 상대에게 생기는 허점을 이용하는 것을 명심하여 강력한 리이드를 상대의 얼굴이나 상체에 먹인다. 이 순간 상대는 무방비가 되는위에 몸의 밸런스를 잃게 되는것이다.
  ▷ 좌로 상체를 약간 쓰러뜨림과 동시, 오른발로 밟고 들어가면서 오른손으로 강렬한 일격을 상대의 상체(또는 얼굴)에 가한다.
  ▷ 우로 상체를 약간 쓰러뜨림과 동시, 우측발로 밟고 들어가면서 강렬한 일격을 왼손으로 상대의 상체에 가하든가(스트레이트·리어·펀치) 아니면 리어·크로스로 머리를 찌른다.
  ▷ 뒤쪽을 향해 반사적으로 피하고 즉시 되찌르기를 가한다.

● 올바른 격투자세로 되돌아 올 수 있게끔 항상 리이드의 손으로 펀치를 끝내게끔 한다. 또 리이드의 겨냥을 머리, 상체로 변화시킨다.

### ▶ 리이드·잽 ◀ (*Lead Jab*)

● 리이드·잽은 상대에게 「깊이 파고드는」재빠른 찌르기이다. 잽은 리이드·펀치와 같이 모든 타격의 기본이고 별힘 안들이고도 할 수 있는 찌르기이다. 잽은 곤봉보다 오히려 회초리 역할을 하는것으로 무하마드·알리의 이론에 의하면 파리채로 파리를 치는 요령으로 하는것이다.

● 리이드·잽의 주된 잇점은 신체의 밸런스를 무너뜨리지 않는것과 공격, 방어, 양용의 무기가 된다는것이다. 공격에 사용될때는 상대의 밸런스를 무너뜨리는 것이 되므로 한층 강력한 펀치를 가할 수 있게 하여준다. 또 방어에 사용될때는 상대의 공격을 저지하거나, 당신이 더욱 많은 펀치를 날리는데 수월하게 하여준다. 더구나 상대가 강력한 펀치를 찔러 온다 하더라도 그것을 알았을때 기선을 잡아 얼굴을 향하여 잽을 날린다. 리이드·잽은 스피이드나 기만과 동시 숙련과 술책을 요구하는 것이다. 상대보다 스피이드가 모자라는 잽만큼 처리곤란한것도 없다. 빠르게 사용된 경우에는 완력보다 두뇌를 잘 쓰는 숙련된 파이터의 표식이 되기도 한다.

● 리이드·잽을 찌를때에는 재차 공격 또는 상대의 반격펀치에 대비하여 방어가 가능하게끔 주먹을 즉시 방어자세로 되돌려 오는것이 중요하다.

● 잽은 튕겨 나가는것이지 밀어 내는것이 아니며 상방으로 손이 가는것과 동시 되돌아 온다. 그러나 팔은 자연히 힘이 빠지면서 원위치로 되돌아 오는것이지 실제로 「당기는」 것이 아니다.

● 잽을 넣고있는 사이에 턱은 아래쪽으로 당겨 들어가면서 어깨는 턱을 보호하는것처럼 감싼다.

● 다른 펀치와 마찬가지로 잽도 신체의 외측을 향하여 힘이 흐른다. 그 움직임은 어깨에서 계속 이어지는 감는것 같은 동작이 아니면 안된다.

● 때에 따라서는 잽을 연속하여 여러번 행함으로써 효과를 올릴 수가 있다. 두번째의 찌르기가 명중하는 챤스는 매우 크며 (최초것에서 요령을 얻었다) 처음의 잽에 실패한 경우 방어수단도 된다. 필요하다면 몇번이고 찌를 수가 있는것이다.

리이드·잽을 포함한 모든 히팅에 있어서
는 모든 힘은 몸에서 밖으로 향한다.

공격은 모든 힘을 통합한다.

●잽이 가볍게, 아무런 저항도없이 자연스런 동작으로 행할 수 있게 될때까지 연습할것. 언제라도 할 수 있게끔 어깨와 팔을 부드럽게 한다.「억지인 것」처럼 보이지 않으면서도 동작이 자동적이고 스피이드와 위력을 수반하게끔 되려면 몸을 아끼지않는 연습을 쌓는일 뿐이다.

●머리가 상체를 찌를 수 없을때에는 상완2두근(上腕 2頭筋—알통을 만드는 근육)을 노릴것.

●방어에 있어서 주먹을 꽉 쥠으로써 상대를 쫓아내는 효과를 얻을 수도 있다.

*The economy base*

# It is important that upon shooting your right jab you instantly return your right fist to its on guard position ready to punch again or to protect yourself from counterpunch. It is often advisable to shoot more than one left jab. The second jab has an excellent chance of landing (providing the first one is delivered with utmost economy); it also serves to cover up the missed first jab. Of course, you should shoot as many more as you wish.

리이드·잽은 탐색이다. 그것은 모든 다른 블로우의 기본이며 자유스럽고 편한 통타(痛打)이다.

▶리이드·횡거·잽◀ (*Lead Finger Jab*)

●항상 공격자세에 있는 펜싱의 검과같이 리이드·횡거·잽은 상대를 쉴 새없이 위협하는 수단으로, 근본적으로 검이 아닌 검(劍)이라 할 수 있겠다. 주로 노리는곳은 상대의 눈이다.

●횡거·잽은 수기(手技) 중에서도 가장 길고 재빠른 찌르기로, 거의 전혀 힘을 넣지 않기때문에 신속하다. 눈을 찌를때 힘은 필요없지만 정확함과 스피드로 허(隙)를 찌르는것이 횡거·잽의 기교인것이다. 따라서 다른 모든 수기(手技)와 마찬가지로 준비된 자세에서 그대로 불필요한 동작을 수반하지 말고 찔러넣어야 할것이다. 기름에 불이 붙은것처럼 찌름과 동시에 당기는 것이다. 코브라처럼 보여지기전에 느껴지지 않으면 안된다.

●횡거·잽의 요령도 리이드·잽과 같이 튕겨나가는 것이다. 첫번째의 찌

름이 실패하였더라도 통상 두번째의 찌름을 계속함으로써 목적을 이룰 수 가 있다. 횡거·잽은 특히 자기방어에 유효한 무기이기 때문에 숙달될때 까지 계속 수련을 쌓아야 한다.

● 펀치의 위력과는 달리 상대를 찔끔하게 동요시키는 재빠른 찌르기를 사용함으로써 횡거·잽도 파리채로 파리를 때려잡는 요령과 다를바 없다. 「동작을 하는중」에 목표를 골라 겨냥하여 끌어 당겨야 하는것이다.


▶트레이닝◀

● 횡거·잽은 피로하지 않을때 연습하여 기(技)를 닦지않으면 섬세한 동 작을 큰 동작으로 대용되거나 특정한 능률적인 노력을 일반적인 노력으로 대용하는 결과가 오게된다. 내구력(耐久力)의 훈련은 기술훈련이 끝나고 난 후 하면 좋다는것도 잊어서는 안된다.
  2 사람이 기(技)를 기를때.
1. 「A」와 「B」는 자세를 잡고 서로 마주 향한다.
2. 「A」가 신(shin-정강이) 킥으로 전진한다. 이 발차기는 주로 상 대를 동요시켜 반응시간을 연장하기 위한 페인트로 이용된다. 또 신 킥은 상대의 발차기를 방해하는 목적도 있다.
3. 서로의 간격이 좁혀지고 「A」의 발이 「B」의 발옆에 놓여지기 아주 직전 「A」는 「B」의 허점에 편승하여 화살과 같은 곧바른 횡거·잽을 넣는다.
▷스트레이트·리이드·펀치에 대한 설명은 참고로 할것.


▶스트레이트·리어·펀치◀

● 스트레이트·리어는 상대의 중앙(보디)을 노리는 강렬한 펀치를 말하며 반격 또는 리이드로서 페인트한 후의 공격으로 쓰여진다. 상체가 리이드足 의 위에 오게끔 피버트를 하는것으로서 위력을 증대시킬 수 있지만 스트 레이트·리어도 리이드·잽과 마찬가지로 타격이 우선이고 상체는 그 뒤

실제로 무서운 펀치의 전체의 비밀은 그 조종된 타이밍이고 또한 그 노리는것의 정확함이다.

에 따른다.(훌륭한 방어자세를 유지하고 상대의 해머·블로우에 의한 반격을 경계한다). (피버트에 의한 방법과 피버트가 없는 방법의 다른 점을 연구하는것). 스트레이트·리어는 상대의 방어를 무너뜨리는데 유리하다. 또 키가큰 상대에게 사용하기가 편리하다.


● 스트레이트·리어는 정확한 타이밍에서 훌륭하게 행하여 졌을때에 극히 강렬한 타격을 발휘하는 이외에도 가격한 후 원위치때에 앞으로 구부리는 자세가 되어 팔을 풀로 뻗는 상대의 반격을 피할 수 있어서 비교적 안전하다. 스트레이트·리어는 반대측으로부터 상대의 리이드에 반격용으로 사용되는 찬스가 많다.

● 앞의 손은 상대의 리어·핸드로부터 보호되기 위하여 상방으로 치켜 올려지고 팔꿈치는 하방(下方)에 두어진다. 머리는 펀치를 넣는 팔속에 숨겨진다.

● 이쪽의 머리로 리이드를 펀치하면서 후수(後手)로 얼굴을 방어하는 습관을 가진 상대에게는 자주 사용해야 한다.

● 턱을 노리는 펀치보다 표적(보디)은 크면서도 비교적 고정되어 있는것이다.
　▷ 스트레이트·리어의 사용법은 우선 리이드로 머리를 향하여 페인트함으로써 상대의 반격(페인트에 대한)의 리이드를 유인한다든가 또는 상대가 먼저 쳐 오기를 기대한다.
　▷ 스트레이트·리어를 저지하는 방법은 전방의 팔을 자신의 앞에서 옆으로 지나는것처럼 밀어올리든가, 동시에 앞어깨를 위로 끌어올려 더블·히트에 대비하는 것이다.


▶ 리어·크로스 ◀ ( Rear Cross )

● 방어자세에서 리어의 주먹은 턱밑 방향, 가슴에서 1.2인치(5 cm) 떨어진 위치에 유지된다. 리이드의 손으로 펀치를 넣을때는 허리의 비틈이 리어의 주먹을 이 통상의 방어포지션에서 몇인치 후방으로 옮겨가게 하기

秘伝·截拳道의 道

때문에 직접 그곳에서 주먹을 뒤로 빼든지 하여 상대가 눈치채지 못하게 하면서 교차하는것같이 강렬한 펀치를 가할 수가 있다.

리어·크로스도 리이드·잽과 같이 일직선으로 가하여 지지만 이 경우 허리를 좀 더 비틀기때문에 타격에 성공이 그만큼 많아지는 것이다.

● 강력한 펀치는 어느것이나 뼈의 구조, 혹은 신체의 반쪽이 일직선에 병렬되어 체중을 지탱하는것을 요하지만 이것은 또다른 한쪽편을 전방으로 추진시켜 무서운 위력이 생기게하는 근육을 해방하기 위해서이다.

● 중요한것은 발뒤꿈치의 뒤 어깨가 반드시 동시에 뒤틀어 지게끔 하는일이다. 방법은 체중을 앞발에 옮기고 내밀어진 측의 보디를 고정시키고 반대측을 강력한 뒤틀림 또는 급격한 회전을 할 수 있게끔 해방하는 것이다. 요는 힘껏 잠그는것과 같은 관념이다.

● 처음에는 체중이 뒤발바닥의 趾根部에 걸려있다.

뒤의 주먹은 돌진함에 따라서 뒤틀림을 가하여 뒤 어깨가 펀치에 자연스럽게 녹아들게 한다. 또 허리는 동시에 뒤틀기때문에 체중은 전방으로 옮겨지게되며 펀치속을 통하여 바닥에 접촉하기전에 앞발로 흐른다. 이때 뒷발은 전방 펀치 방향으로 몇인치 기(寄)하고 앞의 주먹은 상체의 뒤틀림과 함께 뒤로 당겨진다.

● 우선, 주먹의 힘을 빼고 그저 무조작상태로 두고, 팔에도 아무런 힘을 넣지않는다. 격돌함과 동시에 주먹을 꽉쥐고 상대를 꿰뚫는 에너지의 폭팔과 함께 근육의 수축을 기한다. 타격의 위력은 스피이드와 타이밍에 좌우되는 것으로 후족(後足)에서 작용해야 한다는것을 잊어서는 안된다.

● 양손은 언제나 충분한 높이에 두어지지만 특히 앞의 손(리어·핸드)으로 펀치를 넣고있을때 뒷손을 내려서는 안된다. 뒷손은 가슴이나 상체앞의 포지션에서 일반적으로 뒤 어깨 근처에서 찔러 나온다. 턱은 아래에 숨겨지므로 어깨가 보호한다.

● 뒷팔(後腕)이 연장됨과 동시에 앞팔(前腕)은 반격에 대비하여서만이 아니라 다른 하나의 펀치를 넣을 수 있게끔 방어자세로서 신체의 측면가까이에 유지된다. 항상 한쪽손이 공격하고 있을때 다른손은 뒤로 옮아가지 않으면 안된다. 이것은 정확하게 할 수 있을때까지 연습하여야 한다. 어

확실하게 타이밍을 계산하고 정확하게 상대의 몸에 쳐진 스트레이트·리어·스라스트는 대단한 통타(痛打)이고 비교적 안전한 것이다.

떤 펀치도 마치 팔이 어깨에서 떨어져 나가는 정도로 강렬하게 뻗어졌다가 반드시 방어자세로 되돌아 와야 한는 것이다.
▷무슨 일에서나 주저하는것은 금물이다. 상대에게 허점이 있다고 보여질때는 진검(眞劍)처럼 돌진하는 것이다.

● 리어·크로스는 롱렌지(멀리의) 찌르기이므로 화살처럼 곧바르게, 탄알처럼 신속하게, 어떤 예고도 없이 상대가 눈치채기전에 가하여 지지 않으면 안된다. 스피드의 훈련을 하여야 한다. 또 리어·크로스는 스트레이트·리어이상으로 정확해야 하기때문에 가능한한 곧바로 하지않으면안된다. 또 그럼으로써 위력도 증가하는 것이다.

● 밸런스가 제대로 유지되지 않으면 리어·크로스의 뒤에 리이드를 넣는 자세로 되돌아올 수 없기때문에 위험하다. 상대가 신체를 더크(duck) 하여 (가라앉혀서) 리어·크로스를 피하였을 경우 급히 리이드를 사용하여 회복을 기하는것이 필요하기 때문이다. 이 순간에 풋 워크를 조절하거나 하면 상대의 펀치를 정면으로 받아들이는 것이 된다.

● 리어·크로스는 후수(後手)가 상당거리를 나가지않으면 안되기때문에 과녁에 빗나간 경우 그만큼 상대로 하여금 반격하기 좋은 허점을 만들어 주기때문에 숙련을 요하는 기(技)이다.


▶우측자세(스탠스)의 경우◀

● 통상 우측펀치를 행한 뒤에 좌측 리어·크로스를 넣는다. 완, 투(one, two) 이때 우측 손은 결코 정지상태에 두는것이 아니라 상대를 단숨에 삼키려는듯 들락날락하는 뱀의 혀처럼 흔들어 움직이게 하여야 한다. 이렇게하여 상대를 위협하여 불안케 하는것이다. 다음 오른발로 밟고 들어감과 동시 우측펀치를 넣고, 그것이 표적에 닿기전, 바로 상대의 시야가 방해당하고있는 사이에 좌측손을 곧바로 찔러 넣으면서 좌측 발다박을 지점(支点)으로하여 신체를 우측으로 피버트 하는것을 한동작으로 행한다. 이때에 좌측발에서 생겨 두다리, 허리, 어깨로 전해진다. 좌측의 재빠른 동작에 의한 충분한 추진력을 사용하여 어깨를 튕기는 동작으로 최후의 가속을 얻는다.

●여기에서 지적할것은 좌측손(後手)에 의한 찌르기는 가끔  반격용으로 사용된다는 점이다. 이경우에 따라서는 좌측에서 공격을 가할  목적으로 페인트를 이용 먼저 공격해 오겠끔 유도하는것이 현명하다. 이 경우 상대가 얼굴을 향해 하아트(심장)를 찔러오면 그 펀치의 내측으로 밟고  들어가 좌측 어깨의 위로 피함과 동시 좌측손으로 찌르기를 가하는것이다. 그 사이에도 상대의 좌측(리어)을 경계하는것을 잊지말아야 하며 필요할때에는 우측손으로 저지한다. 머리는 상대의 리드를 피하기 위하여  앞에서 우측으로 약간만숙여야하지만 눈은 상대를 계속 관찰하여야 한다는  것을 잊어서는 안된다. 좌측손은 후방에서 상대의 앞팔(리드)이 곧바로 뻗어지기 직전, 그 팔꿈치를 스치게 함으로써 좌측에서 우측으로의 허리 비틈을 자기의 우측 팔꿈치와 우측 어깨가 후방으로 튕겨지듯 되는  동작으로 좀 더 쉽게 행할 수가 있다. 상대의 리드 팔꿈치를 스친 좌측 주먹은 통상 밟고 들어오는 상대의 턱모서리를 찌르는것이 되지만 요는 상대의 중심선을 노려서 돌진해야 한다는 사실인것이다. 우측 어깨를 내려서는  안된다.

▷좌측손으로 배를 찌르는 펀치와 좌측 크로스를 연습할것. 스트레이트
·리어의 타이밍을 조절하기 위하여 우측 리드를 두번 찔러본다.
▷또 우측으로 약간 크게 밟고 들어가면서 스트레이트·리어를  상대의
팔 내측을 향해 조금 상향(上向)으로 넣어볼것.


▶ 인 파이팅 ◀ *In-fighting-short man VS tall man*
　~ 키가 작은 파이터 對 키 큰 파이터

●양손은 상방(上方), 팔꿈치는 보디가까이 둔다. 보브(Bob)와  위이브(Weave)의 동작으로 좌우로 움직인다. 상대의 리드의 길이를 간파하고 그것을 실패로 끝나게 하면서 다아크, 슬립, 페인트등을 쓰거나 손을 내 밀든지 하면서 상대의 펀치의 내측으로 들어가 즉시 좌측손으로  찔러넣는다. 이 경우, 강하게 길게 전달되는 펀치보다 짧은 좌(左)스트레이트(리어)쪽이 효과가 있다. 이 말은 보통 공격찬스는 아주 짧은 일순간밖에 주어지지 않기때문에 화살처럼 휘어진 강력한 일격보다 짧고 신속한 일격편이 유리하다는 얘기다.

●훅을 넣을때 팔을 내리거나, 혹은 원을 너무 크게 그리며 넣는  습관이

뒤의   크로스는 중포(重砲)이다.

있는 상대의 경우라면 그 결점을 이용하는것이다. 즉 상대의 우측 어깨가 내려가자말자 또는 큰 원을 그리기 시작 하자말자 강렬한 좌  스트레이트를 가하는 것이다.

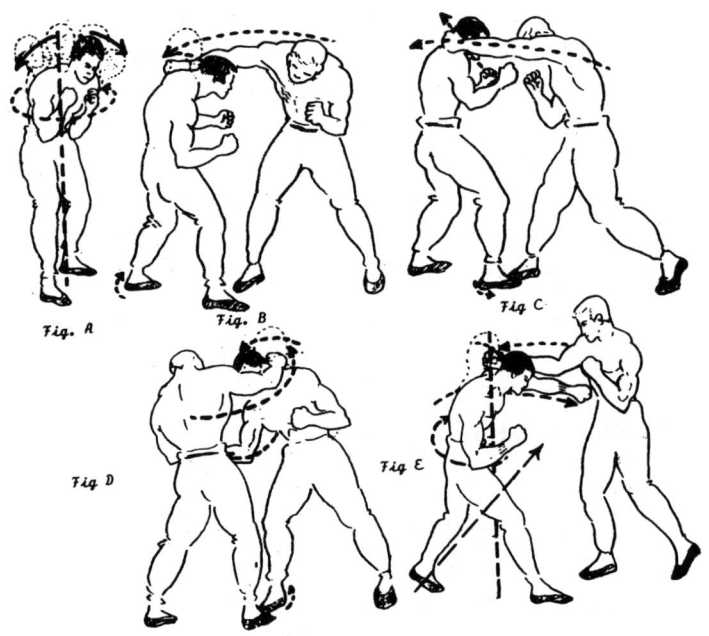

● 오버핸드·레프트(左)는 키가 작은 사나이가 키 큰 사나이에게 사용하면 좋다. 이 경우 좌측손은 원형(円形)으로 「내려치는」동작으로 어깨에서 상대의 머리 주변을 향하여 던져진다. 또한 이때 내측으로 향하는 손바닥 치기등을 이용, 변화를 가져오는 것도 좋다.

● 중거리(기본간격) 표적(상체나 머리)으로 밟고 들어가는것을 수반하는 스트레이트·펀치로 찌르면 더없이 좋겠지만 상대가 저지, 피하기, 반격을 항상 잘 하고있다면 중거리·훅에 의지하는것이 좋다.

## ▶ 훅 ◀ *The Hook*

● 훅은 반격에 아주 좋은 타격으로 큰 곡선적인 일격이 아니라 부드럽게 자연적으로 튕기는같은 펀치이다. 훅의 경우에도 피버트, 풋·워크가 열쇠이다

● 방어자세, 즉 준비가 갖추어진 자세에서 시작되어 다시 되돌아 와야한다. 잽, 페인트등을 우선 사용하여 서로의 간격조절을 기하여 훌륭한 지레작용을 얻어야한다.

● 리드·훅을 사용하는 경우, 얼굴을 보호하기 위하여 리어의 손은 위를 가려야 하다는것을 잊어선 안된다. 팔꿈치는 같은쪽의 늑골을 보호한다.

  ▷ 작은 샌드백을 사용하여 연습하는 것은 훅의 숙달을 위하여서는 매우 중요한 일이다. 신체를 너무 비틀어 자세가 허물어 지지않게 하면서 예리하고 강렬하게 찔러보고 점점 새로운 펀치를 넣어볼것.

## ▶ 리이드·훅 ◀ *Lead Hook*

● 영리하면서도 다재한 파이터는 정신적으로도 민감하고 그의 몸은 항상 기민하게 움직이기때문에 극히 어려운 각도에서 가장 오소독스(Orthodox)

항상 중간범위의 목표(보디 혹은 머리)를
스텝하면서 스트레이트·펀치로 친다.

가 아닌 수단을 이용하여 싸운다.

●리이드·훅은 파이터의 「사려분별 – 思慮分別」에 의하여 사용되지 않으면
안된다. 리이드·훅은 상대의 내측에 들어갔거나 밖으로 나갈때 가장 편리
하다. 더우기 상대가 스트레이트·펀치나 스윙에 실패했을 경우, 유효하게
사용된다. 또한 상대가 같은 스탠스에서 상대의 리어의 방어손이 내려졌
거나 리이드·잽을 시도하였을때 넣을 수가 있다.
　항상 방어에 강한 빈틈없는 파이터를 대할때에는 때로 리이드·훅이 그
방어를 무너뜨리고 침입할 수 있는 유일한 수단이 되기도 한다. 리이드
·훅으로 상대의 자세를 바꿈으로써 다른 펀치를 먹일 수 있는 찬스도 얻
게되는 것이다.

●또 리이드·훅은 어쩐일인지는 몰라도 상대가 그 자리에서 움직이지 못
하게 되었을때 공격수단으로 사용할 수가 있다. 그러나 리이드·훅은 근본
적으론 단거리용 무기이므로 상대가 이쪽을 향하여 올때 반격 또는 뒤쫓
기팔로우업(follow-up)으로 사용하는 쪽이 능률적이다. 따라서 우선 스트
레이트·리이드등으로 기본적인 준비를 하여두면 좋다. 또 리어·크로스를
기만함으로써 리이드·훅의 위력을 증가시킬 수도 있다.

　※ 항상 펀치를 변화시킬것. 상단 – 하단, 하단 – 상단, 혹은 단일 또는
　　 컴비네이션으로 행한다.
　※ 밟고 들어가기를 수반할때의 잽이나 페인트는 간격을 좁히는데 좋은
　　 수단이다.

●리이드·훅은 인파이팅에 편리하다. 옆에서 넣어지므로 상대가 놓치기
쉬운점과 상대의 방어에서 좌측을 통과하기 때문이다. 이것은 특히 접근
하여 스트레이트·리이드를 먹인 후 상대가 잠시 주춤한 사이에 가하면 좋
다.

●리이드·훅은 작은 턱보다 면적이 크면서도 동작이 적은 상체(보디) 를
표적으로 하는쪽이 간편하다. 아니면 하복부를 노리는것도 좋다.

●상체를 찌르는 훅은 상대에게 근접하였 있을때에 더욱 효과적이다. 머
리를 노리는체 페인트하다가 일순간, 앞으로 밟고 들어감과 동시 상대의
배, 늑골, 아랫배나 혹은 가장 가까운곳을 리이드·훅으로 찌르는것이다.

이와 동시 훅을 던지지 않은 측에 리이드의 무릎을 구부리면서 어깨를 가까이 당겨 표적과 같은 높이로 하면서 신체를 가라앉힌다. 이때 밸런스를 유지하기 위하여 뒷발의 발끝을 훨씬 바깥쪽으로 향하게 하는것이 중요하다.
▷뒷쪽손(後手)을 내리지 말것.

● 훅은 옆으로 동작하기때문에 횡족(橫足)과 조화시키면 훌륭한 펀치이다. 이와같이 상대가 옆으로 밟고 나갈때에 가하는것이 한층 효과적이다.
▷상대가 그 방향에 밟고 들어가는 순간을 캐치하였을때의 위력은 2배가 된다.

보디는 단순한 이유로, 보다 쉬운 목표이다. 그것은 턱보다도 더 큰 표면을 가지고 있으며 움직이기도 어렵다.

● 밀스(Mills)에 의한 리이드·훅의 배달방법은 주로 다음의 두가지이다.
  1. 롱·리이드·훅
   우선 상대의 얼굴을 향하여 스트레이트·리이드를 넣고 훅으로 추격한다. (체중의 옮겨감을 연구할것. 앞으로 구부리면서 체중은 뒷다리로 옮기는것등)
  2. 쇼트·리이드·훅
   방어자세에서 팔꿈치를 몸옆 가까이 위치하면서 가하여 진다 (반격을 먹임과 동시 체중을 앞다리에서 뒷발로 옮긴다).

● 훅을 넣기전에 손을 후방으로 당기지 않게 주의한다. 펀치의 위력은 대부분이 풋·워크에 의하여 생기는것이다.

● 리이드의 발뒤꿈치는 피버트하지않게 바깥쪽으로 올려지므로 훅이 격돌함과 동시에 허리와 어깨는 역전된다.

● 옆 턱에 훅을 할때는 지레작용을 풀로 활용하기 위해 앞어깨를 높게 유지 한다.

● 펀치는 절대로 팔을 빙글 회전시켜서 던지지말아야 한다. 겨냥이 정해진 팔과 힘을 뺀 어깨의 근육으로 생기며 튕김 (모멘담)이 자연히 팔을 적절한 위치에 되돌아 오게하는 역할을 하여주는 것이다.

● 리이드족(足)의 발뒤꿈치는 바깥쪽으로 들어 올려져서 회전할 수 있는 발바닥의 부풀어 있는 곳으로 서기때문에 타격이 한층 신속하게 잘「이루어지는」것이다. 약간 신체를 반대측으로 떨구면서 체중을 좀 더 넣어「몸의 안전을 지킨다」.

● 특히 주의할것은 격하게 하지않고도 최대효과를 얻을 수 있게 하기위하여 약간의 동작만을 필요로 하게끔 기타동작을 최소로 억누를것.

● 훅을 바깥쪽으로 넓게 회전시키면 그 위력은 감소되어 스윙처럼 되므로 항상 조이는 기분으로 행한다. 또 넓은 훅은 그만큼 상대에게 허점을 노출시키는것이 된다.

● 신체를 꼭 알맞게, 자세를 무너뜨리지 말고 회전하는것을 익힐것.

●팔꿈치는 굴곡하면 할수록 꽉 조여진 강렬한 훅이 된다. 격돌의 순간에 다소의 힘을 넣으면서 시도하여 본다.

●복싱에서는 손목은 존재하지 않는다. 앞팔(前腕)과 주먹은 끝에 훅이 달린 곤봉으로서의 역활을 하는것이다. 주먹은 앞팔과 일직선을 이루고 손목은 구부리지 않는다. 주의해야할 점은 엄지손가락으로 치지않는 일이다.

●펀치를 가한 직후에 엄지는 위로 향하고 있다. 손을 보호하기 위하여 주먹은 비틀지 않는다. 앞팔은 물론 팔꿈치에서 손가락이 닿아있는곳의 관절까지 곧바르고 손가락이 닿아있는 부분의 관절은 선회하는 체중방향으로 반드시 향하여 지지않으면 안된다.
▷항상 후수(後手)를 높이 치켜들어 얼굴을 보호한다. 팔꿈치는 늑골을 보호한다.
▷어느쪽 손을 사용하더라도 곧 뒤따라 펀치를 가할 수 있게끔 하여야 한다.

●훅을 플로그할때의 일반적인 습성은 타격의 반대측이나 외측으로 피하려고 하는데 이것은 잘못이다. 「물러나는것이 아니라 그것을 향하여 (혹은 속에) 가는 느낌으로 상대의 펀치를 자기의 목 근처에서 끝나게끔 하는」것이다.
▷훅을 마스터 하려고 한다면 주로 작은 스피이드·백을 사용하는게 좋다.

▶리어·훅◀ *Rear Hook*

●리어·훅은 인파이팅일때에 자기가 탈출하여 빠져 나올때든가 상대가뒤로 물러날때 효력을 발휘할 수 있다.

●앞으로 구부린 상대나 언제나 좌측을 향하는 습관이 있는 우(右) 스탠스의 상대의 우(右)賢臟을 좌(左) 리어·훅으로 찌르는 연습을 한다.

▶샤블·훅◀ *Shovel Hook*

●샤블·훅은 팔꿈치를 내측으로 향하게한 후 내측으로 쳐 넣는 짧은 훅

펀치는 와이드업·모션으로 치는것이 아니다. 모든 움직임을 최소한으로 하라. 그렇게하면 최대의 효과를 얻기위하여 최대로 움직일 수 있는것이다.

을 말한다. 상체를 찌를때에는 팔꿈치를 허리에 밀어 붙이며, 머리를 찌를때에는 늑골의 아래쪽을 노린다. 선회를 시작할때 까지는 팔꿈치, 어깨, 혹은 양다리에 힘을 넣지않는다. 샤블로 들어올리는것같이 허리는 갑자기 튀어올라 손은 45°각을이룬다. 샤블·훅의 펀치는 상대의 방어에 대하여 내측으로 쳐 넣을 수 있는것이다.

● 샤블·훅의 사용법 (右스탠스)
　우측 팔꿈치를 안쪽으로 끌어넣어 무명골 (無名骨) 바로앞에 고정시킨다. 절반쯤 벌린 우측손은 손바닥이 부분적으로 위를 향하게끔 다소 위로 올려 천정과 바닥사이가 45° 각도가 되게 기울인다. 좌측의 방어는 평상시의 포지션으로 유지된다. 여기서 발은 움직이지 않고 우측 허리가 선회하는 샤블로서 들어 올리는것처럼 굽혀지면서 튕겨 올라가는것같이, 급격하게 상체를 좌로 돌리면서 명치높이에 있는 표적에 주먹을 찔러 넣는다. 우수(右手)의 각도가 손가락끝의 관절(나클)을 그대로 표적에 명중하는것을 가능케한다.

● 샤블·훅에서 빼 놓을 수 없는 요소는 「주먹의 각도」와 허리의 만곡(彎曲)」이다. 허리를 올리기 위한 다리의 용수철 작용이 신체의 선회 스피이드를 올림과 동시에 그 선회를 약간 윗쪽을 향하여 급진 시키려고 방각을 정한다. 기울어진 주먹과 구부러진 팔꿈치가 주먹의 관절을 그 선회세력과 같은 방향으로 향하게 함으로써 「生粹」한 펀치가 생겨나는것이다.

● 머리를 찌르는 샤블·훅은 방어자세에서 집어 넣을 수가 있다. 우측팔은 상체를 향하여 주먹의 관절이 우측 어깨에서 조금 떨어진곳에 오게한다. 우측 팔꿈치는 우측 늑골의 아래쪽에 바로 내측을 향하여 있게한다. 이때 발은 움직이지 않고 급격한 어깨의 선회와 허리의 튕겨 오르는 동작에 수반되는 강한 펀치를 턱높이의 표적에 가한다. 팔꿈치가 처음 순간에는 늑골의 아래쪽에 고정되어 있다가 주먹이 격돌할때에는 우측 어깨에서 약간 떨어진 위치에 있게된다는것을 잊어서는 안된다.

● 샤블·훅은 어엿한 내측에 대한 리이드·훅으로 가장 짧은 펀치인 동시에 극히 강렬한 펀치이기도 하다.

● 샤블·훅을 뒤쫓기 위한 용도의 펀치에 사용하여도 공격의 컴비네이션

에는 별 이상 없겠지만 가장 단순한 호용법은 머리를 찌르는 긴 우측(리이드)펀치(右 스탠스)가 상대를 뒤로 헛빠져 버렸을때 즉시 좌측 샤블을 머리에나 보디에 가하는 방법이다. 또한 같은 右 스트레이트의 뒤에 재차 우측손으로 머리나 보디에 샤블을 가할 수도 있다. 이와같이 긴 스트레이트·리어(左)가 목적을 이루지못한 경우에는 右 샤블로서 두개의 표적중 어느쪽이라도 찌르는 수가 있다. 더우기 만일의 경우 재빠른 상대가 급격하게 밟고 들어올때에는 밟고 들어가서 반격을 가할 시간은 없다 하더라도 그 상대의 스피드 자체가 이쪽의 단거리용 무기의 위력을 증대시키는것이 된다. 상대의 공격을 플로그, 패리, 슬립등으로 피했을 경우에도 위에서와 같이 단거리내에 남는것이 되므로 반격샤블을 가할 수 있는 좋은 찬스인것이다.

● 잭·템프시에 의하면 샤블·훅은 긴 스트레이트 뒤에 능률적으로 가할 수 있는 일격인것이다. 또한 샤블은 크린치(서로 엉키는것)를 시도하여오는 상대를 넉아웃 시키든가 아니면 적어도 그 세력을 약하게 하는데에 소용이 된다(팔꿈치, 밟아차기 스탑프, 무릎등을 활용하는것을 잊어선 안된다). 짧지만 잘 조여진 샤블은 보브와 웨이브 하면서 상대의 공격(특히 바깥쪽에서의 훅)의 내측으로 파고들 수 있기때문에 편리하다.


▶ 콜크마개 빼기 훅 ◀ Corkscrew Hook

● 콜크마개 빼기 훅은 스트레이트·펀치와 같은 요령으로 행하여 지지만 차이가 있다면 접촉직전에 손목을 심하게 뒤트는것이다. 이와같은 나사모양으로 꼬여진 훅은 중거리용의 만곡(灣曲)된 무서운 너클·잽(knuchle Jab-주먹의 관절)인것이다.


● 어느 훅이나 본질적으론 최후순간에 팔꿈치를 드는것에선 같다. 다시말하여 너클을 회전시킴으로써 반드시 격돌이 같은 부분에서 생겨서 찌르는 것이다.

● 콜크마개 빼기 훅의 하는법

훅은 주로 작은 스피드백으로서 획득된다.

　방어자세에서부터 어떠한 예비동작에도 관계없이 중거리 잽의 경우와같이 어깨의 선회로 시작하지만 잽을 하는대신 주먹을 아래로 한다음 앞팔(前腕)을 재빨리 찍어내고 우측 팔꿈치를 높이 올린다. 우측 주먹은 나사 모양으로 아래쪽으로 튕겨나가서 그대로 표적을 찌른다. 이때에 앞팔(前腕)은 거의 바닥과 평행이 된다.

●우측손의 콜크마개 빼기 경우, 다소 우측으로 기운듯이 하면서 상대의 좌측에 밟고 들어가 발끝을 예리하게 내측을 향하게 한다.「피버트・스텝」을 이용하여 내측으로 움직여 우측 팔이나 주먹이 표적을 노리고 집어 넣어질때 신체는 우측 발바닥의 부푼부분으로서 선회하게 된다. 일반적으로 접촉할때의 좌측 발은 바닥에서 떨어져있지만 재빨리 리어에 내려와 닿는다.

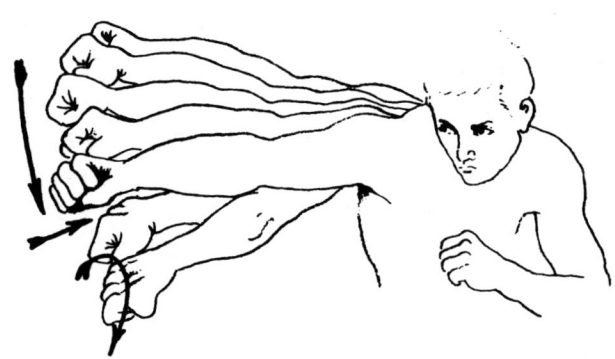

●리이드(右)에 의한 교묘한 콜크마개 빼기의 장비가 이쪽에 있는경우, 상대는 후수(後手) 펀치를 쉽게 뻗어오지 않는다. 또 상대가 리어·크로스 등으로 공격하여 올때는 콜크마개 빼기 훅을 사용하는것이 가능하다. 더구나 상대가 이편의 右(리이드)잽을 플로그, 또는 패리(받아서 흘려버림) 할때에 그 방어의 좌측 손을 전방으로 너무 내민 경우라면 콜크마개 빼기 훅으로 그 손의 「뒤에서」 턱을 찌르는것이 가능하다.

※가벼운 스피이드백을 사용하여 바른자세와 그 세력을 익힌다.


▶ 파암 (손바닥) 훅 ◀ Palm Hook

●파암·훅은 문자그대로 손바닥을 이용한 째빠른 훅을 말하는것으로 통상적으로 펀치를 가하는 자세에서 볼때 외측에서의 右 파암·훅은 상대의 방어의 손 뒤에서 찌르는 리이드로 소용되는 외에도 상대의 스트레이트·리이드를 피하면서 가하는 반격으로서도 용도가 있다.


▶ 어퍼·컷 ◀ Upper Cut

●리이드 또는 리어의 어퍼·컷은 상대에게 접근하여 교전할때 매우 편리하며 머리를 아래로 하고 상대가 돌진해 올때나 난폭하게 스윙(휘둘러치기)을 하면서 들어올때 사용하면 좋다. 그러나 상당히 주의하여 행하지않으면 반대로 어퍼·컷을 먹는 결과가 된다. 그러나 어퍼·컷은 기민하면서도 언제나 올바른자세의 리이드·잽으로 얼굴을 찔러오는 상대에게는 효력을 발휘할 수가 없기때문에 우선 자세를 헝크러뜨리기 위한 목적으로 어퍼·컷을 이용해야 한다.

●어퍼·컷을 하는법
양다리를 구부리고 펀치를 집어 넣음과 동시에 뻗는다. 상대에게 격돌하자말자 발끝으로 선다. 뒤에 다소 기울어 사용하는 팔과 반대측의 발에 체중을 옮긴다. 右 스탠스에 대할때에는 右 리이드로, 어퍼·컷을 가할때에는 좌측손으로 순간적으로 상대의 우측 어깨에 닿게하여 강렬한 반격을

깨끗한 펀치는 적의 방어의 내측에 닿기
위하여 구부려진다.

먹지않게끔 확인하는 것이다.

● 리어·핸드 어퍼컷 (右 스탠스)

● 상대의 우측 손의 리이드를 꼬여낸 후 머리를 재빠르게 우측손을 비틀
면서 밟고 들어가 상대가 뒤로 물러나기 전에 그의 우측 펀치를 우측손으
로 올려찔러 방해함과 동시에 짧으면서도 예리한 좌측 어퍼·컷으로 턱
을 찌른다. 이 경우, 좌측 손을 아래쪽을 향하여 전진 시키다가 떠 올리
면서 턱(또는 사타구니)을 찌른다. 우측 손은 즉시 빼내어 방어(또는 전
략적) 위치에 둔다.
▷ 인디언·콘의 학킹·백은 어퍼·컷의 연습에 적합하다.
  a. 위로 향한 훅
     자신의 얼굴을 옆에서 들어올린 팔로 감싸고 상대의 턱을 찌르는것
     같이 상방 내측(上方內側)으로 향하여 틀어올린다. 허리의 심한 뒤
     틀림을 수반할것 (콜크마개 빼기를 참고로 한다)
  b. 수평 훅
     전방으로서의 훅
     쌍방 모두 상대의 방어에 있어서의 상부(上部), 또는 외측을 지나는
     훅으로 팔을 구부려서 행하는 잽을 닮고있다. 표적을 꿰뚫을것 (샤블
     훅을 참고로 한다).

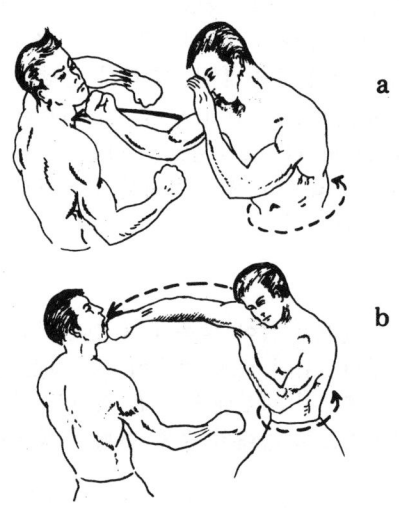

222

## 훅과 크로스의 유효하고 간단한 조화

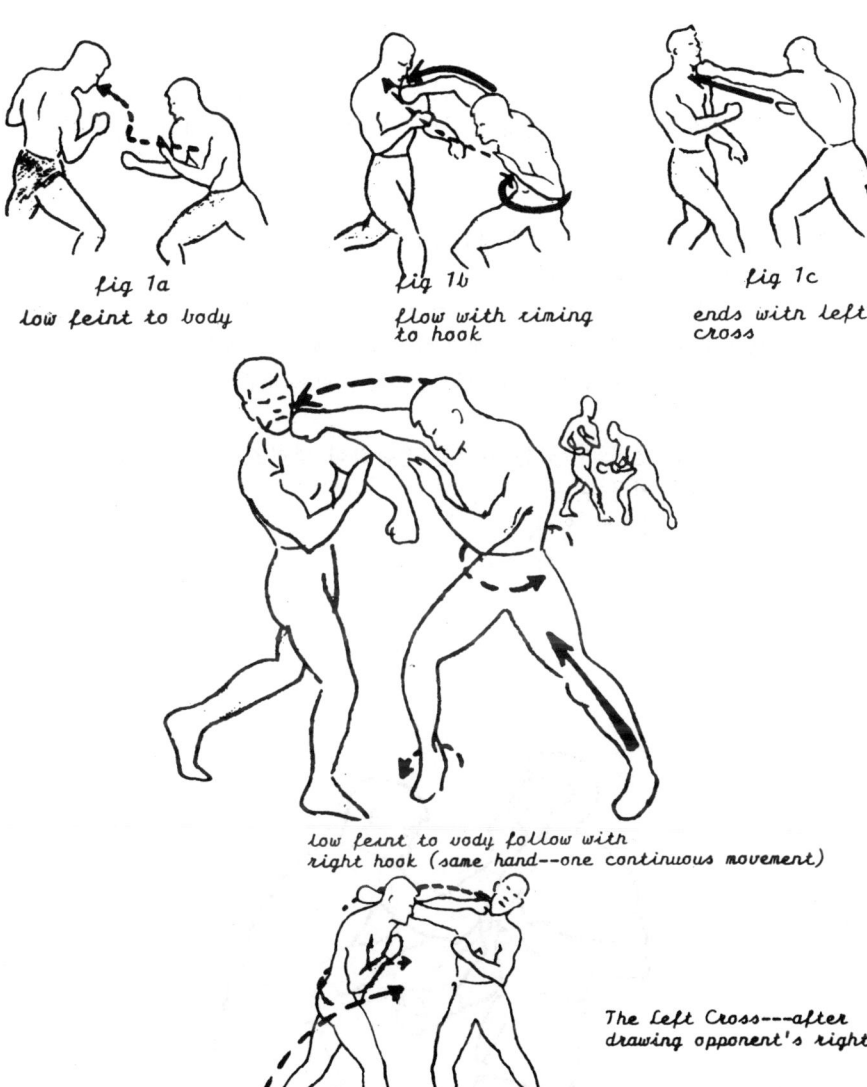

fig 1a
low feint to body

fig 1b
flow with timing to hook

fig 1c
ends with left cross

low feint to body follow with right hook (same hand--one continuous movement)

The Left Cross---after drawing opponent's right

어떤 훅이라도 본질은 스윙하기전에 최후의 가능한 순간, 무릎을 올린다.

### ▶컴비네이션·펀칭◀ Combination Punching

●훌륭한 서양의 복서는 어떠한 각도에서이건 펀치를 넣을 수가 있고 하나의 펀치를 쳐낸 후에도 곧 다음펀치를 쳐낼 자세로 재빨리 돌아가서 밸런스를 항상 중심으로 유지할뿐 결코 잃는일이 없다. 더구나 많은 조합공격을 가지고있기 때문에 다른타입의 상대라도 쳤다하면 지는법이 없는것이다.

●펀치의 종류에 관계없이 통용되는것은,
▷가능한한 곧바로 뻗는다.
▷접근을 훌륭하게 하기위하여 한스텝 밟고 들어간다.
▷상대에게 어떤 감지할 수 있게하는 동작은 행하지 않는다.
▷주먹을 특정한 포지션에 옮겨야할 필요가 있을때에는 눈치 안채게 한다.
▷항상 펀치를 뻗을 수 있는 자세를 정돈하여 밸런스를 잃지않게끔 중앙의 선에서 싸운다.
▷방어자세로 되돌아 온다.
▷일련의 펀치를 리이드의 손으로 끝낸다.

秘伝・截拳道의 道

언제라도 업라이트한 자세로 단순히 멀리에서 잽을 쳐오는 빠른복서에게는 어퍼컷은 아무 소용이 없다.

● 장거리의 격투에서는 리이드·잽을 넣고 리어·크로스를 즉시 가한다. 단거리일때는 여러가지의 훅을 사용하여 리어로 보디를 찌르는 펀치나 어퍼·커트를 먹인다.

● 펀치를 넣을때에는 약간 옆으로 상체를 미는것처럼 하면 좋다. 강렬한 펀치는 단단한 토대(土台)에서 집어넣으며 가벼운 펀치는 발끝으로 서는 감으로 집어 넣는다.

● 또 알아두어야 할것은 상대에게 명중할 확신이 없을때에는 펀치를 가하것을 통제할 필요가 있을때가 있다. 이것은 무익한 에너지의 소비를 막기위해서와 반격을 먹지않기 위해서다.

● 실제로 공격, 또는 방어행위 중일때는 다른것은 언제나 힘을 빼어둔다.
　▷ 모든 타입의 연습상대와 어려운 시합을 하면서 스피드, 타이밍, 거리감등을 양성할것. 자기의 기(技)에 확신을 가지고 강력한 펀치를 해야한다.

# ■ 엉켜 싸우기

## *Grappling*

▶ 투기(投技) *Throwing*
  1. Hooking throw
  2. Reverse Hooking throw
  3. Single leg tackle and trip
  4. Double leg tackle
  5. Right foot sweep-With or Without arm drag to right or left stance
  6. Left foot sweep-With or Without arm drag to right or left stance
  7. Kick back

▶ 고정기(조인트·록) *Joint Locks*
조인트(관절)·록은 서 있을때, 또는 지면에 눕게 되었을때 상대를 움직이지 못하게 하는 수단이다.
  1. 겨드랑이 밑에서 외측으로(左右의 스탠스)
  2. 손목
  3. 逆손목
  4. 逆비틀기 손목(더블·암·록을 하기위하여)
  5. 팔위에 옆으로 눕는다.
  6. 서 있을때의 한발 록
  7. 누워서의 한발 록
  8. 한발 록과 등뼈 록
  9. 양발 록과 등뼈 록
  10. 발 비틀기(foot twist)와 토오(toe- 발끝)홀드

▶ 목 조르기(쵸크) *Chokes*
  1. Rear drop choke

될 수 있는한 곧바로 쳐라. 그러나 어떤 펀치도 알려져서는 안된다.

2. Lean over drop choke
3. Side drop choke

▶ 반칙수단 ◀ *Foul Tactics*

1. 인파이팅으로 頭髮을 당긴다.
2. 인파이팅으로 발을 밟는다.
3. 꼬집는다. 물어뜯는다.
4. 고환(睾丸)을 잡는다.

▶ 쓰러뜨리는 수단 ◀ *Takedown Methods*

1. 원형(円形)스텝 한발 태클
2. 떨어지는 한발 태클
3. 당기는발 한발태클

▶ 지켜야 할것

1. 항상 움직여야 한다.
2. 반격을 예기하여 준비해 둔다.
3. 고양이와 같은 동작으로 움직인다.
4. 상대를 이편에서 의도한대로 하기 위하여 맞싸운다.
5. 항상 자신은 공격에 있게하고 상대는 방어에 있게한다.
6. 발을 교차하지 않는다.
7. 팔은 안으로 너무 넣지않는다.
8. 상대의 뒤를 쫓지않는다.
9. 태클에만 의존하지않고 다른수단도 사용한다.
10. 상대가 자기의 주의를 걷게 두지 않는다.

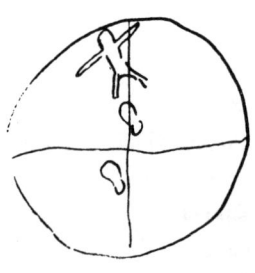

양다리 굳히기 — Double leg locks

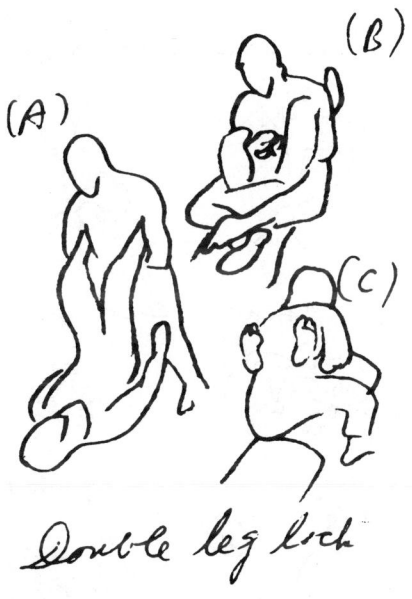

Double leg lock

적에게 일격을 주는것이 될때까지 정열을
보지(保持)하는것을 배워라.

### 한다리 공격 – Single leg attacks

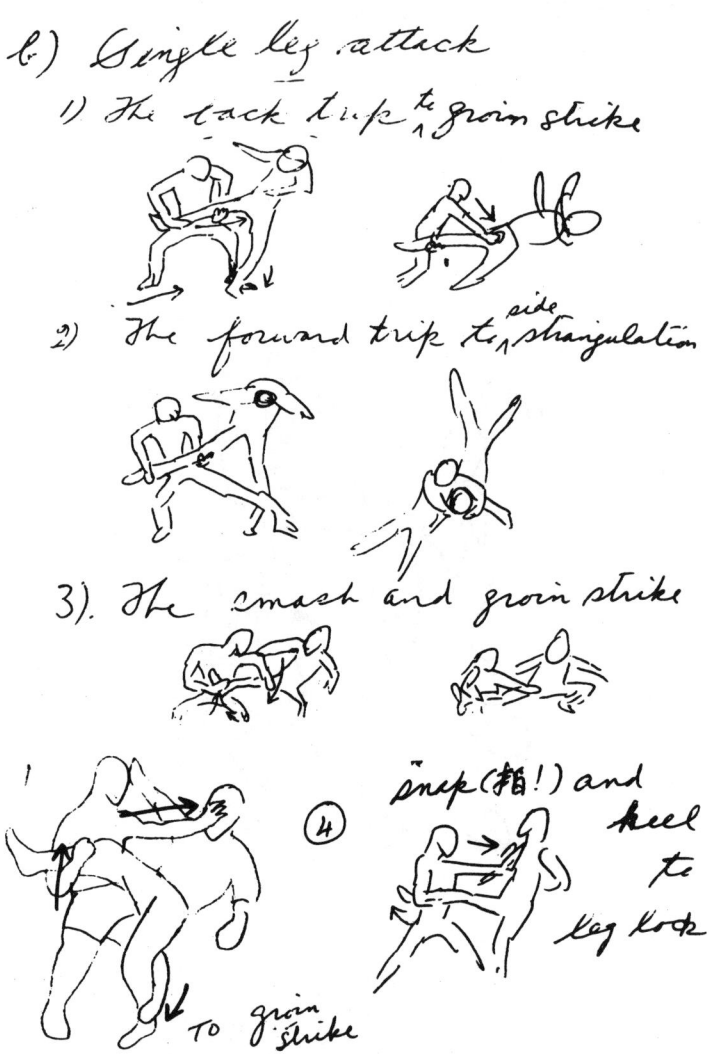

## 한다리 굳히기 — Single leg locks

single leg lock
(A)

free leg to spread leg knee to hip or hip to groin
(B)

(C)

검의 리이드를 재어라—적에게 미스를 저지르게하여 더킹, 슬리핑, 페인트, 혹은 제어된 손으로 찌르면서 적의 펀치의 내측으로 들어가라.

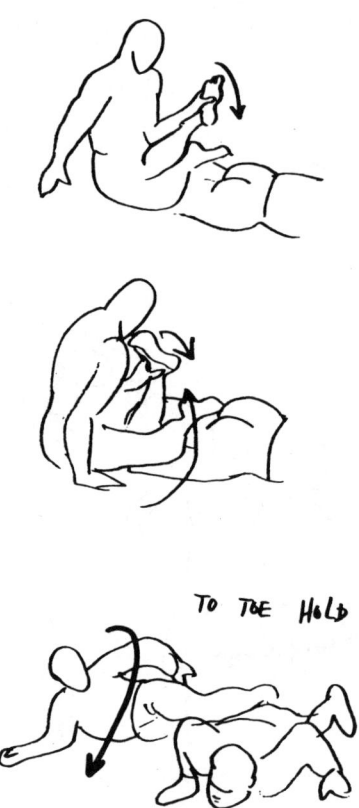

## 토 · 홀드 (한다리 굳히기) — Toe Holds (With single leg locks)

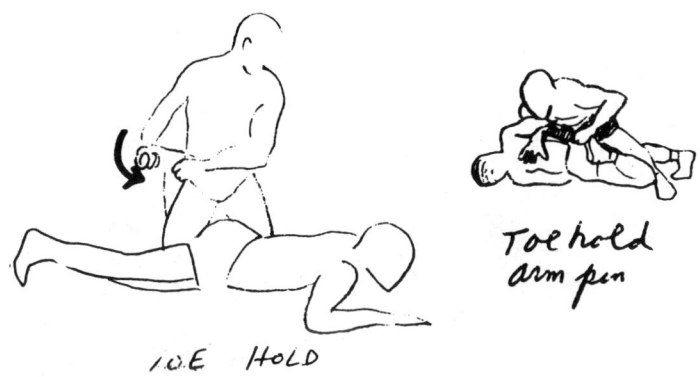

TOE HOLD

Toe hold
arm pin

만일 자신에게 허점이 있다고 생각되면 그 것을 곧 없애야 한다. 그것에 대하여 냉담 하여서는 안된다.

## 유도(柔道)와 유술(柔術)의 연구

秘伝・截拳道의 道

파워는 팔로우―드루(follow-through)에
있어서 몸전체의 조정에 의하여 강해진다.

straight armlock

올바른 일격을 적절한 때에 무의식적으로 치지않으면 안된다.

秘伝・截拳道의 道

양질의 공격이라고 하는것은 기동성, 압력, 그리고 전략수완이 첨가된 리이드, 허위의 움직임, 그리고 카운터·펀치로 성립되어 있다.

### 한다리 잡아 쓰러뜨리기와 굳히기
(Single Leg Take down and Lock)

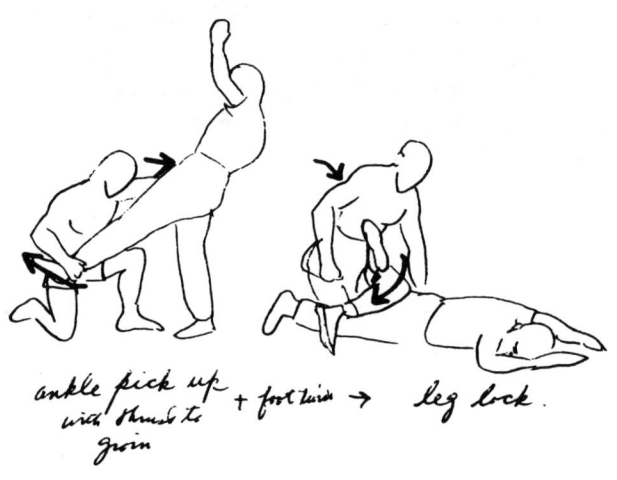

ankle pick up with thrust to groin + foot twist → leg lock.

― 암블래스트(Arm Blast) ―

The arm blast leg attach to groin squeeze

터치 앤, 고우(Touch and Go)

── 암 드랙(Arm Drag) ──

평온한 마음, 안전, 그리고 유효(有效)의
견지에서 목표를 선택.

### 리스트패스(Wrist Pass)

### 엘보우 드로우바이(Elbow Throw-Bys)

## 머리와 목에의 손의 사용법 (Head and Neck Manipulations)

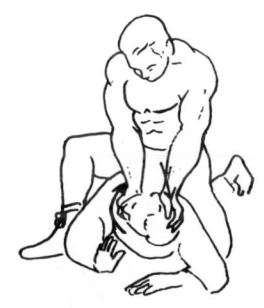

일반적으로 스톱·히트는 스텝핑·프리바
레이션을 처리하기 위하여 선택된 일격이라
고 말할 수 있다.

FORWARD NECK CRANK (A)

FORWARD NECK CRANK (B)

CHIN LIFT

SPINE SRETCH.

秘伝・截拳道의 道

REVERSE FIGURE-4
NECK LOCK.

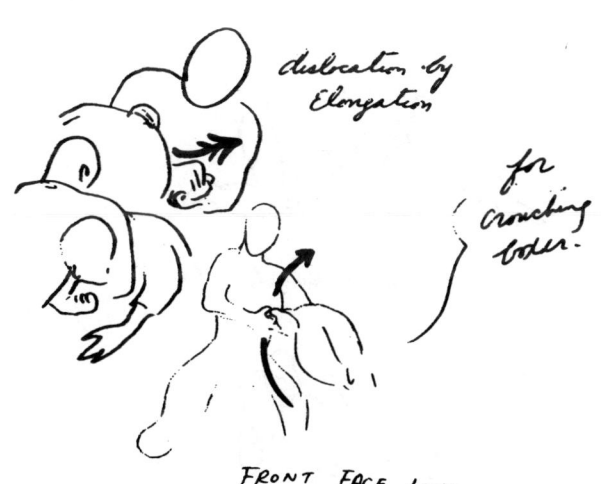

dislocation by
Elongation

for
crouching
boxer.

FRONT FACE LOCK

적의 뒤를 찌르고 그리고 그에게 책략으로 이기는 일은 능력이며 이것은 스포츠의 그리고 복싱의 기능이나 기술이다.

## 머리와 목에의 손의 사용법(Head and Necle Manipulations)

side strangle Hold.

Top. strangle

Front strangle hold.

rear strangulation

## 머리와 팔에의 손의 사용법

같은 스피드, 힘, 그리고 기술의 두사람의 투사가 서로 싸울때에는 언제라도 페인트에 숙달된자가 승자가 된다.

# ■비치(備置)의 章

지혜란 때로는
인간이 자신이 두어진
경우에 순응하는 능력,
혹은 자기의 요구에 응하여
경우를 조절하는 능력을
의미한다.

기만에 찬 공격은 특히 숙달자의 공격이다.

# ■페인트
## feints

● 반격을 정통으로 받는것을 가능한 피하기 위해서는 리이드에 의한 공격을 가하기전에 페인트를 하는일이다. 아주 작은 손놀림, 발걸음, 돌연히 소리지르는것 같은것들은 상대의 「統合 을 나쁘게하여」십분 감각중추(感覺中樞)의 반응을 일으킬 수가 있게한다. 이 반응은 인간행동의 반사적인 단계에 있기때문에 오랜 경험을 가진자들도 외부에서의 자극에 의하여 다소 헝크러지는것을 피하기는 어려운 것이다.

● 그러나 어떠한 페인트도 상대에게 어떤 동작을 강제(强制)하지 않는한 아무런 역활도 하지못한다. 페인트를 성공시키기 위해서는 그것이 공격행위처럼 보이지않으면 안된다.

● 교묘하면서도 재빨리 수행된 페인트는 「결정적」이고 「표현이 풍부한」 「협박적」것으로 이와같은 페인트와 그에 연결되는 공격은 절권도에선 빼놓을 수 없는 요소인것이다.

● 페인트는 상대가 그것을 적당한 패리로 저지하게 유도하는 기만적인 찌르기나 동작인것이다. 이와같이하여 상대가 당신의 패리를 취하는 찰나, 손이 즉시 빠져나옴과 동시에 허점을 이용하여 공격을 하든지 아니면 리어를 넣는다. 엄밀히 말하면 페인트는 홱스·드러스트(false thrust)로 구성되고,. 진실로 포착하기 어려운 찌르기이다.

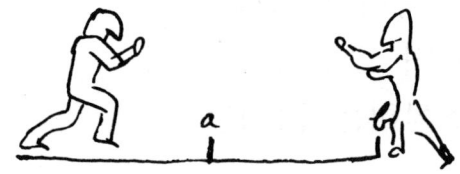

●훼스·드러스트(false thrust), 는 상체를 앞으로 약간 기울이고, 절반가량 팔을 뻗은 동작을 말한다. 훌륭하고 포착하기 어려운 드러스트(thrust; 찌르기) 는 돌진과 함께이루어진다. '훼스·드러스트' 는 그 자체가 너무나 훌륭해서, 적수가 반응을 보이도록 협박적인 것으로 나타나야 한다. '훼스· 드러스트' 는 적수가 '패리'를 취하도록 납득이 가게끔, 진정한 '드러스트'로서 나타나야 한다.

●페인트는 발차기나 기타의 장거리(떨어진 간격)수단을 사용할때에 팔을 좀 더 길게 뻗어서 행한다(신속하면서도 인상적으로!)

●페인트의 잇점은 시합의 처음부터 페인트를 사용하여 밟고 들어감으로써 간격을 절반으로 좁힘과 동시, 상대가 그것에 대한 패리를 행하기때문

진실한 경쟁상대란 언제라도 그가  가지
고 있는것을 모두 주는 사람이다.


에 제 2 의 동작, 즉 공격을 넣을 수가 있는것이다.


●페인트 공격에 있어서 필수부분이며 그것을 사용하여 상대를  안심하게
하거나 또 그 이상으로 밸런스를 잃게하는 것이 된다면 공격효과는 증대하
게 되는것이다.

●페인트의 스피이드는 다른 모든 수단과 마찬가지로 상대의 반응에 의하
는것으로 그것에 의하여 조절이 가능해 지는것이다.

● 원투 페인트는 측면적 (내측—외측, 외측—내측) 혹은 수직 (고—저,  저
—고)으로 한손 또는 양손으로 행할 수가 있다.

●페인트의 리듬에 대한 처음 동작은 패리를 유도해 내기위하여  길게 침
투하는것, 두번째의 공격동작(진짜 공격)은 패리의 찬스를 주지않는 신속
하면서도 결정적인 것, 즉 장(長)과 단(短)인것이다.

●리듬의 변화를 받아들이는 페인트를 하는법은 短－長－短으로 표현된다.
이때에 상대로 하여금 제 2 의 페인트「長」이 복합공격의 최종 동작인것처
럼 생각들게하여 패리를 유도해 내는것이다.

●「長」－길다고 하는것은 동작이 느린것을 의미하는것이 아니라 신속하게
상대를 향하여 깊이 찌르는것을 말한다. 이 스피드와 깊이와의  조화야말
로 상대에게서 적당한 반응을 얻어내는 열쇠인것이다.

●상대가 페인트에 대하여 어떤 반응도 보이지 않을때에는 스트레이트•훅
은 단순동작에 의한 공격이 바람직하다.

●또 몇번인가의 요령을 얻은 단순공격을 실제로 가한 뒤의 페인트는  한
층 효과를 얻을 수가 있다. 이것은 상대가 이편동작의 진위를  분간하기
어렵기때문이다. 그대로 자세를 취한채 아무 움직임도 보여주지않는 상대
에게서 반응을 얻어내기에는 이 방법이 편리하다.

●더구나 페인트를 써서 상대의 반격에 패리를 하여 리포스트 (되받아  찌

르기)또는 반(反), 반격을 가할 수가 있다.

▶ 페인트의 목적 ◀ (*Object of the feint*)

1. 공격하고싶은 부분에 허점을 만들어 낸다.
2. 상대가 주저하는 사이에 거리를 좁힌다.
3. 패리를 유도해 낸다(타격은 상대가 패리를 내밀었을때 또는  뺄때에 가할 수가 있다)

▶ 페인트를 넣는방법 ◀

1. 직접적인 찌르기로서
2. 회피할 수 있는 찌르기로서
3. 공격으로서
4. 이탈(離脫) 수단으로서
5. 압박(Pressure)의 수단으로서
6. 강력한 압박(Pressure)의 수단으로서
7. 비이트(beat)로서
8. 반응시킨 손을 눌러 움직이지 못하게 하면서 찌르기를 위해

▶ 페인트의 실연 ◀

1. 방어자세를 취하고 천천히 전진한다. 그 사이에 앞무릎을 재빨리 구부리면서 팔도 함께 동작하는것 같이 보이게 하면서 실제로는 양팔의 힘을 빼어 리이드를 쳐 낼 수 있는 자세로 유지한다.
2. 상체를 약간 앞으로 기울게 하면서 앞무릎을 구부리고 리이드·핸드를 조금 앞으로 움직인다. 전진하면서 리이드족(足)으로 크게 밟고 들어가서 실제로 접촉하지 말고 팔을 뻗어 리이드·잽을 가한다. 이때 상대의 반격을 잘 경계하여 헛된 동작을 수반하지 않게한다. 이렇게하여 서로의 간을 좁힌 후에 즉시 리이드팔을 뺌과 동시 턱에 잽을 넣는다.
3. 전진하면서 허리에서 상체를 약간 구부린다.
4. 스텝아웃 페인트는 리이드·잽을 가하는것 같이 보이게 하면서 앞으로 밟고 들어가지만 실제로는 리이드족의 피버트를 사용하여 즉시 외측

페인트의 스피드는 적의 반응여하에 따른다.

으로 탈출하여 다시 페인트를 할것같이 앞으로 밟고 들어가지만 이번에는 턱에 리이드·잽을 먹인다. 다음순간 뒤로 한결음 물러 나는것으로 안전을 지킨다.

▶ 기타 ◀

1. 얼굴을 찌르는 리이드·잽을 페인트하여 배를 찌른다.
2. 배를 찌르는 리이드·잽을 페인트하여 얼굴을 찌른다.
3. 얼굴을 찌르는 잽을 페인트하여 더구나 리어에 의한 찌르기를 페인트하여 리이드·잽으로 턱을 찌른다.
4. 스트레이트·리어·펀치로 턱을 찌르는 페인트하여 리어·훅으로 상체를 찌른다.
5. 턱을 찌르는 리이드·잽을 페인트하여 리어·어퍼컷으로 상체를 찌른다.
이상의 페인트에 의한 방법은 발차기의 경우에도 통용되므로 연구할것.

# ■ 패리
## *Parry*

~左擺樁左右手消勢全圖~

~右擺樁左右手消勢全圖~

최신의 페인트의 강함은 적에게 방어하기
위하여 움직이게 강요하지 않으면 안된다.

간격(사이)에 대한 올바른 감각과  올바
른 밸런스가 이루어진 자세를 발견하라.

●패리(받아서 흘려버리기)는 상대의 공격(찌르기, 발차기)을 향하여 내측 또는 외측에서 행하여지는 손동작으로 상대의 무기를 표적에서 빗나가게하는 목적을 가진다.  따라서 패리를 행할때에는 그 위력보다도 타이밍이 중요하기때문에 가볍고 용이한 동작으로 행하어야 한다. 상대의 공격은 최후의 순간까지 패리하지 않고 그것도 위험할때, 신체에 가까운 일격일때에만 하는것이다.

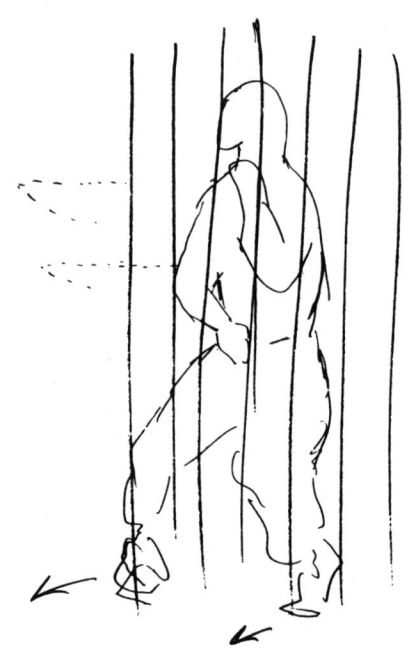

THE ECONOMY BASE

●패리는 단순, 반원형, 원형의 3가지가 있다.

●공격자의 동작이 크면서도 겨냥이 정확할때에는 본능적인 동작을 사용하는 단순 패리가 가장 좋다. 어떠한 경우에라도 컨트롤과 목적을 다하는데 족할만한 동작을 가지고 행하여야 한다. 방어의 손을 찔러낼때에는 극력 피한쪽이 좋다. 패리의 목적은 노려진 부분을 보호하기 위하여 상대의 무기를 빗나가게 하는것으로 방어를 지나치게하여 팔을 너무 뻗으면 반대로 상대가 탈출할때 도리어 공격을 받게되는 경우가 생긴다. 더우기 일격에 닿을(reachout) 셈으로 패리를 행하면 상대에게 반격의 허를 줄뿐만 아니라 그 일격이 노리던것을 변경할 찬스를 주는것이 된다. 요는 패리를 너무 빨리 하지않는것이 좋은 방법인것이다.

●패리는 극히 유익한 방어기술중의 하나다. 익히기 쉽고, 실행하기 쉽기 때문에 빈번히 사용할 수 있다. 반면 패리를 하는 것으로서 허를 이용당할 수도 있다.

●패리는 힘을 필요로 하고 조직, 신경, 뼈등에 타박상을 생기게 하는 블록(block : 일반的 방어)과는 다른 세련된 방어인것이다.

●가장 교묘한 패리의 방법은 방어의 손을 상대의 공격방향을 향해 옆으로 자르듯이 내밀면서 충격을 없게하는 것이다.

●때에 따라서는 상대가 자기의 일격의 실패를 느낀 후에 반응을 감지(感知)하기 위하여 패리를 하면서 상대의 무기(찌르기, 또는 발차기)를 실제로 취하는 요령도 해보면 좋다.

▶ 연습법 ◀ *Exercises*

●스승은 목표물의 서로 다른 부분을 향해 타격하는 법이나 찌르기를 지도한다. 제자는 이 동작들을 따라서 이행하다가 스승이 멈출때 자신의 동작도 멈추고 진정한 공격에 대하여 패리를 실행한다. 다음, 스승은 같은 일을 반복하지만 제자는 그의 동작을 따르지 말고 다시한번 패리는 오직 진정한 '스트라이트'나 '찌르기'가 도달했을때에 취해야 한다. 이 순서는 제자로 하여금 오직 최후의 순간에 패리를 실행하게끔 가르쳐 준다.

팰링은 타이밍에 의지하고 있는 가벼운
움직임이다.

● 상대의 단순패리에 대하여서는 이탈과 동시에 다른부분을 공격한다.

● 비이트를 가하기 위하여 상대의 패리를 유도할때는 손을 옆으로 너무
내지말고 표적을 차단할만큼만 움직인채 찔러야 할것이다.

● 반원형(半円形)의 패리는 상단에서의 동작이 한창 진행중에 하단으로
향해지는 공격 또는 그 역공격 받아 흘린다.

● 하단 외측의 제8의 자세나 하단 내측의 제7의 자세의 패리는 하단
을 노리는 공격의 방어에 쓰여지지만 전략적인 이유에서 상단 외측의 제
6 또는 상단 내측의 제4 자세에서의 패리의 대용을 할 수가 있다. 펜
싱의 패리를 연구해야 한다.


● 매우 재빠르다든지 또는 키가 큰, 혹은 무기를 가진 상대일 경우에는
뒤로 한발 빼면서 패리를 행하여야 한다. 이 경우 빼는 일보와 패리의 동
작은 동시에 이루어져야 한다. 또 방어를 위한 일보 후퇴는 상대의 공격
동작의 깊이에 의하여 조절하면서 패리 또는 리포스트(되찌르기)를 충분
히 가할 수 있을만큼의 간격을 확보하여야 한다.

● 원형의 패리는 공격자의 손목을 감싸는것 같이 하면서 표적에서 벗어나
게함과 동시 원래의 유인의 위치로 되돌아 오게 하는 방법이다. 어깨의
힘을 빼고 최단 거리에서 상대의 찌르기(발차기)를 받아 흘리게하는 방법
으로 단순 패리처럼 재빨리 할 수 없는반면 좀 더 넓은 부분을 지킬 수가
있다.

● 원형 패리는 상단에 있어서의 경우, 상대의 손 하측에서부터 시작되며
하단에서의 경우에는 상대의 손, 상측에서 시작된다.

● 원형 패리를 사용할때에는 최후에 손이 다시 원위치로 되돌아 오게끔
완전히 원을 그리게 한다. 이 경우에도 상대의 무기가 표적을 찌르기 직
전에 만나는 타이밍을 잊어서는 안된다.

● 원형패리는 페인트를 빈번히 사용하는 상대의 리듬을 헝크러지게 하는

목적으로 이용되기도 한다.

● 복합패리는 두개 이상의 같은 또는 다른 패리를 서로 조화시킨 것이다. 이 경우 다음 패리를 행하기전에 하나의 패리를 완성시켜 그때 마다 손을 적절한 위치에 되돌리면서 행한다.

● 상대에게 공격 플랜을 세울 수 없게끔 패리를 혼합하여 변화를 가지는 것이 중요하다. 이 경우 항상 같은 형으로 패리하는 버릇을 가진다면 관찰력있는 상대에겐 이용되는것이 되기때문이다. 여하한 수단일지라도 상대를 현혹시키면서 수행되어야 보다 나은 효과를 얻을 수 있는 것이다.
▷여러가지의 동작을 행하면서 좌우로 피하거나 신체의 위치를 잡거나 하면서 패리 한다.

손목이 목표에서 빗나간 사이, 원(円) 운동의 패리는 공격자의 손목을 감싸고 그것을 유인의 최초의 선까지 되돌린다.

## ■연습
### *Manipulations*

▶ 비이트 ◀ *The beat*

● 상대가 월등 재빠른 위에 페인트에 대한 반응을 표시하지 않을 때에는 비이트를 사용할 수가 있다. 비이트란 상대의 손을 때려 빗나가게 하는 또는 상대의 반응을 얻어낼 목적으로 상대의 손에 대한 재빠른 동작이다.
　통상은 비이트에 대하여 상대가 되받아 치려는 반응을 표시하면 상대의 동작이 우선 앞서는것이 되기쉽기때문에 유리하다.

● 비이트의 찬스는 거리에 의하기 때문에 좁은곳에선 행할 수가 없다. 상대가 종종 불완전한 페인트나 허위공격을 행하여 손의 위치를 연속하여 바꿀때에는 상대의 손이 비이트의 닿는 범위에 들어올때가 많다.

● 비이트의 후에 스트레이트를 가하는것은 성공할때도 있지만 보통 주먹이 뻗은 방향에 방어동작을 일으키게 하기 때문에 직접적인 공격을 가하기를 어렵게 한다. 따라서 비이트 뒤엔 상대의 반응을 이용하는 간접적인 공격 또는 복합공격을 기도하는것이 바람직하다. 비이트 자체는 노오멀 (**normal**)한 방어자세에서 상대의 손이 동작하고있는 방향을 향하여 쳐내진다.

● 비이트는 상대의 손이 가장 접근하였을때 극히 예민하게 행하여야 한다. 상대의 손을 치는 비이트의 목적은 3가지가 있다.
　1. 힘을 이용하여 방어되는 부분을 타개 한다. 예리하면서도 재빠르게 행한다.
　2. 공격의 준비동작으로서 (페인트와 같다) 가볍게 재빨리 행한다.
　3. 상대의 공격을 유도해 낸다. 가볍게 서두르지 않고 행함과 동시 반격이나 패리를 즉시 행할 수 있어야 할것.

### ▶ 바인드 ◀ *The bind*

● 손이 교전하고 있을때 상대의 손을 상단에서 하단, 혹은 그 반대방향으로 비스듬이 가로지르게 하는것을 바인드라고 말한다. 반원형 패리의 요령으로 행하여진다.


### ▶ 크로우스 ◀

● 크로우스는 상대의 손을 상단에서 하단으로, 같은 측으로 내려오게 하는것으로 바인드의 경우와 달리 하단에서 상단으로 수행되지 않고 또 비스듬이 가로지르는것도 없다.

### ▶ 엘벨로프먼트 ◀ *The Envelopment*

● 상대의 손을 원형동작 이용하여 표적에서 일순간 빗어가게 하여 재차 원위치로 되돌린다.

### ▶ 프레샤 ◀ *The pressure*

● 상대의 손을 표적에서 벗어나게하는 목적 또는 이탈하고저 하는 반응을 얻을 목적으로 위에서 누르는 것을 말한다.

● 비이트는 직접공격의 직전, 또는 간접공격을 위해 반응을 얻기 위하여 사용한다. 바인드·크로우스·엔벨로프먼트및 프레샤는 간접공격전에 상대를 묶어두기 위해서 혹은 단순히 반응을 얻기 위하여 쓰여진다.

에너지를 아껴라. 그러나 단호히, 대담하
게, 그리고 한결같이 공격하라.

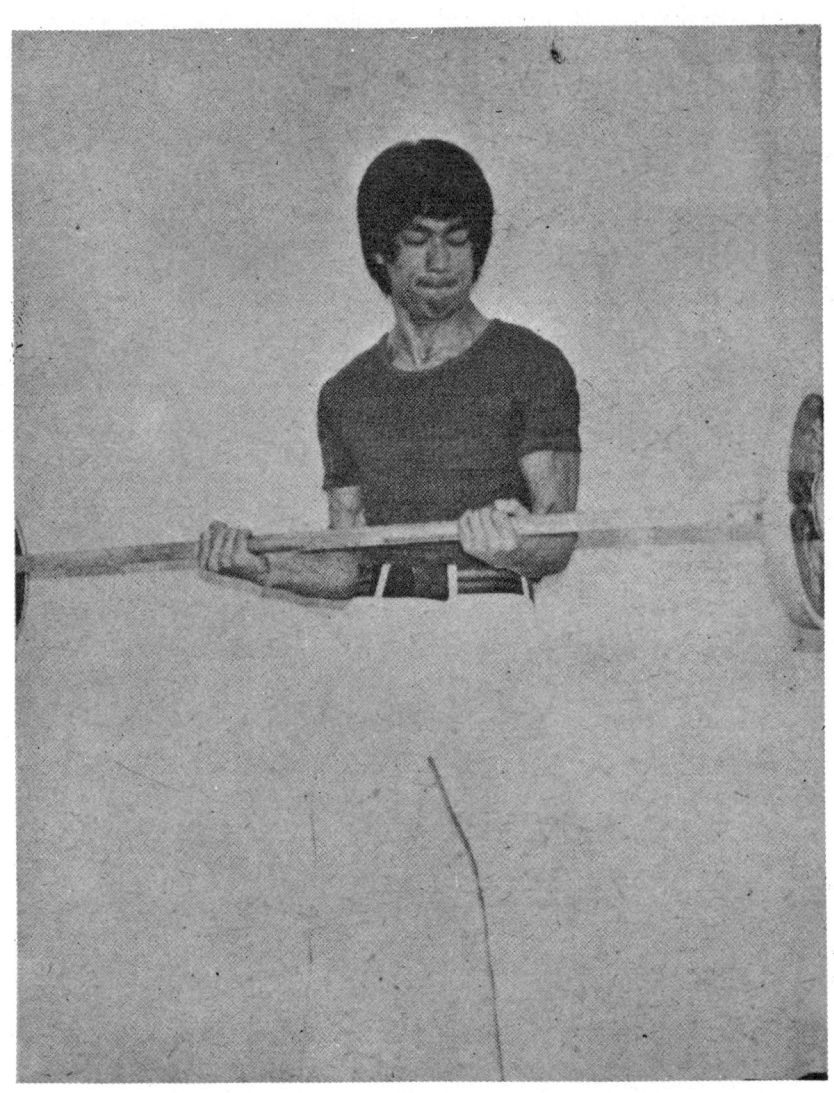

# ■ 변화(変化)의 章

움직이면서 정적(静寂)을 얻자.
영원히 요동 하면서
파도밑의 달과 같이.

최단거리로 찌르기를 목표에서 떨쳐 버려라.

# ■ 거리
## *Distance*

● 거리란 끊임없이 변화하는 관계이며 두 투사의 스피드, 기민성, 그리고 의지에 의하여 좌우된다. 가까이 접근함으로써 상대를 칠 수 있는 찬스가 증대되는것을 노리는 연속적인 진지이동인 것이다. 적절한 격투거리를 유지하는것은 격투의 결과에 결정적인 영향을 주는것이 되기때문에 반드시 그것에 대하여 습관을 길러야 한다.

● 서로의 거리를 좁히거나 벌릴거나 하는것은 손발의 여러가지 동작과 동시에 이루어 지지않으면 안된다. 상대의 공격거리 내에서 일정한 시간 싸울 수 있다는것은 자기의 스피드와 동작이 압도적으로 상대보다 뛰어났을 경우에만 안전한것이다.

● 방어태세를 갖추기 위하여서는 약간 뒤로 물러나는것이 너무가까운것 보다 좋다. 아무리 재빨리 패리를 할 수 있다 하더라도 적절한 전후의 조치가 갖추어져 있지않는 경우라면 선(先)을 취하는 쪽이 유리하기때문에 상대에게 공격찬스를 주지않는쪽이 좋다. 이와같이 아무리 정확하고 스피드에 뛰어난 공격을 능률적으로 가할 수 있다 하더라도 서로의 거리를 올바르게 보지못한 경우는 실패로 끝나버리고 만다.

● 격투거리란 파이터가 상대에 대하여 취하는 거리이지만 이 경우 상대가 충분히 스텝을 밟고 들어오지 않는다면 무기가 닿지않는 폭을 말하는것이다. 모든 파이터는 우선 자기자신의 격투거리를 알지않으면 안된다. 그런 후에 자기의 스피드와 민감함에 다분히 의지하는 것이다. 즉 자기를 항상 상대의 단순공격이 닿지않는 장소에 두면서도 반면 언제라도 조금만 스텝을 밟고 들어가는것 만으로도 강력한 공격을 상대에게 먹일 수 있는 가까움을 유지해야 하는것이다.

● 격투중의 파이터가 쉴새없이 움직이고 있는것은 자기의 거리를 잘 알고

상대에게는 그것을 분간못하게 하려고 시도하고 있는것이다. 또 그렇게 함으로써 자기로서는 가장 좋은 상태의 간격(거리)을 얻는 찬스를 많이 가지는것이기도 하다. 따라서 항상 반사적으로 적당한 거리를 유지하는것이 가능하게 노력하여야 한다. 본능적인 거리를 좁히고, 벌리는 동작은 극히 중요한 일이다.

● 이와같이 방어가 굳은투사는 자신을 언제나 상대의 공격거리의 약간 바깥쪽에 두어 허점을 보면 스스로 스텝을 밟고 들어가든가 혹은 상대가 전진하는 순간을 미리 찾아내어 공격할 기회를 엿보고 있는것이다. 벽으로 몰아넣어 상대의 후퇴를 차단하거나, 스스로 물러나서 상대의 전진을 유도할 수도 있다.

● 펜싱의 경우, 대부분의 검사(劍士)는 공격준비를 할때 혹은 상대의 공격을 피하고자 할때 교차로 전진하거나 후퇴하거나 하지만 파이팅에 있어서는 이것은 좋지않다. 공격때의 전진 혹은 후퇴는 바운드(bounds) 등으로 불규칙적인 거리로 상대가 눈치채기전에 재빨리 행하여 지지않으면 안되기 때문이다. 이 방법은 우선 상대의 자동적인 동작(뒤로 물러나는 반사도 넣어서)에 대처할 수 있게끔 갑자기, 또한 급속하게 공격을 가하는 것이다.

● 교묘한 발차기나 찌르기의 기술은 정확한 거리를 판단하는 기술인것이다. 공격은 직전에 상대가 있는 거리를 재어봄으로써 이루어지는것이 아니라 상대가 이쪽의 공격을 알아차리고 동작한 결과를 노려서 가하여 지는것이다.

● 엄밀하게 말하면 공격을 넣는순간에 정확한 거리가 이루어져 있지않으면 좀처럼 성공은 어렵다. 패리의 경우, 상대의 찌르기가 바르게 끝나려고 하는 순간의 타이밍을 놓치지 않는것이 성공률을 높이는것이 된다. 또 패리를 행함과 동시에 뒤로 너무 빼면 리포스트를 가하는 많은 찬스를 잃는것이 되어버린다. 거리를 정확하게 취할것과 타이밍과 캐던스를 적절하게 조정하는 것은 반격할때의 불가결의 요소이다.

● 펜싱의 달인(達人) 마르셀리(Marcelli)는 말하였다. 「템포나 거리를 미리 알아야할 필요가 있느냐, 없느냐는 철학자의 문제이고 검사(劍士)가할 말이 아니지만 그래도 검사는 템포와 거리를 동시에 관찰할 필요가 있다는것은 아무런 의심할 여지조차 없는 사실이다. 더구나 표적을 찌르고자

패리를 혼합하여 변화를 줘라. 그렇게하
면 적이 공격을 굳힐 수가 없다.

할때에는 그 두가지에 대하여 동시에 응하지 않으면 안되는것이다.

● 또, 격투거리는 보호되지않으면 안되는 표적 (상대가 강조하는 목표물)
의 크기, 더우기 상대가 가장 용이하게 도달할 수 있는 몸의 부분에 의하
여 좌우된다. 앞 정강이는 가장 공격받기 쉬울뿐더러 항상 노림을 받고있
는 곳이다. 따라서 상대가 신니・킥을 잘한다고하면 특히 이 경우에는 앞
정강이에서 정강이까지의 상대의 길이에 의하여 스스로의 거리를 조절해
야 할것이다.

● 정확한 거리가 확보 되었을때에는 순간적인 에너지 폭발과 스피드를 수
반하여 공격을 이루어야 할것이다. 항상 몸자세가 갖추어진 파이터는 순
간적으로 행동을 개시할 수 있기때문에 상대에게 우선을 빼앗기는법 없이
교묘하게 그 기회에 편승할 수 있는것이다.


▶ 공격의 거리 ◀ *Distance in Attack*

● 원칙
  1. 떨어져 있는곳에서 가장 가까운 표적을 찌르는 가장 재빠른 방법은
     가장 긴 무기를 사용하는 것이다.
     예 : 발차기의 경우는 비스듬함을 수반하여서의 리이드・신니・사이드
         킥
         수기(手技)의 경우는 눈을 찌르는 횡거・잽, (무기의 페이지를 참
         고하면 좋다)
  2. 능률적인 (상대에게 신호를 주지않는) 개시가 가능한 거리를 사용한
     다 (잠재적인 원동력의 훈련을 하여 본능적으로 행한다)
  3. 동작의 용이를 장려하는 바른 방어자세를 취할것 (小局面膝屈자세를
     이용한다)
  4. 적절한 거리 (간격)를 얻기위한 끊임없는 풋・워크의 이동을 행한다.
     (불규칙한 리듬을 이용하여 상대의 거리를 혼란시킨다)
  5. 상대가 육체적 혹은 정신적인 약점을 보이는 순간을 잡을것
  6. 폭팔적인 관통(貫通)을 위하여 바른거리를 취한다.
  7. 신속하게 회복할 수 있을것, 또는 적절하게 다음처치를 행할 수 있
     을것
  8. 항상 빼놓을수 없는 원칙은 용기와 결단력이다.

▶방어의 거리◀ *Distance in Defence*

● 원칙
1. 훌륭하게 통합(統合)된 발차기와 민감한 「기-氣」를 활용할것
2. 상대의 관통(貫通)길이를 정확하게 판단할것과 상대의 연장되어오는 무기를 받는것 같은 느낌으로써 반박자를 이용할것.
3. 바른 방어자세를 써서 동작의 용이를 기할것 (小局面膝屈자세를 써서)
4. 자세를 무너뜨리지않고 동작중에 유지하는 통제된 밸런스를 잃지 말것피할 수 있는 방법을 연구할것

올바른 기회는 틀림없이 기다리고 있을것이고 또한 틀림없이 잡히고 말것이다.

# ■ 풋 · 워크
## *Footwork*

● 본능적인 거리감은 민첩하게 또한 원활히 움직여 돌아가야 발달하는 것이다.

● 파이터의 테크닉은 풋·워크의 좋고, 나쁨에 달려있다. 파이터는 적절한 풋·워크를 이용하여 필요한 자세를 갖지않으면 손이나 발을 능률적으로 동작할 수가 없는것이다. 발움직임에 느린 사람은 펀치나 킥에도 느린 것이다. 풋워크의 기동성과 스피드가 펀치나 킥의 스피드를 선도하는 것이다.

● 절권도에서는 이 기동성, 즉 모빌리티(mobility)를 확실하게 강조한다. 격투란 표적을 발견한다 또는 표적이 안되게 하기위한 작업, 즉 이동의 본질을 수반하는 것이다. 절권도에서는 동작을 행하기전에 3년간이나 형식적인(型式的) 새(鳥)의 자세로 구부리고 있는것 같은것은 결코없다. 이와같이 불필요하고 피로를 초래하는 자세는 근본적으로 정지상태 속에서 견고함을 찾아 헤메는 결과이며 실제로 아무 소용도 없는것들이다. 절권도에 있어서는 실질적이고 용이하며 생명에 가득차 있는 동작속에서 견고함을 찾아내는 것인것이다. 따라서 동작의 기본인 풋워크의 경쾌함과 기민함이 중요하다.

● 연습중에는 자기의 거리엔 확신을 가지고 연습상대가 거리를 잘못 판단하게끔 쉴새없이 움직이는 일이다. 실제로는 앞으로 스텝을 밟고 들어가거나 물러서거나 하는 보폭(步幅)에 조절되는것이 된다. 숙달된 사람은 상대가 닿지못하는 거리에 자리하고서도 상대의 허에 편승하여 즉시 공격을 가할 수 있는 몸자세를 유지하는 것이다. 이렇게하여 그는 기본거리를 언제나 취하면서 민감한 거리감과 타이밍으로서 상대의 공격이 도달 못하는곳에 자리하여 상대를 자기도 모르는 사이에 가까이 오게하며 이쪽의 생각하는대로 하는것이다.

● 기동성은 방어에 있어서 빼놓을 수 없는 요소이다. 이것은 단순히 움직이고 있는 표적편이 치기도 어렵거니와 찌르기에도 어렵기 때문이다. 발놀림에 뛰어나 있으면 어떤펀치나 발차기도 깰 수가 있는것이다. 풋워크에 숙달한자는 상대의 공격을 피하기 위하여 팔을 사용하지 않아도 되는 것이다. 교묘하고 타이밍이 좋은 동작으로 옆으로 스텝을 밟고 나가거나 빠져나가거나 하면서 대부분의 발차기나 펀치를 완전히 피할 수가 있기때문에 반격용의 무기를 실수없이, 밸런스를 유지하고 에너지를 절약할 수 있는것이다.

● 더구나 아무리 미소(微少)하다고 하더라도 움직이고 있는쪽이 정지하고 있는쪽보다 동작하기 쉽고 재빠르게 행동할 수 있는것이다. 따라서 장시간 같은 자세, 혹은 위치에 머무는것은 좋은생각이 아닌것이다. 항상 민첩하게, 적게, 또한 변화무쌍한 보폭으로 거리를 좁히거나 벌리거나 하여야 한다.

● 절권도의 발놀림은 최소한의 동작으로서 가장 단순한 방법으로 행하는 것이 이상적이다. 덩달아서 발끝으로 선다든지 멋진 복서처럼 춤추듯이 돌아가는 행위는 하지말아야 한다. 허점이 없는 풋·워크는 스피드를 촉진할뿐만 아니라 아주 작은 움직임으로써 상대의 공격을 피함과 동시 자기에게 유리한 기회를 이용하여 훌륭하게 싸울 수 있는것을 보증한다. 무엇보다도 중요한것은 풋 워크가 용이하고 자연스러울것. 양발의 간격은 무리나 거침이 없는 개인적으로 편한 폭일것이다. 전통적이고 형식적인 풋워크는 실용적이 아니라는것을 알아야 한다. 훌륭한 투사는 순간적으로 사방팔방, 어느방향에 대하여도 기민하게 움직여야 한다는것을 알아두어야 한다.

● 격투에서 요구하는것은 동작의 묘(妙)이다. 움직이는것은 방어, 기만, 공격을 위한 적당한 거리를 얻기위한 수단일뿐 아니라 에너지를 절약하는 수단이기도 하다.

● 발놀림은 이탈하여 타격을 먹는것을 피하게하며 포위에서 도망갈 수 있게 또는 강타자에게 강렬한 펀치를 무익하게 행하게 하여 에너지를 소비하게 하여주며 이런 역활외에도 펀치에 활기를 가하게 하여준다.

● 풋 워크의 최고단계는 발차기와 찌르기의 통합(統合)이다. 교묘한 수기

바인트, 크로우제, 엔피로프먼트, 그리고 프레서는 주로 간접공격에 우선 하는 트래핑의 요소이다.


(手技)와 신속하고 강렬한 발차기는 주로 밸런스가 잡힌 기동성있는 토대에 달려있는 것이다. 풋 워크가 없는 파이터는 이동할 수 없는 대포나 사건이 없는 경찰관과 다를바 없는 것이다.


● 격투의 올바른 양식(樣式)은 전체적으로 자연적이면서도 타격의 스피드와 위력을 보장함과 동시 완벽한 방어를 갖추고 있는 것이다.

● 올바른 풋 워크는 행동중의 밸런스를 의미하고 여기에서 타격의 파워 및 상대의 타격을 피하는 능력이 생겨나는 것이다. 모든 동작이 수족, 뇌의 통합에서 이루어지는 것이다.

● 투사의 발바닥은 결코 전부가 바닥에 닿는일 없이 마치 강한 용수철같이 지근부(趾根部)로 지면에 닿아있고 상황에 따라서 가속도, 감속도 할 수 있는 준비가 갖추어져 있다.

● 발을 교묘하게 책동(策動)에 활용하여 밸런스가 잡힌 동작을 공격과 방어 사이에 조화시킬 것. 결코 냉정을 잃지 않는것이 중요하다.
　▷ 토대(土台)가 「기-氣」에 민감할 것
　▷ 생명에 차있고 자연적일것
　▷ 본능적으로 적절한 거리를 유지(거리감과 타이밍)
　▷ 신체의 바른위치를 유지

　▷ 밸런스가 잡힌 자세를 유지

● 자기자신의 풋 워크만이 아니라 상대의 풋 워크도 풀로 활용하는것이 사실적으로 가능할때에는 상대의 전진, 후퇴의 습성을 꿰뚫어 볼 수 있다. 자기의 보폭이나 스피드를 상대가 알아차리지 못하게 항상 변화시켜야 하는 것이다.

● 더우기 무기의 연장도 변화시켜서 상대의 공격이나 준비동작의 타이밍을 재어보기 어렵게 하는 것이다. 거리에 민감한 상대, 혹은 공격이 닿기 어려운 상대에게는 연속적으로 후퇴하면서 보폭을 작게하거나 상대가 스텝을 밟고 들어오는것을 무조건 공격한다. 또 일보 앞으로 내딛인 후 계속이어 물러나게 함으로서 상대를 유도하여 상대가 한두걸음 전진하게하고 발을 바닥에

서 올리자마자 상대의 일보 안으로 스텝을 밟고 들어 가며 공격할 수도 있다.

● 어느때에 전진하고, 어느때에 후퇴하여야 할것인가를 아는일은 어느때에 공격을 할것인가 또는 어느때에 방어하지 않으면 안되는가를 아는것이다.

● 숙달된 사람은 중요한 공간(空間)의 관계를 훔치거나, 만들어 내거나, 변경하거나 하여 상대를 혼란시킬 수가 있다.

● 양발을 적절한 위치에 자리하는것은 공격을 위한 피버트로서 소용되며 야구와 같은 위력이 다리에서부터 전하여 오는것같은 스포츠의 경우와 마찬가지로 올바른 밸런스를 가능케하고 눈에 보이지않는 파워를 타격에 가하는것을 가능케 한다.

● 끊임없이 중심을 이행(移行)시키면서 밸런스를 유지한다는것은 그렇게 용이한 일이 아니다. 풋 워크의 감각을 알고 체중을 적절하게 분배하는것이 밸런스와 동작의 기민을 얻을 수 있는 핵심이다. 小局面膝屈스탠스를 잊지말것.

● 발뒤꿈치를 바닥에 붙이지않고 들고 있는것은
  1. 펀치를 가할때에 체중을 재빨리 리이드다리에 옮겨지지만 이 경우 발뒤꿈치가 바닥에서 떨어져 있는쪽이 하기에 쉽다.
  2. 펀치를 먹었을때의 충격은 뒤꿈치로서 몸을 가라앉히는 스프링작용으로 감소된다.
  3. 뒷발의 동작을 용이하게 하여준다.
  ▷ 발뒤꿈치는 파이팅기계인 전신의 피스톤인 것이다.

● 양발은 항상 동체 바로밑에 위치하여야 한다. 전체의 밸런스를 무너뜨리는 원인이 될 수 있는 발동작은 제거해야 한다. 방어자세는 가장 안전한 전신의 밸런스의 하나로 항상 이와같이 유지하고 또한 복귀시켜야 하는것이다. 한발짝 내딛일때마다 체중을 한쪽발에서 다른쪽 발로 옮겨버리는것같은 넓은 보폭이나 발동작을 해서는 안된다. 체중의 이행(移行)이한창일때에는 밸런스가 불안정하게 되므로 그 사이의 공격이나 방어는 별효과가 없다. 이와같은 체중의 이행순간은 상대의 공격에 이용되기 쉬운것이다.

간격(사이)을 좁히거나 넓이거나 하는 것은 손이나 발의 여러가지 동작과 동시에 이루어져야 한다.

秘伝・截拳道의 道

후퇴의 적확(適確)한 보폭이 다음의 공격에 소용된다.

각기 자기자신의 격투수단을 배우는것이
좋다.

후퇴에서도 방어자세를
헝크러 뜨리지 않는다.

秘伝・截拳道의 道

상대에게 밸런스를 잃게하고
다음 공격에 들어간다

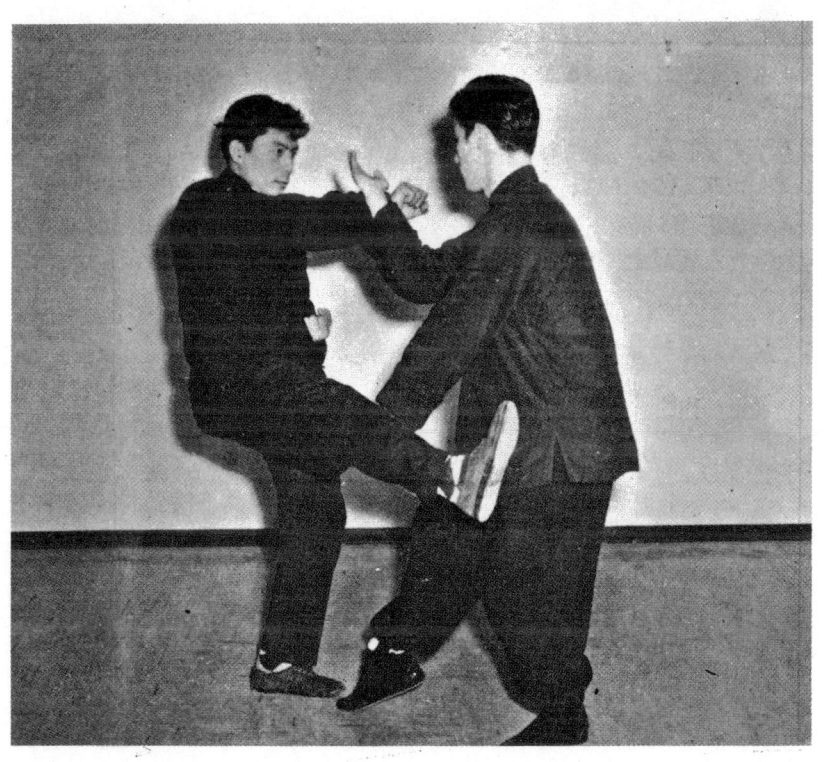

최소의 에러가 공격을 무해(無害)한 것으로 할 수 있다.

항상 밸런스를 유지한다.

秘伝・截拳道의 道

교묘한 중심의 이동으로
공수(攻守)를 역전한다.

올바른 간격(사이)을 얻었을때에 공격은 관철되어야 한다.

● 동작이 진행중일때의 짧은 스텝은 공격에 있어서의 **밸런스를** 보증한다. 따라서 파이터가 전진, 후퇴, 혹은 상대의 주의를 일주 하면서도 공격과 방어의 동작이 제한 받거나 실수없이 끝낼수 있는 것이다. **넓게** 한발움직이는 대신 같은 거리를 작게 두걸음 움직이게끔 마음을 가져야 한다.

● 스탠스를 가볍게 하는것에 의하여 정복하지않으면 안되는것은 관성을 감소시키는것이다. 좋은 풋 워크의 **연습법은 특히** 발의 **경쾌함에** 신경을 쓰면서 섀도우·복싱을 반복해야 한다. **이렇게 하여** 점차로 가볍고 민첩한 동작이 자연히 기계적으로 행하여 지게되는 것이다. 발, 복숭아뼈, 종아리를 사용하는 사교댄서처럼 우아하게 바닥위를 미끄러지듯 움직인다.

● 스피드가 충분한 풋 워크와 앞으로 일보 스텝을 밟고 들어가서 공격하는 습관을 몸에 익히는것은 매우 중요하며 (손을 노리는 공격을 때로는 짜서 맞춘다) 연습에 연습을 거듭하는 일이다.

● 주된 발의 움직임은 다음 4가지이다.
1. 전진
2. 후퇴
3. 右회전
4. 左회전

● 이상의 네가지 풋 워크에는 **몇가지의** 변형(変形)이 있으나 이들은 모두 찌르기나 발차기와 통합되지않으면 **안된**다. 다음에 있는것은 그 중의 몇가지 예이다.
1. 파워드 샤블(전진) (**forward shuffle**)
· 밸런스를 무너뜨리지않고 몸으로 전진할때의 일련의 짧은 걸음을 말하는 것으로 양발을 바닥에서 들어올리지 않고 미끌어지듯이 걷는다. 이 방법은 불의의 공격을 가한다거나 방어동작을 언제라도 행할 수 있는 전진수단이며 기본자세를 항상 유지하는것을 가능케 한다. 또한 이 방법으로서 상대에게 방어반응을 일으키게하여 그 순간의 허점을 이용하여 상대의 리이드를 유도시킬 수가 있다.
2. 백워드·샤블(후퇴) (**Backward Shuffle**)
후퇴할때의 풋·워크는 원칙적으로 전진하는 경우와 마찬가지로 방어의 자세를 무너뜨리지않고 행한다. 양발은 항상 바닥위에있고 공격 혹은 방어의 기(技)를 행할때의 밸런스를 중시한다. 리이드를 유도할것. 상대에게 밸런스를 잃게하여 허점을 만드는것등을 목적으로 한다.
3. 퀵·어드밴스 (The quick advance )
재빠르게 불의에 행하여지는 전진동작이다. 밸런스를 유지하지않으면 안된다. 전신(全身)을 바닥위에 밀착시키는 기분으로 행하며 공중으로 도약하거나 하지는 않는다. 앞발을 넓게 스텝을 밟고 들어감과 동시에 뒷발을 끌어당기는 풋워크이다. 기구를 사용하여 보디필을 습득할것.

4. 스텝파워드·스텝백(The Step forward and the Step back)
공격의 준비수단으로서 간격(거리)을 좁히거나 벌리거나 하는 풋워크이다. 앞으로의 일보는「공격에 적합한 거리를 얻기」위해서고, 뒤로 발을 빼는것은「상대를 적당한 거리내에 유인」하기 위해서이다. 상대를 유인할때에는 허리에서 뒤로 진동하는것같이 하면서 한발 뺄 수도 있다.

▷ 앞으로 밟고 들어가기(스텝파워드)는 페인트(상대에게 동작을 강제시킨다) 혹은 준비동작(거리를 좁히는것등)을 수반하여 행하는 경우, 공격에 스피드를 추가하게 된다. 만약 교전부위(交戰部位)의 방어를 완벽하게 한채 스텝을 밟고 들어가기를 행하면 도중에서 상대가 가하여 올 가능성이 있는 스톱·히트에 대처할 수가 있는것이다.

▷ 스텝백, 즉 뒤로 빼는것은 페인트나 기타의 공격적인 동작에 대하여 뒤로 물러나는 습관이 있다든지 닿기어려운 상대(특히 키가 크고 무기가 긴 상대)의 경우에는 책략적으로 이용할 수가 있다.

▷ 주의깊게 조절된 보폭에 의한 끊임없는 전진이나 후퇴는「운동가의 의도를 감춘다」는 역할을 맡으며 공격용의 이상적인 거리를 얻는것을 가능케 한다(종종 상대가 밸런스를 잃을때).

5. 右회전 Circle Right
右측 앞발(리이드)은 이동하는 선회전(旋回轉—피버트)이되어 적절한 위치가 얻어질때까지 전신을 右로 회전한다. 右足의 제 1보는 필요에 따라 짧게(좁)게도 길(넓게)도 취할 수가 있다. 이 경우 넓게 스텝을 밟고 나가면 그만큼 회전은 커진다. 그러나 이 경우에도 기본적인 자세는 항상 유지되지않으면 안된다. 右手는 상대의 左手의 반격에 대비하여 평상시보다 약간 위로 올려진다. 이 右로 이동하는 풋 워크를 사용하여 상대의 右리이드훅을 무효시킬 수 있다. 그밖에도 左手의 반격을 가하는 몸자세를 갖추기 위해서 상대의 밸런스를 잃게 하는등의 목적을 가진다. 주의해야 할것은 절대 발을 교차시키거나 하지말것,

어떤사람의 기술의 질(質)은 그　사람의
풋·워크에 달려있다.

항상 신중하게 헛됨없이 동작하는 일이다.

6. 左회전 Circle left
　　좌측으로의 회전은 우측으로의 회전보다 작은 보폭에 의한　정확한 움직임을 요한다. 이 풋워크는 右스탠서(Stancer) 左리어에 의한 찌르기가 닿지 못하게끔 신체를 위치하는 외에 좌측으로 이동은 훅이나 잽을 가하기 쉬운 위치에 스스로를 가져가는 것이다. 좌측으로의 회전은 우측으로의 회전보다 어려운 반면 안정성이 있기때문에　많이 이용된다.

7. 스텝인·스텝아웃(The step in / step-out) 공격작전의 개시에 종종 페인트하여 사용되는 풋 워크로 발동작은 언제나 발차기와 펀치의 동작을 수반한다. 최초의 스텝(스텝인)은 곧바로 내측에, 찌르거나 발차기처럼 보이게 하면서 양손을 높이 치켜든채로 스텝을 밟고 들어가 상대가 방어를 조절하기전에, 즉시 밖으로 빼는(스텝아웃)것이다. 스텝인·스텝아웃의 풋워크로 상대를 조종(구술러서)하여 반응이 자동적으로 됐을때에 공격한다.

8. 퀵·리드리이트 The quick retreat
　　재빠르면서도 매끈한 강한 힘의 후퇴동작이며 필요에 따라서는　후퇴를 계속하든가 공격을 바랄때에는 앞으로 스텝을 밟고 들어갈　수가 있다.

▷ 일보 빼는 스텝백을 수반하여 패리를 행할때에는 시간이 없을때이다. 실제로는 후퇴동작의 「시작」에 즉시 뒷발이 움직임과 동시에 패리를 하는것이다.

▷ 상대가 복합공격을 해오는 경우의 바른 통합은 제1의 패리를 리어풋 (後足)의 움직임과 동시에 다음의 패리(단일 또는 복수)를　리이드풋 (前足)의 뺌과 동시에 행한다.

▷ 빼기(스텝백)의 동작을 최초로 행할때에는 앞으로 스텝을 밟고　들어가기와 동시에 공격이 「준비」된 때로서 「이루어진」때는 아니다.

▷ 재빠른 풋워크는 교묘한, 리이드를 가진자에게는 그리 어려운일이 아니지만 요는 연속하는　힛·앤드·어웨이　(Hit and away)이다. 상대가 스텝을 밟고 들어옴과 동시에 리이드에 의한 방어의 찌르기로서 만났다가 즉시 물러나는 것이다. 상대가 계속하여 위협하여　온다면 같은 동작을 반복하면서 링의 주위에서 후퇴를 계속하는 것이다. 이때, 때때로 일단정지 하면서 상대에게 스트레이트·리이드 혹은 스트레이트·리어 또는 두가지 모두 가하면 좋다

▷ 「후퇴하면서도 치는것」에 성공하기 위 하여서는 올바른 거리판단과 재빠름은 물론 불의에 그의 후퇴를 멈출 수 있는 능력이 필요하게 된다. 흔히 범하기 쉬운 과오는 확실하게 멈추고 행하지않고 후퇴도중에 공격을 가하는 행위다. 체중을 우선 앞으로 옮기고 발을 벌린 후 공격을 가하든가, 발이 후퇴하고있는 사이에 순간적으로 체중을 앞으로 옮기는것을 익힌다.

▷ 방어에서 공격으로의 바뀜, 혹은 그 반대의 경우에도 신속하게 행하는 연습을 할것.

▷ 공세(攻勢)에 있건 후퇴중에 있건간에 상대에게 있어서 가장 어려운 표적이 되게끔 주의하는것을 잊어서는 안된다. 또 곧장 앞으로나 곧장 뒤로만 결코 움직이지 않게한다.

▷ 풋 워크를 써서 상대를 피하거나 책동할때에는 반격할 수 있게끔 상대의 가까운곳에 있어야 한다. 가볍게 동작하고 마치 바닥이 조약판(跳躍板)이기라도 한것같은 느낌으로 언제라도 펀치나 발차기(공격 반격)를 가할 수 있는 준비가 되어있지 않으면 안된다.

▷ 상대의 발차기로 후퇴하는것은 상대에게 거리의 여유를 주는것이 되기때문에 때로는 좁혀 들어가서 상대의 준비를 억제하고 스톱히트의 기회를 얻는것이 현명하다.

9. 사이드·스테핑 Side stepping

사이드스테핑은 공격하기 쉬운 유리한 위치에 옮길 목적으로 밸런스에 지장이 없게끔하면서 체중은 이행(移行)하여 발을 바꾸는것을 말한다. 곧바로 돌진하여 오는 무기를 피하고 상대의 공격거리상에서 재빠르게 탈출하는 수단이다.

▷ 사이드스테핑은 안전하고 확신을 가질 수 있는 유익한 방어수단이다. 상대가 공격을 개시하려고 할때마다 움직여서 상대를 초조하게하여 실제의 공격을 피하는 수단이다. 더우기 반격을 가할 목적으로 상대에게 허점을 만드는 수단이기도 하다.

▷ 사이드스테핑은「파워드·드롭」이라고 불리기도 한다. 전방으로의 상체의 기움과 함께 행할 수가 있다. 이것은 머리를 내측에 보호하고 손은 상대의 鼠蹊部(groin)를 찌를 수 있는 높이로 올리든가 두 주먹의 훅공격을 행하든가하여 상대의 발을 스탐프(Stomp)할 수 있는 몸자세를 만들어 낸다. 이 전방에로 상체를 떨어뜨리는「포와드·쉬프트(forward shift)」혹은 별명「드롭·쉬프트(drop shift)」는 내측 또는 외측의 방어위취를 얻기위하여 사용할 수가 있기때문에 근접전이나 교전(엉켜싸우는)에서 편리한 테크닉이다. 드롭·쉬프트는 또한 반

절권도에 있어서 사람은 움직임속에서 견
고함을 본다. 그것은 진실이며 즐겁고 민감
하다.

격수단이기도 하다. 이 테크닉은 타이밍과 스피드와 판단력을 요하며
잽, 스트레이트, 리어 및 좌우 훅과 조합할 수가 있다.
▷ 같은 스텝을 이용하여 真橫(左, 右) 혹은 뒤로, 필요에 따라서 동작하
는것이 가능하다.
▷ 요령있게 행하여지는 사이드스테핑은 보기에도 좋을뿐만 아니라 여러
종류의 공격을 피하는 수단이기도 하며 상대가 전혀 예기치 못할때에
반격을 가하는 수단이기도 하다. 사이드스테핑은 더킹 —ducking (신체
를 가라앉힘) 이나 슬리핑 (살짝 빠져 피함) 과 같이「느린동작에서 신
속하게 동작하는 것이다」。즉 상대의 공격이 닿기직전에 右 혹은 左
로 재빠른 일보(一步)로 피하는것이다.
▷「대개의 경우, 움직이고자하는 방향에 가까운 발을 먼저 옮기는것이
통례이다」。또 그 동작을 될 수 있는한 신속하게 행하려면 발을 밟
아내기(떼기) 직전에 신체를 그 방향으로 먼저 움직이는 것이다. 뒷발
은 빠르게 스스로 쫓아가는 것이므로 상대의 찌르기를 사이드스테핑
으로 대할때에는 즉각 회전하여 상대가 통과하는 순간 반격을 가한다.
▷ 상대의 공격동작의 신호(낌새) 를 보기전에 사이드스테핑을 하면 상대
의 훅 또는 스윙 (휘둘러치기) 을 먹을 수 있는 경우도 있으므로 주의
해야 한다.

10. 右사이드스테핑 (Sidestepping right)
우측 앞발을 우측 전방, 대략 18인치정도 에민하게 가져간다. 좌측 발
을 같은만큼 움직이면서 우측 발의 뒤로 가져간다. 이때·상체를 左로
흔드는것 같이하여 右측을 좀 더 전방으로 상대의 左리어 가까이에
가져간다(상대로 右스탠스일때). 이 때문에 右에의 사이드스테핑은
左로의 사이드스테핑만큼 많이 사용되지는 않는다. 대부분의 위핑, 또
는 사이드스테핑은 左측으로 행하여짐으로써 상대의 右리드 가까이
左리어로부터는 떨어진 위치에 스스로를 가져오는것이다. (右 스탠스
대 (对) 左스탠스의 경우는 당연하게 상황이 달라진다).
▷ 때에 따라서는 단순히 위핑의 방향을 바꿀 목적으로 右사이드스테핑
을 사용한다. 또한 더욱 드물게는 상대의 右리드를 피하여 그 내측
에 들어가서 左반격을 먹이는 목적으로 쓰여지기도 한다. 즉 좌권(左
拳)으로 상대의 동체를 찌르기위해 쓰여지는 것이다.

11. 左사이드스테핑 (Sidestepping left) 기본 右스탠스의 자세에서 左
足을 대략 18인치가량 左측 전방으로 민첩하게 움직인다. 이 동작으
로서 상대의 右잽의「외측」으로 나갈 수가 있다. 左로 밟고 나감과
동시에 신체의 左측이 앞으로 흔들려 나감(내어짐)으로써 右측은 뒤

로가게 되므로「상대의 우측옆 배쪽으로 회전하는것이 된다」. 이 반원형 동작을 완료한 뒤에는 다시 들이 통상의 자세가 된다.

▷ 상대의 右리이드를 피하기 위하여 左로 사이드스테핑 하였을 경우는 스텝의 방향(즉 左)으로 신체를 흔들고 머리를 수그릴것이다. 상대의 右측손은 머리위를 스쳐 우측 어깨 방향으로 지나가게된다. 이때 즉시 상대를 향하여 우측으로 회전하여 노출된 우측면을 이용하여 左手로 동체를 찌르든가 재빨리 턱을 공격 한다.

▷ 중요한것은 움직이고자하는 방향에 가까운 발을 먼저 움직이는 것이다. 그리고 모든 수技에 있어서의 동작은 발동작보다 빨리 행하여질 것. 항상 기본적인 자세(스탠스)를 유지할것. 동작은 원활하게 행하고 양발의 간격을 적절하게 취할것 등이다.

● 다음 요소를 포함하는 풋 워크를 조사하여 볼것.
 1. 중립(中立)에 있어서의 전체적인 보디필과 컨트롤
 2. 항상 공격 혹은 방어가 가능한가
 3. 어느방향에도 용이하고 자연스럽게 움직일 수 있는가

절권도에 있어서의 풋·워크는  단순화를
목표로 하는 경향이 있다.

   4. 동작의 모든 단계에 있어서의 능률적인 지레작용의 응용
   5. 항상 최고의 밸런스가 취해져 있나
   6. 어느 부분도 피할 수가 있는가, 적절한 거리

● 다음 경우 풋 워크의 작용과 필링(Feeling)을 실험하여 볼것.
   1. 상대가 돌진하여 올때, 탈출가능한 풋 워크
   2. 상대가 칼같은것을 가진 경우와같이 접촉점(接触點)을 피하는 풋워크.

● 풋워크의 최종목적은 상대의 공격을 재빨리 하고난 후 그것을 피하고 반격하는 것이다.
● 풋워크의 기동성과 재빠름, 거기에 수행의 스피드가 절권도의 본질이
이다. 풋워크의 훈련을 거듭 쌓아올릴것.
   1. 줄넘기(자신의 체중을 어떻게 가볍게 하는가를 터득한다), 권투연습(타이밍과 거리를 익힌다)또는 새도우 킥복싱(Shadow Kich Boxing)
   2. 런닝(다리를 강화하여 능률적인 책동(策動)을 위한 끊임없는 에너지의 보급)
   3. 중허리로서 구부린 자세에 의한 체조와 원숭이와 같은 동작의 훈련(신체를 숙이고 걷는것과 같은 운동에 의해 다리의 컨트롤을 증가 시킨다)
   4. 유연성을 얻기위해 교차와 다리벌리기를 통합한다.
   ▷어떠한 단순한 찌르기라 하더라도 공격용, 방어용의 구별없이 풋워크를 수반하여 트레이닝 한다. 일격을 넣을때에는「직전, 진행중, 직후」에 전진하거나 후퇴하거나 하는 훈련을 할것. 이렇게하여 본능적인 거리감을 자신의 것으로하여 크게 기동성을 높인다.

● 여러가지의 풋 워크를 다음사항을 수반하여 연습할것.
   1. 발차기의 기구
   2. 수기(手技)의 기구
   3. 방어의 손, 혹은 무릎의 포지션(Positions)

## ■몸동작 (몸갸누기)
### *Wasiveness*

● 격투에 있어서는 패리를 빈번히 (특히 손에의한) 쓰지만 그러나 풋워크를 이용한 몸동작을 방어에 이용하는것이 좋다.

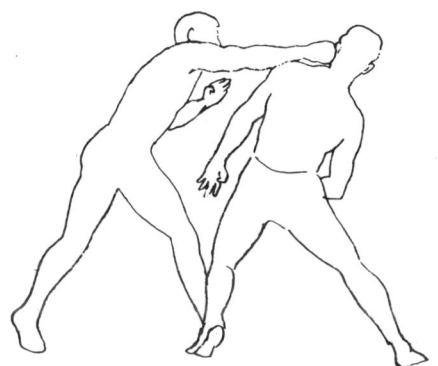

모든 움직임은 손, 발, 그리고 두뇌의 조
정을 포함한다.

▶슬립◀ *Slipping*

● 슬리핑(슬립)은 상대의 타격을 거리를 바꾸지않고 피하는 수단이다. 주로 스트레이트·리이드에 의한 공격 혹은 반격에 대처하는 수단으로 정확한 타이밍과 판단을 요하고 최대효과를 얻기 위해서는 신체의 동작을 상대의 일격이 아주 적은 차이로 피하여질 정도로 행하는것이다.

● 左右 어느쪽의 리이드도 슬립할 수가 있다. 실제로는 상대의 앞쪽 손을 슬립하는쪽이 안전하기때문에 많이 쓰여진다. 상대의 리이드(左또는右)의 외측에 드롭(신체를 기울이는)하는 아웃사이드슬립은 반격에 대하여 방어하는 능력을, 상대에게서 뺏아버리는것이 되기때문에 가장 안전하다.

秘伝・截拳道의 道

● 슬리핑은 양손을 공격용으로 자유로이 두어 두기때문에 극히 중요한 테크닉이며 카운터파이팅을위한 가장 기본적인 기초라고 말할 수가 있다.

### ▶좌라이드対 내측스립◀ Slipping inside a left lead

● 상대가 左스트레이트를 넣어올때 右 어깨와 상체를 左측으로 재빨리 회전시켜 체중을 리어의 좌측 다리에 떨어뜨린다. (그림)이때에 左足은 그대로 두고 우측 어깨를 내측으로 선회한다. 이렇게하여 상대의 左수가 우측 어깨위를 스치고있는 사이에 내측의 방어자세를 갖춘다.

(opponent in left stance)
連環線中

289

자세를 가볍게하라. 그렇게하면 극복하여
야 할 불활동(不活動)의 힘은 보다 감소될
것이다.

▶ 左리이드対 외측슬립◀ **Slipping outside a left lead**

● 상대가 左스트레이트·리이드를 넣어올때 좌측 어깨를 앞으로 흔들어 내는것같이 하여 체중을 右전방의 다리에 옮겨서 左 어깨위를 스쳐 지나가게 한다. 동시에 右足으로 짧게 右 전방에 밟아내면 동작이 용이해진다. 양손은 방어위치에 높이 치켜올린다.

(opponent in right stance)
連環綴冲

▶ 右리이드対 내측스립◀ **Slipping inside a right lead**

● 상대가 右스트레이트·펀치를 가하여올때 상체를 약간 우전방으로 기울이면서 체중을 右足으로 옮긴다. 左측 어깨를 째빠르게 전방으로 내고 상대의 펀치가 左 어깨위를 스쳐 지나가게끔 한다. 左측의 허리는 내측으로 회전되며 左 무릎은 약간 굴곡하게된다. 내측의 포지션은 공격에 좋다.

머리는 슬립이 지나치게 좁을때에만 별개로 움직일것. 통상 어깨의 회전이 자연히 머리로 이동되기때문에 부자연스럽게 머리를 기울여서는 안된다.

▶右리이드對 외측슬립◀　*Slipping outide a right lead*

● 상대가 右리이드를 넣어올때 체중을 右足에 떨어뜨리고 右어깨와 상체를 재빠르게 右로 돌린다. 右足은 그대로 두고 左측 발끝이 내측에 피버트한다. 右手는 약간 下方이 되지만 상대의 보디를 찌르는 어퍼컷을 할수 있는 포지션을 유지하고 左手는 높이 右어깨 가까이까지 치켜올려 턱에 반격을 가할 수 있게 한다.

● 또 한가지 방법은 체중을 左足에 옮기면서 右측 뒤꿈치를 外측에 피버트하고 右어깨의 상체를 左로 회전시켜야 하는 것이다. 右手는 이 경우에도 약간아래로 치켜들고 左手는 右어깨 가까이 높이로 치켜든다.
　▷ 항상 슬립과 펀치를 동시에 행하는것을 시험해 본다. 특히 전방에 움직일때는 잊지말아야 한다. 상대의 펀치 내측에 밟고 들어가서 가하는 타격은 상대의 펀치를 블록(block : 방어) 혹은 패리하여 반격하는 타격보다 강한것이 된다.

● 슬립의 성공은 때에 따라 뒤꿈치의 작은 동작에 달려있다. 예를들면 상대의 리이드가 左어깨 위를 스치게끔 右로 슬립할때에는 左측의 뒤꿈치는 바닥에서 떠나 외측으로 피버트한다. 그것에 의하여 체중은 右足으로 移行되어 어깨를 회전시켜 자연히 반격을 가하기에 적합한 포지션을 만들어 낸다.

● 左에의 방어를 위한 움직임을 수반하여 상대의 리이드를 右어깨위에서 스치게 하기위해서는 右뒤꿈치가 같은 모양으로 외측으로 피버트한다. 체중은 좌측으로 移行하여 左어깨가 뒤로 되므로 右훅의 반격을 가하는데에 적합한 포지션이 된다.
　▷ 상대의 타격을 위에서 피하는 어깨와 피버트하는 뒤꿈치는 "같은 측이다"라고 익혀두면 큰 착오는 범하지 않고도된다. 예외는 「右리이드의 외측에의 슬립」이다.

▶더킹◀　*Ducking*

● 더크는 이쪽의 머리를 노리는 스윙이나 手足의 훅 아래서 몸을 전방으로 드롭(떨어뜨리다)하여 피하는 수단이다. 상대의 펀치나 발차기를 피하면서 반격이 가능한 거리내에 남을 수가 있다. 스트레이트•펀치를 슬립으로서 피하는 것과같이 스윙이나 훅을 더크하여 피하는 것도 필요하다. 쌍방 모두

291

그것은 히트·앤트·어웨이의 끊임없는 진행이다.

부르스·리는 언제나 기본을 중시하였다.

반격을 가하기 위해서는 불가결한 몸가누기이다.


▶스냅 백◀ *The snap back*

●스냅백은 스트레이트·리이드가 돌진하여오는 반대측에 재빨리 몸을휘어 피하는 기술이다. 상대의 팔이 원상태로 돌아가서 힘을 빼자말자 강렬한 반격을 가할 수가 있다. 특히 리이드·잽에 대하여 유익함과 동시 원투(리이드에서 찌른 후 뒤따라 리어로서 찌른다)의 복합공격의 기초로서 사용할 수가 있다.

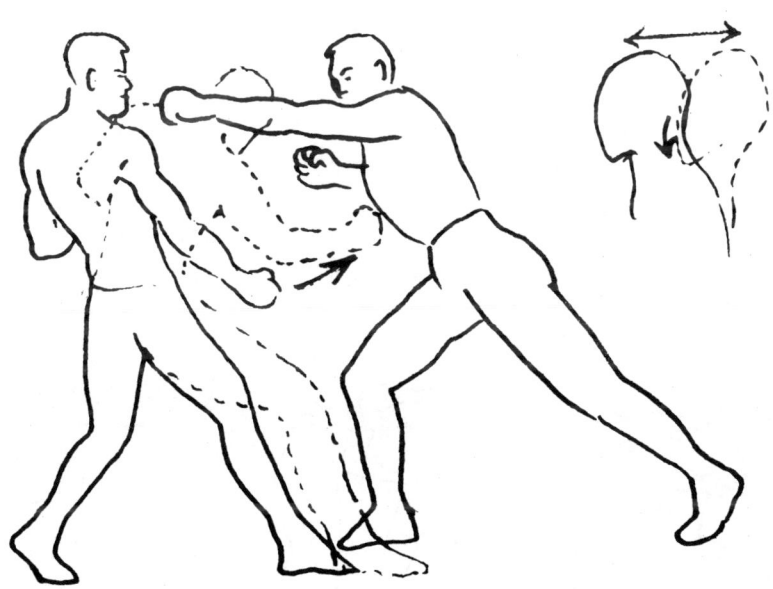

대포를 비치하고 있는 포탑은 적에 대하여 좋은 평행을 갖춘 부단의 위협을 유지하여야 한다.

▶로울◀ Rolling

●「로울」은 상대의 찌르기 따라 몸을 움직이는 것으로서 위력을 없게하는 수단이다.
　▷스트레이트의 찌르기 (발차기)에 대해서 후방으로 움직인다.
　▷훅에 대하여 「左, 右어느쪽인가」에 움직인다.
　▷어퍼컷에 대해서는 「후방외측」으로 움직인다.
　▷해머 (hammers)에 대하여서는 「左측이나 右하방에 원형으로」움직인다.

▶슬라이딩·룰◀ The sliding Roll

●슬라이딩·롤은 재치있는 파이터의 기본적인 요소이다. 거의 본능적으로 상대의 펀치나 발차기가 있을것이라는 것을 느낌과 동시에 뒤로 한걸음 물러나면서 머리를 하方으로 이동하여 만들어진 허점에 반격을 먹일 수 있는 포지션에 머무는것이다.

▶보디·스웨이◀ The Body Sway (보브와 위이브)

●몸을 흔들어, 움직여서 상대가 겨냥하기에 난처하게함과 동시에 위력을 증대하는 (특히 훅의) 수단이다. 양손이 자유스럽기때문에 방어를 한층 굳게하다가도 허점이 보일때면 언제라도 강렬한 펀치를 넣을 수가있다.

●보디·스웨이에서 중요한것은 힘을 넣지.말것 (긴장완화)이며 끊임없이 흔들어 움직이는 상대는 딱딱한 유연성이없는 상대보다 다루기가 곤란하다는 것이다.

秘伝・截拳道의 道

위핑은 적에게 미스를 저지르게 하기 위
함과 양손으로 카운터·어택을 받기 위하여
사용된다.

▶ **보브를 하는방법** ◀ *Mechanics of the bob*
1. 상대의 스윙 또는 훅 아래에 통제가 잘된 한동작으로 몸을 숙인다.
2. 양 주먹은 방어 혹은 공격에 대비하여 상대를 향하여 내측에 유지한다.
3. 보브동작으로 가장 낮은 태세때에도 두 다리는 통상의 펀칭의 자세를 유지한다. 무릎의 굴신(屈伸)을 활용할것.
4. 스트레이트·펀치를 언제라도 피할 수 있게끔 머리와 어깨는 슬립자세를 유지하고 보브의 도중에라도 슬립이 가능한 자세로 있는것이 극히 중요하다.
5. 真下(Straight-down)로의 보브의 경우는 통상, 반격동작을 수반하지 않지만 때에 따라선 사타구니(Groin)를 직접 찌르는것도 가능하다. 위이브하여 약간 늦은 반격을 스트레이트펀치 혹은 훅으로 가하는 쪽이 용이하다.

▶ **위이브** ◀   *Purposes of the Weave*
1. 머리를 「움직이는 표적」으로 하기위하여 左右로 움직인다.
2. 상대가 펀치를 가해올때에 어느쪽으로 슬립을 해야할것인가 망설이게끔 움직인다.
3. 어느쪽의 손으로 펀치를 할것인가 상대를 현혹시키기 위하여 움직인다.

a)

b)

秘伝・截拳道의 道

●위이브는 머리를 노린 스트레이트・리이드의 내측, 외측, 혹은 주위에 몸을 움직이는 것이다. 웨이브는 슬립으로 조합되는 상체와 머리의 左에나, 右에의 원형(円形)동작이다. 이 동작에 의해서 상대의 일격을 피함과 동시에 어느쪽의 손을 사용하여서도 반격을 가할 수 있는 것이다.

### ▶내측 위이브◀ *Weaving to the inside*

●右리이드 펀치의 경우, 그것의 외측의 위치(그림 a)에 슬립하며 머리와 상체를 드롭하여 연장된 右리이드 아래를 구부리고 들어가서 그것이 내측에서 즉시 몸을 일으켜서 기본자세를 취한다. 여기에서 상대의 右리이드는 좌측 어깨의 부근에 있는것이된다(그림 b). 양손은 높게 신체가까이에 유지하고 있다. 내측으로 움직여 右手을 상대의 左측에 위치한다. 그 후에 슬립과 동시에 右手로 반격을 가하여 위이브하면서 左, 右로 가한다.

### ▶외측 위이브◀ *Weaving to the outside*

●상대가 右리이드를 넣어올때 내측에 슬립하여 右手를 상대의 좌측에 위치하고서 머리와 상체를 원형동작으로 左로부터 상방(上方)으로 움직여서 상대의 右리이드가 右측 어깨부근에 있는것을 확인한다. 이렇게하여 상대의 리이드의 외측에 와서 기본자세를 취한다. 양손을 높게 가까이 유지한다.

●이와같은 위빙(Weaving)은 슬리핑에 기인되는 테크닉이니까 슬립에 숙달하는것이 위이브의 기술을 자기것으로 하는것이된다.

●위이브는 대개의 경우 보브를 수반하나 단일로 행하여 지는것은 드물다. 보브와 위이브의 목적은 상대의 공격밑을 파고들어가서 접근하는 것이다. 보브와 위이브는 훅을 장기로 하는자가 크게 이용할 수 있는 기술로서 자기보다 키가 큰 상대에게 생각한만큼의 효과를 발휘할 수가있다. 변화를 잊지말아야 할것이다. 때로는 펀치의 내측에 슬립하자말자 스텝을 밟고 들어가는것을 수반하여 반격한다면 무서운 위력을 가할 수가 있다.
   ▷상대가 펀치를 넣어오는 순간 눈을 감지말것. 언제라도 갑자기 날아오는 펀치를 발견할 수가 있지않으면 안된다.

대부분의 투사도 언제인가는 위험한 장소에 도달한다. 그래서 그는 통어력(統御力)의 무엇인가를 잃고 그리고 자기자신을 지키지 않으면 안된다.

●중앙을 찔러오는 보디펀치에 대한 방어는 팔꿈치나 앞 팔을 이용한다. 헤드(머리)펀치를 몸가누기로서 피하지 않을때에는 손을 사용하여 빗나가게 한다.

●여하한 파이터도 한, 두번은 자신의 통제를 잃고 위험에 빠지는 경우가 생긴다. 이러한 경우에야말로 방어기술을 확실하게 익혀둔것이 다행이었다고 생각할 것이다.

# ■ 공격의 章

격투기란 그렇게 어려운것이 아니다.
단순하게 현실을 보는것 뿐이다.
펀치하지 않으면 안될때라면
펀치하고 킥하지않으면 안될때라면
킥하는 것이다.

˚공격의 원리는 전술, 필요로하는 스피드,
기만, 타이밍, 그리고 판단에 의한 공격을
유도하는 것에 모조리 쓰여진다.

# ■ 공격
# Attack

● 절권도에 있어서 직접공격을행하는 경우는 드물다. 대부분의 공격동작
은 간접적이고 페인트 후에, 또는 상대의 공격을 앞질러서 가하는 반격의
형을 취하여 행하여진다, 즉 기민한 작전행동, 예를들면 페인트나 유도등
의 교묘한 방책을 요하는것이다.

▶공격을 가하는 기본적인 순간◀
 1. 개인의 의지로서 공격의 때를 결정했을때
 2. 상대의 움직임, 혹은 상대의 행동의 실패에 의하여 공격의 때가 결
   정됐을때
●모든것을 집중하여 공격의 순간을 직감하고 재빨리 결단력을 가지고 행
동하는것이 성공율을 증대시키는 방법이다.


●공격하고 싶다고 생각하는 부분에서 상대가 팔을 다른방향으로 움직이
고 있을때가 직접 공격을 가하기에 좋은 기회이다.

▶공격의 심신에 있어서의 과정 ◀ The psychophysical process of
                                        Attack
 1. 관찰─ 관찰은 완전히 정신적인 과정 혹은 작용으로의 두가지로 분
    류된다.
    a. 한정된 관찰
       예를들면 정확한 거리의 견적, 혹은 허점이 언제 생기느냐 하는것등.
    b. 본능적인 관찰
       상대가 어떤 행동으로 나가는가(공격 또는 후퇴하는가) 하는것등
 2. 결단─결단하는것도 정신적인 작용이지만 실행에 대비하여 신경이
    나 근육이 경고(警告)를 받는다. 예를들면, 공격은 짧은 거리
    에서 직접공격으로 할것인가, 아니면 장거리에서 복합공격으로
    할것인가 하는것 또는 자신이 성공할 수 있다고 믿는· 수단을

사용해야 할것인가 하는결단.
4. 행동—뇌가 이미 행동으로 옮기고 있는 근육에 명령을 내린것이지만 그 수행에 있어서도 항상 방해나 반격을 받을 가능성을 알아야 할 필요가 있다. 따라서 명백하게 정신과 육체의 경계를 격투간에 줄곧 유지하는것이 중요하다.

▷ 에너지를 절약하면서 결정적으로 확심(確心)을 가지고 일심(一心)으로 공격하여야 한다.

### ▶제1 공격과 제2 공격◀ Primary and Secondary Attack

1. 제 1 (주요)공격—걸음, 기만, 강세수단(強勢手段)을 사용하여 자신이 스스로 행동을 일으키는 공격

    ▷ 페이스(걸음 Pace)
    직접공격은 상대가 패리되기전에 그 방향을 잘못되는일 없이 신속하게 틀림없이 상대를 찌르기 위하여 밟고 들어가기를 수반하여 동작되어 진다.

    ▷ 프로우드(기만 Fraud)
    찌르기의 전반(前半)을 이용하여 기만하거나 피하기 위하여 간접공격을 가한다. 어떠한 예비동작에 의하여 상대에게 어느 특정한 부분을 찌를것이라고 믿게하기 위하여 공격직전에 페인트를 사용할 수가 있다. 상대가 패리로서 그 부분을 방어하고자 동작하면 허점에 편승, 다른부분을 전진하면서 공격한다.

    ▷ 포오스(강세—強勢 : Force)
    상대의 방어가 고정되어 있을때에는 상대의 손을 힘껏 강하게 공격하여 이동시켜 허점을 강제적으로 만들어 내어 밟고 들어감과 동시에 공격한다.

2. 제2부(부) 공격 (Secondary)
    상대를 앞질러서 뒤를 찌르기위한 공격 또는 상대에 의한 보복적인 공격을 말한다.

    ▷「준비중」에 공격하는 수단은 상대의 기도가 실행되기전에 그것을저지하는것을 목적으로 한다.

    ▷「진행중」에 공격하는 수단은 주로「기회에 편승」하는 공격이다. 상대의 공격이 어디를 향하는가를 미리 예기하여 상대가 팔을 쬘러내 밀자말자 그것을 중단시키고 반격하는것을 목적으로 한다.

적이 돌진하여올때, 그 돌진이 대단한 것이 아니면 적이 돌진하는 사이에 특별한 일격을 선제할 것이다. 이때에는 사이드스텝 하라.

▷「완성의 순간」을 공격하는것은 밟고 들어 가는것이 상대를 거리내에 오게한 뒤에 가한다. 상대의 제 1 공격이 피하여진 뒤의 리포스트(되돌려 찌르기)의 형(形)을 취하는 이 공격은 패리의 위치에서 가한다. 그 타이밍은 상대가 밟고 들어와서 연장하고 있을때 또는 회복행위를 행할때 이지만 이 테크닉은 대개의 경우 예외없이 발동작을 수반하지 않는다.

● 제 2 의공격의 준비로 미끼 또는 허위의 공격을 이상의 3 단계의 어느케이스에도 사용할 수가 있다. 이 경우의 허위의 공격은 상대를 치기위해서가 아니라 가령 어느 특정한 부분을 공격해 오게끔 유도할 목적으로 행하여 지고 즉 그 공격을 생각하던대로 패리하면서 상대의 뒤를 찔러 효과적인 반격을 먹이기 위해서이다. 이러한 동작 또는 페인트는 발의 대부분의 거의 미소한 동작으로도 충분히 행할 수 있기때문에 밟고 들어가기를 수반하지 않는다.

● 찌르기나 발차기는 적당한 타이밍으로 공격하는 찬스를 이용할 수 있기 때문에 상대의 수단에 해당하는 수단을 사용해야 한다.

● 표적이되는 부분을 무방비로 노출시키거나 난폭하게 행동하는 상대에 대하여서는 가령 상대가 전방으로 움직이는것과 동시에 그 동작을 향하여 카운터 · 타임 또는 스톱 · 킥(스톱 · 히트 참고)을 전진하는 표적 또는 노출된 부분에 가하는 수단이 효과적이다.

● 관찰력이 예민한 파이터는 이미 쓸모없다고 판단된 찌르기나 발차기의 수단을 강인하게 계속하는 따위의 행동은 않는다. 많은 파이터는 공격의 실패를 스피드 부족의 탓으로 하지만 실제는 수단의 선택에 착오가 있는 것이다. 숙달된 사람은 그점을 잘 알고 있는 것이다.

● **따라서** 수단의 선택에 관한 결정적인 행동을 최종적으로 취하기전에 반드시 상대를 그 스타일, 방책, 그리고 캐던스의 모든 각도에서 연구하지 않으면 안된다.

● 파이터는 대강 두 종류가 있다고 본다. 하나는 「기계적인」파이터고 또 하나는 「지능적인」파이터다. 기계적인 파이터는 그의 기술과 전술이 기

(技)의 기계적인 반복, 자동적인 연습에 의하여 얻어진 것으로 지적(知的)으로「왜, 어떻게하여, 언제」를 묻는일 없이 몸에 익혀진 것이기에 일련의 교전에서 항상 같은 형식을 취한다. 반면 지적(知的)인 파이터는 상대를 다루기에 적합한 수단을 선택하기 위해서는 자기의 전술을 바꾸는 일에 주저하지 않는다. 모든 선택된 찌르기나 발차기는 상대의 테크닉이나 격투방법에 적응하는 것이다.

●방어자세, 생명있는 컨트롤의 패리, 타이밍을 얻는 단순한 공격, 민감하면서도 잘 조정된 전진이나 후퇴, 눈에 안보일 정도의 재빠른 밟고 들어가기, 스피드에 풍부한 밸런스의 회복, 이 모든것이 완전하면서도 철저하게 습득되어지지 않으면 안된다. 이 모든 동작들을 특별하게 주의를 기울이지 않아도 행할 수 있게끔 하나하나의 동작에서 신경근육의 감각을 익히어 여차하는 순간에 상대의 움직임이나 공격 혹은 방어에 대하여 어떠한 수단을 취하여야 하는가에 신경을 집중할 수 있게끔 하여야 한다. 기본동작의 숙련과 확실성에 동작의 자유나 밸런스, 그리고 확신이 수반되는 것이다.

●공격할때에는 상대의 약점과 강점을 알고 그 약점을 이용하면서 강함을 피하는 것이다.

●예를들면 상대가 패리를 장기로 한다면 공격전에 패리의 움직임을 헝크러뜨리는 비이트(beat), 프레스(press), 혹은 페인트를 이용하는 것이다.

●공격동작은 모두 가능한한 작게 행하여야 한다. 즉 상대의 반응을 불러일으키기 위해서는 필요한만큼의 최소한도로 손을 움직이는 것이다. 주의해야 할것은 공격을 방어하면서 수행되어야 할것, 또는 가능한 경우에는 필요한 방어수단을 가하면서 수행되어야 할것이다.

●공격의 형(形)은 일반적으로 상대의 방어수단에 의하는 것이다. 따라서 거의 동등한 레벨의 기능을 가진 파이터끼리 서로 맞선 경우, 어느편의 공격이 상대의 방어를 기만하든가 뒤를 찌르지 않으면 승부가 나지못한다. 공격의 성공은 상대의 반응을 정확히 예기하는것에 달려있는 것이다. 사용수단의「최종적」인 선택은 상대의 반응, 습성, 기호 등에대한 예리한관찰에 기인하지 않으면 안된다.

공격을 개시하기위한 뛰어난 순간이란 적이 공격준비를 하고 있는 때이다.

● 상대가 스톱·히트를 넣으며 들어오는 동작시간이 몇개나 있는것같이 복잡한 조합의 복합공격은 위험하다.

● 공격이 복잡하면 할수록 상대의 반사적인 반격행동이 손으로 감당할 수 없을 정도의 가능성으로 증대된다. 다시말하여 준비동작이 어떤형을 취하거간에 공격자체는 단순한것이 가장 좋은것이다.

# ■공격의 준비동작
## Preparation of Attack

● 상대가 항상 넓은 간격을 유지하고 있기때문에 그 거리를 좁히기에는 순간적으로 상대의 주의를 끄는 어떤 행위에 대하여 커버되지 않으면 안된다.
예를들면 :
  1. 거리의 변화
  2. 가까이에 있는 표적을 공격한다(통상은 앞발〈前足〉, 연장된 손, 鼠蹊部)
  3. 1과 2의 컴비네이션
  4. 상대를 동요시킬 목적으로서의 공격수단의 컴비네이션

● 공격의 준비동작이란 공격을 가할 허점을 만들어내는 행위이다. 통상은 돌진해 오는 상대의 연장된 리이드를 피하는 동작 혹은 바람직한 반응을 얻는(허점을 만드는)동작으로 이루어지고 거리를 조절하는 여유가 생긴다.

● 때에 따라서 상대를 점점 이쪽의 보폭이 작아지게 하면서 뒤로 계속 물러나는등에 의하여 거리内에 유도할 수가 있다. 또 조심성있는 상대는 일련의 다른폭의 전진과 후퇴(스텝퍼워드, 스텝백)를 행하는 것으로서 종종 사정거리 내에 유도할 수가 있다.

● 페인트를 이용하여서도 아무런 반응을 얻지 못하였을 때에는 〈준비동작〉에 의지하여 당신의 적수로부터 어떠한 반응의 形을 획득하도록 시도해야 한다.

● 비이트나 트랲(손을 잡는다)을 먼저 행한 후 넣는 페인트는 상대의 확신을 흔들리게 하며 그의 의지에 반(反)해서 방어행동을 취하게 강제할 수가 있다. 이 상대에 의한 방어행동의 뒤를 찔러 공격하는 것이다.

적의 동작시간, 혹은 손자세의 조정을 최초에 획득하여 버리지않고 공격하는것은 결국 현명치 못한 행위이다.

공격은 단순한것이 가장 좋다

● 비이트, 체인지・비이트, 교전, 교전위치의 변경등은 상대의 손을 특정한 위치에 고정시키고 손을 움추리고 저 하기때문에 반응을 늦게 하든가 혹은 패리를 빠르게 행하게하는 효과가 있다. 상대의 반응이 어떠하건 간에 그것을 이용하여 이쪽의 단순공격을 가능케 하는것이다.

● 앞으로 밟고 들어가면서 상대의 손을 밀치거나 잡는것은 상대의 스톱히트를 먹는 가능성을 줄이게 한다. 이와같은 예비적인 수단으로서 상대의 다리를 방해하는것도 큰 효과가 있다.

● 트랲(trap)을 행할때에는 상체를 이리저리 움직이면서 행하든가 기타의 방어수단으로 커버하면서 행한다. 동작은 빈틈없이 행할것. 더우기 트랲의 도중에서도 스톱・히트 혹은 타임・히트를 가할 수 있는 찬스가 있으면 놓치지 말아야 한다.

● 상대의 손을 트랲, 비이트 혹은 방해하는 동작은 상대를 혼란시키는것이 되므로 상대의 패리를 거북하게 한다. 상대의 탈출에 경계한다.

● 상대의 손에대한 동작과 밟고 들어가기가 동시에 행하여 졌을 경우에는 「복합준비」라고 부른다. 그 성공은 수족(手足)의 완전한 통합에 의한다.

● 상대의 손을 부동(不動)으로 하든가 또는 반응을 얻기위한 능률적인 트랲을 이용하여 슬립하면서 상대가 움직이지 못하게 되는 강고(强固)한 찌르기 혹은 발차기를 델리케이트 하고 치명적인 부분에 가하는 실험을 할 것.

● 공격준비를 위하여 전진할때에는 전방으로의 동작을 아무런 저항도 수반하지 않고 전진할 수 있게끔 밸런스와 발의 컨트롤에 특별한 주의를 기울여야 할것이다. 이것은 크게 급하게 밟고 들어갔을때와 같은 큰 중심의 이행(移行)을 적게하고 짧으면서도 신속한 걸음을 써서 확보한다.
스스로를 상대에게 내던지거나 하는것이 아니라 냉정히 정확하게 거리를 유지할것.

● 준비동작에 의한 공격을 너무 몇번씩 반복하여 행하면 패리대신에 스톱히트를 유도하는것이 된다. 따라서 준비동작에 대한 공격을 가할때에는

양질의 공격은 최상의 방어이다. 이것은 올바른 격언이다.

교묘하게 능률적으로 개시함으로써 트랩에 요하는 이상의 범위를 노출시키지 말아야 한다. 약점을 가지는 시간을 축소하게끔 노력해야 한다.

● 준비동작과 공격은 하나의 매끈한 흐름이 되어 수행되지만 실제로는 2개의 각각의 동작으로 이루어짐을 알아둠으로써 반격의 가능성에 대하여서 예방책을 강구할 수가 있다.

● 파트너가 기(技)를 걸어올때, 기(技)를 변경할때, 페인트를 행할때에 준비동작의 연습을 한다.

秘伝・截拳道의 道

## 헛점이 없는 자세는 예술 그 자체이다

실제적인 총력적인 시합에서도 도피나 공격의 실용적 원리를 실현하지 않으면 안된다.

## ■ 단순공격
### Simple Attack

● 단일동작에 의한 모든 직접 또는 간접공격은 가장 솔직하게 표적을 찌르는 것을 목적으로 하기때문에 '단순공격'이라고 불리운다.

● '직접단순공격'은 技를 행하고 있는 선(線) 혹은 그 반대방향으로 향하여 상대의 허점을 발견하고 단순히 상대보다 먼저 펀치를 먹이는 것이다.

● 간접단순공격은 단일의 동작으로 이루어 지는것으로 그 공격의 전반(前半)을 써서 상대로부터 반응을 유도하고 후반에서는 최초의 技의 반대 방향의 허점을 찌르는 것으로서 완성한다.

● 어떠한 찌르기(발차기) 이건간에 「허점이 생기는」線(Opening Line)으로 향하여 가하는것이 「닫혀지고 있는」線(Crossing Line)으로 가하는것보다 성공하기 쉽다. 오프닝·라인에 대하여 가하여지는 공격은 상대의동작이 반대로 향하여지고 있기 때문에 그 선(線)의 부분을 방어하기 위해서는 동작의 역전 혹은 실질적인 변경을 요하는 것이므로 시간적으로볼 때 유리하다.

● 상대의 손의 뒤를 찔러 공격할때는 동작은 보통 원형 또는 반원형에 의하여 이루어진다.

● 이탈동작은 技를 행하고 있는 선(線)에서 그 반대의 선(線)으로 손을가지고 가는 한동작으로서 크로싱·라인에서 오프닝·라인을 공격하는 것이다. 그 타이밍은 순간적으로 수비자가 공격방향과는 반대방향으로 움직이고 있을 때인 것이다. 따라서 상대의 손이 뻗쳐지는 사이에 공격동작은 시작되는 것이다.

● 주의—이탈동작(공격)은 패리, 상대의 손방향으로 찌르기, 머리의 동작

높이의 변경, 상체의 흔들림등을 이용하여 보충한다.

● 상단에서 하단(혹은 그 반대)으로 동작할 때에는 이탈동작을 이용하여 원조하는 것이 바람직하다. 右에서 左(그의 逆)로 동작할 때에는 상대의 공격을 비스듬히 가로자르는것 같은 동작(커팅·오버 : Cutting Over)을 이용한다.

● 다음에 드는것은 2개타입의 단순공격과 그것을 좌우하는 상대의 동작이다.
  1. 직접공격은 상대가
    a. 접촉을 결하였을 때 (the absence of touch)
    b. 교전할때 (the engagement)
    c. 교전수단을 변경할때 (the change of engagement)
    d. 이상을 수반하건 안하건간에 앞에 한발 스탭을 밟고 들어올때
      (the step forward with and without the above)
  2. 간접공격을 상대의 다음 동작에 대한 이탈동작을 이용하여 행한다.
    a. 비이트 (The beat)
    b. 교전 (The engagement)
    c. 교전수단의 변경 (The change of engagement)
    d. 이상을 수반하여 앞으로 스탭을 밟고 들어올때 (The first three
      executed with a step forward)

● 카운터·디스인게이지먼트 (The counter disengagement)는 카운터·패리, 혹은 교전수단의 변경등에 해당하는 공격적인 동작으로 그 목적은 디스인게이지먼트의 목적인 것이다. 횡으로의 동작이 아닌 원형동작을 기만하여 생기게 된다. '디스인게이지먼트'와는 달리 카운터·디스인게이지먼트는 상대의 동작방향의 반대측에서 끝나지 않는다.

● 예를 들면 공격자는 상대의 상단 외측의 제6의 위치에서 교전한다. 수비자는 원형동작으로 반대방향으로 디스인게이지먼트를 행한다. 공격자는 그것을 원형동작으로 추격하여 수비자의 손을 원위치로 뒤돌리고 공격한다.

● 많은 파이터는 하단공격에 약하기 때문에 단순공격, 이탈동작, 반이탈

완성에의 공격은 적이 돌진하여 찌르기의
범위의 들어온 후에 이루어진다.

펀치는 상대를 꿰뚫는 것이다.

동작을 하단을 향하여 때로 행하는것을 알아두면 좋다. 공격하면서 방어하는 것을 잊지말것.

● 어떠한 공격수단을 사용하여서라도 상대의 버릇, 기호등을 예리하게 관찰하여야 한다. 공격이 직접이건 간접이건 만족한 결과를 얻기 격위하여서는 수단의 선택을 적절히 행하여야 하는 것이다. 공격수단은 상대가 사용하고 있는, 혹은 사용할 것이라는 수단에 상당하여야 한다. 머리속에 떠오르는 방법을 무엇이든지 좋으니까 사용하여 싸운다는 것은 위험하기 그지 없는 일인 것이다.

● 단순공격이 성공하느냐, 실패로 끝나느냐는 물론 동작(상대의 동작에순응하여 있는)의 올바른 타이밍에 의한다.

● 상대의 거리내에서 시작된 단순공격은 올바르게 행하여졌을 경우, 상대가 후퇴하면서 패리를 시도했을때 이외에는 제대로 격돌할 것이다. 따라서 안전을 위해서는 상대가 거리내에 스텝을 밟고 들어오기를 유도하여그 순간에 쳐넣든가 혹은 단순히 체중을 앞에 옮겼을때에 상대가 정신적이건 육체적이건 기민함을 잃었을때 등의 경우에 행동하여야 한다.

● 「상대에게서 단순히 얻어내는 리듬」을 사용할것. 한번 공격을 개시한후에는 기계적인 능률과 정확한 타이밍으로 공격을 가하는것에 집중한다.

● 단순공격의 성공을 확보하기 위해서는 자기의 모든것을 강력한「一塊」에 통합하는 것이다. 항상 힘을 빼고 매끄러우면서도 거침없는 폭발적인 스피드를 발달시키지 않으면 안된다. 긴장하여서는 안된다./ 정확히 결정된 거리내에서 공격을 가할 허점을 기다리는 사이의 긴장은 짧고 경련적인 동작밖에 가져오지 못하며 지나치게 바른 행동이나 상대에게 자기의 의도를 알려주고마는 태도의 원인이 되는 것이다.

개시전—힘을 넣지 않고 평형을 유지
개　시—능률적으로 행할것. 중립 상태에서 동작을 사용한다.
비　약—가장 솔직한 공격수단을 이용하여 헛됨없는 동작과 힘으로 굳은 방어를 갖춘채 돌진한다.
회　복—재빠른 자연적인 동작으로 小局面膝屈자세로 복귀한다.

● 본능적인 개시(開始), 스피드, 위력, 무기관통의 길이를 얻기위하여 극

공격하기 위하여서는 적의 약점과 강점을 알아야 한다. 그리하여 후자(강점)를 피하면서 전자(약점)에게 파고 들어가는 것이다.

히 요령을 갖춘 포옴의 반복훈련에 힘을 쏟아야 한다. 의지의 힘과 훈련이 가속도를 증가하는 것이다. 매일 2·3백회 스텝을 밟고 들어 가기를 수반하여 찌르는 연습을 반복하여 차차로 스피드를 증대시켜 간다.

● 어떠한 기술을 몸에 익혔다 하더라도 타이밍이 좋을 뿐더러 스피드가 풍부하고 정확하지 않으면 타격의 위력은 크게 감소되고 만다.

● 파이팅에 있어서 제일 첫째 습득하지 않으면 안되는 것은 左右 어느 쪽의 무기를 사용하더라도 펀치나 발차기를 정확히 가할 수 있어야 한다는 것이다. 또한 펀치나 발차기는 반드시 풋 워크에 관련하여 배워야 하는 것이다.

● 공격, 방어의 수단이 버라이어티〈Variety(다양성)〉에 풍부할수록 상대를 더욱 동요시키는 것이다. 따라서 '버라이어티'는 끊임없이 근육의 긴장작용을 하나의 근육그룹에서 다른 근육 그룹으로 옮기면서 육체적인 피로를 가볍게 한다.

● 이와같이 적당한 공격만큼 위험한 것은 없다. 자기의 행동을 정확하게 단호한 수단으로 수행하는 것에 자신을 가지고 행하여야 한다.

● 공격을 가할때에는 상대를 동요시키며 사기를 꺾어버릴 수 있게, 마치 맹수인양 대담무쌍하게 보이지 않으면 안된다. 독수리와 같은 예리한 눈, 여우와 같은 약삭빠름으로 고양이와 같이 재빨리, 표범의 용기, 침략성, 용맹성을 갖추고 코브라와 같은 위력과 망구스(Mongoose : 인도산족제비)와 같은 저항을 몸에 익혀야 한다.

● 단순공격은 반드시 성공한다는 법은 없는 것으로 상대에 따라서는 무엇인가 다른 수단을 연구하지 않으면 안된다. 가능한한 여러가지의 방어수단, 가능한한 여러가지의 유효하면서 변화무쌍한 공격(펀치, 발차기)을 익혀, 어떠한 스타일의 상대라도 대처할 수 있게끔 하여야 한다.

# ■ 복합공격
## Compound Attack

● 두사람 모두 정확한 거리감을 갖춘 서로 필적할만한 파이터가 서로 거리를 유지하고 있는 경우에는 단순한 공격으로 성공하기는 매우 어렵다. 이 경우에는 거리를 좁힘과 동시에 자신은 타격을 받지않고 상대를 공격하는 수단을 생각하지 않으면 안된다. 이 문제는 복합공격을 사용함으로써 해결될 수 있다.

● 복합공격은 두가지 이상의 동작으로 이루어지며 첫번째로 페인트, 손의 준비, 혹은 가까운 표적을 공격하는 것으로부터 시작되어야 한다. 그리고는, 순간적인 진정한 공격으로 이어져야 하겠다.

● 복합공격의 컴비네이션에 있어서의 최초의 동작은 小局面膝屈 스탠스에서 시작되어야 하며 헛됨이 없는 능률척인 흐름중에서 상대에게 어떠한예비동작도 주지 않고 돌연히, 더구나 매끈하게 행하여져야 한다.

● 근본적으로는 복합공격은 단순공격의 4 가지의 수단, 즉 찌르기 (발차기), 단순한 이탈동작(디스인게이지먼트), 반(反)이탈동작(카운터・디스인게이지먼트), 그리고 커트・오버 (팔을 가로자른다) 의 조합(組合)이다.

● 복합공격의 복잡함은 이쪽의 공격동작을 **패리하는** 상대의 능력에 직접적인 관계가 있다. 복합공격에 쓰이는 수단을 잘 선택하기 위해서는 페인트 혹은 제일공격에 대하여 어떤 패리(앞의 손인가, 뒷쪽 손인가, 가로지르는 동작인가, 원형(円形)인가등)를 사용해야 하는가를 정확하게 판단하여야 한다. 그러므로 복합공격을 행하기전에 상대를 세밀히 관찰하여 상대의 반응에 대하여 가장 가능성이 있는 예비지식을 얻어야 한다.

● 상대를 도발시키기 위하여서는 페인트를 십분 활용해야 한다. 그러나목적을 치루기 위해서는 필요한 최소범위로 행하여지지 않으면 안된다. 복

공격준비는 공격자가 공격을 위해 허점을
만드는것에 의하여 선택된 활동이다.

합공격의 형(形)이 복잡할수록 성공의 찬스는 그만큼 적어진다. 또 2개
이상의 페인트를 조합하는 공격도 위험하다.

● 단순복합공격(심플컴파운드 : Simple Compound), 즉 단일 페인트 혹은
우선하는 공격행위(원투, 下단·上단등)를 수반하는 공격은 상대의 준비
동작과 동시에, 특히 앞으로 밟고 들어감과 동시에 가하는것이 성공의 근
본이다.

● 복합공격은 타이밍이 좋지 않거나 호기(好機)를 놓친경우 아무 소용이
없다.

● 많은 복합공격의 실패는 파이터가 공격행위 직전에 가하기 위한 페인트
의 스피드를 조절하는데 잘못이 있기 때문이다. 이러하므로 상대의 방어
동작의 캐던스와 기호를 아는 것이 중요하다는 것이다.

▶복합공격은◀
1. 짧으면서 빠른 조합(組合—컴비네이션)으로 이루어진 동작에 의한
다.
2. 깊이 침투하는 빠른 조합(組合—컴비네이션)으로서 미끈한 동작에
의한다.

● 어떤 공격수단도 그 자체가 가지는 최고위력이 필요하므로 때에 따라서
는 조합을 이용하여 강력한 보강을 하는것이 필요하다.

● 조합으로 여러가지 찔러내기를 시도하여 가령 수행도중에라도 그 방향
을 바꾸는 능력을 몸에 익힌다.
▶조합(컴비네이션)의 사이를 메꾸기 위해서는◀
1. 상대의 기(気)를 현혹시키기 위하여, 혹은 포지션이나 방향을 바꾸
기 위한 것인지 어느 쪽인지 예측할 수 없는 동작(중립—中立)
2. 전체의 밸런스와 조합(컴비네이션)의 흐름을 무너뜨리지 않고 득점
하는 정교한 동작 횡거·잽: finger jabs, 횡거·팬: finger fan 횡
거·프릭: finger flicks, (백핸드) 역수치기 : backhand·장수(張手—
팜·드러스터 : Palm thrust)

● 풋워크가 둔한  상대, 혹은 피로가 심한 상대에게는 더불·리이드 (2중공격)를 사용할 수가 있다.

▶권투의 조합에 대한 보기◀

1. 右 잽, 左 로즈(리이드의 직후 리어를 가하는 원투)
2. 右 잽, 左 어퍼커트
3. 右 잽, 左 크로스, 右 훅
4. 右 잽, 右 어퍼커트, 右 훅
5. 右 잽, 右 훅
6. 右 잽, 보디 훅
7. 左 (리어) 스트레이트(보디), 右 훅
8. 左 스트레이트(보디), 右 훅(보디)

▶발차기와의 조합(컴비네이숀)◀

● 자기에게 있어서 가장 능률적이며, 상대에 단도직입적인 발차기를 발견할것. 이 경우에도 물론 방어자세를 기본으로 한다. 또 복합공격에 있어서의 발차기의 목적을 다음에 든다.

● 상대의 질서를 혼란시킨다.
  1. 무릎의 훅·킥, 하단옆 스탬프, 右(리이드)횡거·잽, 리어·크로스 혹은 상대의 손을 노리는 준비동작(트랩)

적을 향하여 돌진하지 마라. 그러나 조용한, 그리고 정확한 방법으로 간격(사이)을 유지하라.

  2. 직접적이고 재빠른 훅·킥으로 낭심(groin)을 찌른다.
    ▷상대에게서 눈을 떼지 않는다.
    ▷스스로 회복곤란에 빠질 정도로 심하게 행동하지 않는다.
    ▷방어자세로 항상 되돌아 온다.
  3. 정강이, 무릎의 反(카운터)스톱·킥
    ▷상대가 개시할때
    ▷상대의 공격이 날아오는 도중
    ▷상대의 공격이 완성됐을때(리포스트로서)
  4. 하단펀치와 상단리이드·훅·킥(右 스탠서에 대하여)
  5. 하단펀치, 상단 역(逆—리버스) 훅·킥(리어足에 의한다)
  6. 상단 페인트, 하단 훅·킥
  7. 하단 훅·킥의 페인트, 상단펀치
  8. 사이드·킥의 페인트, 스핑백·킥
  9. 사이드·킥의 페인트, 리이드·훅킥
  10. 스트레이트·리이드·킥의 페인트, 리이드·훅·킥
  11. 後足(리어풋) 스위프의 페인트, 리이드·훅·킥

●상대를 혼란케 만든다.
  1. 직접 혹은 직선적으로 재빠른 낭심(groin) 훅·킥+……
  2. 직접으로 재빠른 정강이, 무릎사이드·킥+……


●뒤쫓는 팔로우 업(follow-up) 동작은 상대가 전진하기 위하여 앞발이 아직 내밀어져 있을 때에 가하는 쪽이 뒤로 뺄때 가하는 쪽보다 효과가 있다.



●강제(强制) 한다
  1. 더블스텝 앞 정강이, 무릎 사이드·킥
  2. 逆(리어의 손)훅·펀치의 다음에 사이드·킥을 가한다.
  3. 逆 훅· 펀치의 다음에 훅·킥
  4. 추적하는 사이드·킥 및 훅·킥

●축기(蹴技)와 수기(手技)의 조합을 연구함과 동시에 자신에게 있어서

가장 장기인 수단과 상대에게 가장 직접적인 수단을 컴비네이션 하는것을 검토할것.

● 앞에서 뒤로 움직이고 발에서 손, 손에서 발, 상단에서 하단으로, 이와 같이 항상 변화를 가져와야 하는 것을 잊지 말것. 상단→하단, 하단→ 상단, 혹은 안정성이 있는 3단변화(하단→상단→하단, 상단→하단→상단)를 시도하면 좋다.

● 리이드손 잽·훅·등주먹·샤블(Shovel)등과 리어 손(手) — (스트레이트, 크로스, 오버핸드해머등) 사이의 행하는 자연적인 동작과 같이 리이드足(사이드킥·훅·스트레이트, 차올리기, 뒤(後), 수직, 수평)과 리어足(다른 높이에 있어서의 스트레이트, 스핑킥, 다른 높이에 있어서의훅) 사이의 자연스런 동작 및 손과 발 혹은 발과 손 사이의 동작을 연구할것.

● 모든 풋워크(전진, 후퇴, 우회전, 좌회전, 평행으로 슬라이딩 하는것)과 같은 변형을 첨가하여 연구할것.

● 펀치가 실패했을때 혹은 닿은것에 실패했을 경우의 팔로우 업(flollow-ups)〈뒤쫓기의 마무리 동작〉과 그것에 수반하는 방어를 연구할것. 이쪽의 실패에 대한 상대의 반응을 모든 가능성, 각도에서 생각하여 볼것.

● 방어자세를 양성할것. 온가드·포지션(On-Guard Position)으로의 재빠른 복귀를 한층 용이하게 하는것 같은 동작을 모든면에서 연구할것. 또 가령 어느 위치에서 끝낼 것이며 거기에서 즉시 공격 혹은 방어할 수 있는 능력을 몸에 익힐것.

간접공격은 가끔 허점에 도달하기위한 이 탈동작, 혹은 카운터동작을 이용한다.

## ■카운터 공격
## *Counter Attack*

秘伝・截拳道의 道

●카운터어택을 사용하는것은 그것을 사용하는 자에게는 보다 안전하고 적에게 있어서는 보다 파괴적인 교묘한 예술이다. 힘으로 공격하는것은적도 힘으로서 같은 방향으로 움직이고 있기 때문에 때로는 거의 대메이지를 주지 않는다.

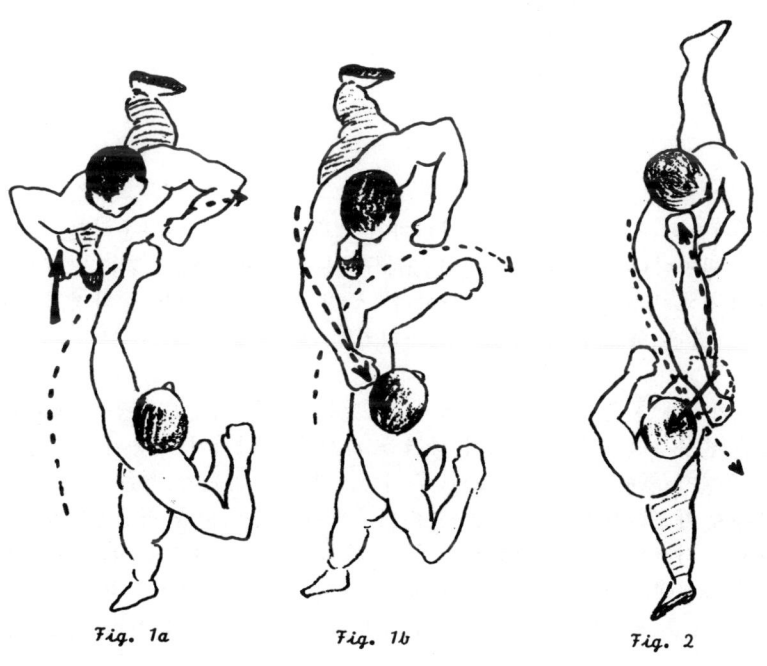

Fig. 1a     Fig. 1b     Fig. 2

문득 떠오른 생각으로 공격하는것은  위험하다.

Fig. 3    Fig. 4

●두사람의 공평하게 조합된 경기자의 경우, 그 우세는 카운터를 행하는 자의 권리이다. 왜냐하면, 선제(先制)하는자는 방어에 멈추는자 보다 많은 공격에서 피할 수 있기 때문이다. 어떤 공격의 실행도 무의식적으로 유도를, 혹은 목표가 되는 장소를 가리키는 것이다.

●보기에나 좋은 공격을 하는대신, 이탈동작의 변화, 트래핑(trapping), 혹은 손을 치는것등이 적에게 공격을 하게하기 위하여 사용되는 것들이다. 이 유발자(誘發者)는 그리고난 후 패리, 블록을 하든가 혹은 적의 공격 을 피하여 카운터어택을 계속하는것이다. 적이 같은책략을 사용하여도,  즉 최초의 타격으로 유도하여 행할것과 그리고 그가 카운터를 하고자 할때에 그의 상대에게 쳐넣을것, 그 결과로서 더블·히트가 있다. 유도는  또한 방어태세를 하고있는 사이에 고의로 목표가 되는 부분을 보여줌으로써 행할 수 있다.

●반격은 상대의 일격을 피하여 상대가 그의 실패로 인하여 자세가 흐트러지는 사이에 실수없이 타격함으로써 완성한다. 이것에는 본능적이며 순간적인 행동을 필요로하며 충실한 훈련만이 그것을 가능케 하여준다. 본능적으로 반격동작을 행하는 것을 익힌 후에는 격투의 일반적인 방책에도 한결 자기를 소모시킬 수 있는것이다.

●복싱의 경우, 반격의 최초부분인 피함(비키는)의 동작은 다음 3가지로 구분된다.
  1. 슬립, 덕, 또는 몸을 反(어웨이 프롬⟨Away from⟩)하게하여 상대 일격을 실패로 끝나게 한다.
  2. 스트레이트·펀치를 받아흘려서 겨냥이 빗나가게 한다.
  3. 당신은 상대의 펀치를 받아낼수 있는 육체의 부분에서 그 펀치를 방어할수 있다. 그러나 블록수단은 좀처럼 장려하진 않는다. 상대에게 헛손질을 시킨쪽이 상대의 피로를 증가시킨 이상 자기에게 유리한 일인것이다.

●공격에서 선(先)을 잡는것은 스스로가 그 시기를 선택할 수가 있고 활동적인 파이터는 강력히 신속하게 공격하고 회복하는것을 습득할 수 있기때문이며, 시기와 표적(노출되어있는 부분)을 선택할 수 없다는 면에서 반격은 불리하다. 다시말하여 반격자는 경쟁상대가 지르는「준비！탕！」소리를 듣고서야 뛰기시작하는 선수와 비교될 수도 있는것이다.

●따라서 상대의 뒤를 찔러 선회하는것이 반격의 비결이다. 페인트를 써서 상대에게 공격행동을 일으키게 함으로써「기다린다」는 불리함을 깨고 승리할 수 있는것이다.

●반격은 상대의 공격에 대하여 가하여지는 공격행위이며 그것에 의하여「동작의 타임」을 얻을 수가 있다.

●반격은 극히 초보적인 방어와 공격의 움직임의 조합이다. 즉,
  ▷방어수단을 사용하여 상대의 리이드를 피할것,
  ▷필적하는 카운터히트를 가할 수 있을것등.

적이 공격과 방어의 양쪽에 십이분 (十二
分)변화가 풍부한것을 고민할 필요는 없다.

▶공격 対 반격의 예◀ *Samples*

● 공격 Lead
1. jab
2. jab
3. lead swing or hook
4. jab
5. rear swing or hook
6. jab
7. jab
8. lead swing or hook
9. rear cross
10. rear cross or swing

● 반격
1. 몸을 뒤로젖혀 카운터·잽을 가한다.
2. 외측에로 슬립하여 카운터·잽을 가한다.
3. 리어의 완력(腕力)으로 받고 카운터·잽을 가한다.
4. 리어手로서 횡으로 패리하여 리이드손으로 동체를 찌르는 샤블훅을 가한다.
5. 쎄빨리 상대보다 먼저 잽을 가한다.
6. 내측으로 슬립하여 리어핸드로 동체를 찌른다.
7. 내측으로 슬립하여 左 크로스를 가한다,
8. 크로스로 상대보다 먼저 찌른다.
9. 左 크로스를 상대보다 먼저 찌른다.
9. 덕(Duck)하여 몸을 숙이어 상대의 낭심을 찌르든가 또는 위이브하여 左 펀치로서 동체를 찌른다.
10. 리이드의 腕力으로 받고 左 잽을 되돌려 준다.
▷반격동작의 연습은 방어, 공격의 경우와 같이 우선 포옴을 몸에 익힌 후 다음에 스피드를 내는 훈련을 한다.

● 반격을 멋지게 가한 뒤에도 그대로 우세를 추구하여 상대가 쓰러지든가 저항을 끝낼때까지 팔로우엎(follow up)을 하게끔 한다.

● 반격은 방어행위가 아닌, 상대의 공격을 이용하여 자기의 공격을 성공

시키는 수단이며 상대의 공격이 어떠한 형(形)을 취하건간에 그것으로 인하여 생기는 허점의 모든 가능성을 미리 알고 있어야 하는것을 요구하는 공격의 발달된 단계이다.

● 반격은 극히 교묘한 기술, 완전한 방책, 및 모든 중요한 테크닉의 정교한 수행을 정확한 타이밍, 바른 판단, 냉정하게 계산되어진 태도를 가지고 할것이 요구된다. 즉 주의깊은 사려와 대담한 수행과 확실한 컨트롤을 의미하는 것이다. 반격은 파이팅의 가장 뛰어난 기술이며 챔피언이 되는 수단이다.

● 상대의 공격수단에 대하여 다종다양한 방법이 가능하지만 그러나 각각의 특정의 경우에 있어서는 사항에 가장 능률적으로 대처할 수 있는 반격수단이 반드시 있는것이다. 행동은 즉시에 행하여지지 않으면 안되기때문에 많은중에서 선택한다면 순간적인 행동이 어려울뿐만 아니라 불가능할 수도 있다. 따라서 미리 각기의 가능성에 대해서의 반능(反能)을 조건부로 하여두어야 한다.

● 조건부 즉 컨디셔닝(conditioning)은 어느 특정의 자극이 어느 특정의 반응을 불러 일으키는 작용이다. 되돌아 오는 자극은 최종적으로 신경조직 내에서 행동의 패턴을 만들어 내지만 한번 이 패턴이 확장되어진 후에는 그 자극이 존재하는것만으로도 그것에 대한 특정한 행동이 생기게 되는것이다. 이와같은 행동은 즉시에 거의 무의식적으로 행하여 지는것이며 그것이야말로 반격동작에 결할 수가 없는 요소가 된다.

조건부가 되는 행동은 제공격에 대하여의 계획적인 행동양식을 전념하면서 연습한 뒤의 결과가 아니면 안된다. 이와같은 행동은 충분한 시간과 날짜가 걸리더라도 필히 정해진 리이드에 대한 반응으로서 연습하여야 하며 드디어는 리이드 그 자체가 적절한 반격을 생기게끔 하여 주는것이다.

● 파이팅은 손발로서 행하여지는것이 아니라 두뇌로서 행하여진다. 실제로 격투를 하고있을때 자기가 어떻게 싸울것인가를 생각하는것이 아니라 상대의 약점이나 강점, 또는 가능성이 짙은 허점이나 찬스에 대하여 생각하는 것이다. 파이팅은 技의 실연(実演)이 자동적이 되어 대뇌피질(大脳皮質)은 작전과 판단에서 해방되어야만이 사실의 파이팅이 되는것이다.
고등신경중추(高等神經中樞)는 언제나 통제를 수반하고 필요한때에는 스스로 작용한다. 그점에서는 기계를 움직이거나 멈추게 하기위해서 보턴을

복합공격은 과히 좋지않은 타이밍이거 나
혹은 호기(好機)를 잡을 수 없으면 전혀 소
용에 닿지 않는다.

누르는것과 다름없다.

▶반격을 행할때의 필요조건◀
1. 상대의 리이드
　　상대의 리이드는 반격의 표적이 되는 허점이 생기는 측을 결정하기 때문에 중요하다. 右리이드에 의한 경우는 右측면을 노출시키며 右리어에 의한 공격은 상체의 대부분을 노출시키는 것이다.
2. 상대의 공격의 찌르기를 피하는 수단
　　상대의 찌르기를 피하기 위해서는 자신의 반격을 한손으로 행할것인가 또는 양손으로 행할것인가를 우선 정하지 않으면 안된다. 블록(blocking), 가드(guarding), 스톱(stopping), 패리(parrying) 등은 모두 반격용으로 한쪽손을 남기는것이 되지만 슬립(slipping), 덕(ducking), 보브(bobbing), 사이드스텝(side stepping), 위이브(weaving), 페인트(feinting), 드로윙(drawing), 쉬프팅(shifting)등은 양손에 의한 공격을 가능케 한다.
3. 반격수단(발차기 혹은 펀치) 혹은 혼전 그 자체
　　반격수단의 선택은 상대의 일격을 피하는 방법만이 아니라 상대의 리이드의 종류에 의한다.
　1. 상대에게 행동을 하게하여 자세를 혼란시킨다.
　2. 그것에 조화(調和)하면서 하나의 기능적인 구성을 만든다.
　3. 자기의 총력을 통합하여 상대의 약점을 공격한다.

▶상대의 右스트레이트 · 리이드对 右리이드반격◀
*Right Lead Hand Counters for a Strainght Lead Right*
▷블록이나 스톱을 사용할것.
1. 우로 한발 밟고 나가면서 左手로 상대의 일격을 받아 右스트레이트 ·

　리이드로 턱을 펀치한다.
▷패리를 이용하여
　1. 외측의 방어위치에 패리하여 右훅으로 명치를 찌른다.
　2. 외측의 방어위치에 패리하여 턱을 찌른다.
　3. 외측의 방어위치에 패리하여 右샤블·훅으로 턱을 찌른다.
　4. 내측의 방어위치에 패리하여 右스트레이트·리이드로 턱을 찌른다.
　5. 내측의 방어위치에 패리하여 右훅으로 명치를 찌른다.
　6. 내측의 방어위치에 패리하여 右샤블, 훅으로 명치를 찌른다.

▷슬립을 사용하여
  1. 외측의 방어위치에 슬립하여 右훅으로서 턱을 찌른다.
  2. 외측(방어 포지션)에 슬립하여 右훅으로 명치를 찌른다.
  3. 외측에 슬립하여 右어퍼커트로 명치를 찌른다.
  4. 외측에 슬립하여 右스트레이트로서 턱을 찌른다.
▷사이드스텝을 사용하여
  1. 외측의 방어위치에 사이드스텝하여 右훅으로 턱을 찌른다.
  2. 외측(의 방어포지션)으로 사이드 스텝하여 右훅으로 명치를 찌른다.
  3. 외측(의 방어포지션)으로 사이드스텝하여 右어퍼커트로 턱을 찌른다.
  4. 외측(의 방어포지션)으로 사이드스텝하여 右스트레이트로 턱을 찌른다.

▶상대의 右스트레이트·리이드対 左리어반격◀
▷패리를 사용하여
  1. 내측의 방어위치에 左手로서 패리하여 그대로 左手로 찌른다.
  2. 내측(의 방어포지션)에 右手로 교차 패리하여 스트레이트·리어(左)로서 측면을 찌른다.

▷슬립을 사용하여
  1. 내측의 방어위치에 슬립하여 리어·훅으로 상체를 찌른다.
  2. 내측(의 방어포지션)으로 슬립하여 스트레이트·리어(左)로 상체를 찌른다.
  3. 내측(의 방어포지션)으로 슬립하여 스트레이트·리어(左)로서 턱을 찌른다.
  4. 내측(의 방어포지션)으로 슬립하여 左훅으로 턱을 찌른다.
  5. 내측(의 방어포지션)으로 슬립하여 스트레이트·리어(左)로 명치를 찌른다.

▷사이드스텝을 사용하여
  1. 외측(의 방어포지션)으로 사이드스텝하여 리어(左)·크로스로 턱을 찌른다.
  2. 외측(의 방어포지션)으로 사이드스텝하여 스트레이트·리어(左)로 상체를 찌른다.

적의 방어에서 율동과 기호를 찾아내 는 것이 필요하다.

   3. 내측(의 방어포지션)으로 사이드스텝하여 左어퍼커트로 턱을 찌른다.
   4. 내측(의 방어포지션)으로 사이드스텝하여 左샤블·훅으로 턱을 찌른다.
   5. 내측(의 방어포지션)으로 사이드스텝하여 左어퍼커트로 명치를 찌른다.

▶左스트레이트·리어에 의한 공격対 右리이드반격◀

▷패리를 사용하여
  1. 내측(의 방어포지션)에 左手로서 교차(크로스)패리하여 右훅으로 턱을 찌른다.
  2. 내측(의 방어포지션)에 左手로 교차패리하여 右훅으로 하복부를 찌른다.

▷슬립을 사용하여
  1. 내측(의 방어포지션)으로 슬립하여 右훅으로 명치를 찌른다.
  2. 내측(의 방어포지션)으로 슬립하여 右훅으로 턱을 찌른다.
  3. 외측(의 방어포지션)으로 슬립하여 右크로스로 턱, 혹은 상체를 찌른다.

▷사이드스텝을 사용하여
  1. 내측(의 방어포지션)으로 사이드스텝하여 右스트레이트로 턱을 찌른다.

▶左스트레이트·리아対 左리어반격◀

▷패리를 사용하여
  1. 내측(의 방어포지션)으로 右手로 패리하여 스트레이트·리어로 턱, 혹은 상체를 찌른다.
  2. 내측(의 방어포지션)으로 右手로 패리하여 左훅으로 턱, 혹은 상체를 찌른다.
  3. 내측(의 방어포지션)으로 右手로 패리하여 左어퍼커트로 턱, 혹은 명치를 찌른다.
  4. 외측(의 방어포지션)으로 右手로 패리하여 左훅으로 턱, 또는 명치를 찌른다.

5. 외측(의 방어포지션)으로 左手로 패리하여 左어퍼커트로 턱 또는 명치를 찌른다.
▷ 슬립을 사용하여
1. 외측(의 방어포지션)으로 슬립하여 左훅으로 턱, 또는 상체를 찌른다.
2. 외측(의 방어포지션)으로 슬립하여 左어퍼커트로 턱, 혹은 상체를 찌른다.
3. 외측(의 방어포지션)으로 슬립하여 左스트레이트로 얼굴 혹은 상체를 찌른다.
4. 내측(의 방어포지션)으로 슬립하여 左샤블·훅으로 명치를 찌른다.
▷ 사이드스텝을 사용하여
1. 외측(의 방어포지션)으로 사이드 스텝하여 左훅으로 턱이나 상체를 찌른다.
2. 외측(의 방어포지션)으로 사이드 스텝하여 左어퍼커트로 명치를 찌른다.

● 「내측으로의 패리와 左잽」은 상대의 잽에 의한 공격으로서 만들어지는 허점을 이용하여 정확한 타이밍으로 가하여지는 스트레이트·리이드·잽을 말한다. 이 수단은 대부분의 파이터가 사용하는 기본적인 반격이다. 이것은 상대에게 고통을 주어 안절부절하게하며 또한 이것으로 인하여 계속하여 반격을 가하는 허점을 만들어내는 역활도 한다. 느린 잽에 대하여 최대의 효과를 발휘한다.

● 「외측으로의 패리와 右잽」은 상대의 리이드를 우측 어깨위로 슬립하고 나서 가하는 잽을말하는 것으로 상대의 左리이드를 피함과 동시에 타격을 가할 수 있는 안전한 방법이다. 이 경우, 상대의 左잽을 패리하여 아주 짧은 일순간에 左측 어깨에 눌러버리는 느낌이 된다. 또 상대가 잽을 찌르고 들어올때 밟고 들어옴이 크면 클수록 이쪽의 반격위력이 증가하는것이 된다. 이 수단은 「내측의 포지션에서 잽을 가하는」수단과 컴비로 사용되어야 한다.

● 「내측으로의 패리와 右훅(상체)」은 상대의 템포를 느리게 하면서 한몫할 수 있는 타격이다. 동시에 자신을 상대의 左手의 닿는 거리에 가져오는것이 되기때문에 위험을 수반하는 수단이다. 즉 자기의 右手와 우측 어깨가 내려감과 동시에 신체의 左측이 상대의 표적이 되고마는것이다. 따라서 이 경우는 스피이드와 기만을 이용, 갑자기 행하는것이 성공의 요소

가장 절약적인 발차기를, 그리고 가장 직진적(直進的)인 발차기를 본인이 발견하라.

이다.


● 「외측에의 패리와 右훅」은 상대의 방어를 무너뜨리고 左手의 공격용의 허점을 만들기 위하여 사용되는 용의하면서도 안전한, 잇점이 있는 일격이다. 때에따라서는 훅이라기보다. 어퍼커트가 된다.

● 「내측으로서의 블록과 左훅」은 처음이 블록동작이고 다음이 공격이다. 느린 잽에 대하여, 혹은 리이드手를 어깨에서 훨씬 떨어진곳에 유지하는 상대에게 사용된다. 매우 강력한 펀치이지만 다른종류의 반격수단보다 많은 연습을 필요로 하며 타이밍도 특히 정확치않으면 안된다. 이 방법은 내측에서 상대의 右리이드를 블록하여 체중을 앞으로 옮김과 동시에 左훅으로 턱을 찌른다. 확실한 허점이 보일때 이외에는 다른수단을 사용하는 것이 안전하다.

● 「左크로스」는 서양복싱에 있어서 가장 화제가 되며 가장 빈번히 사용되는 반격이다. 올바른 방법으로 가하여진 경우엔 무서운 위력을 발휘하는 펀치이다. 左크로스는 상대의 연장된 右스트레이트・리이드상을 교차하여 턱을 찌르는 左훅의 일종이다 즉 상대의 잽을 우측 어깨의 상방(上方)으로 슬립함과 동시에 左훅으로 외측에서 턱을 찌르는 비교적 쉬운「마무리」 펀치이다.

● 「내측 스트레이트・레프트」는 정확한 타이밍으로 상대의 右리이드 밑을 교차하여 내측으로 찌르는 펀치이다. 특히 상대가 크게 밟고 들어왔을때에 특히 외측에의 하리와 右잽, 혹은 右크로스에 관련시켜 사용한다.

● 「내측 레프트(左)로서 늑골을 찌르는」수단은 종류의 구별없이 상대의 右手에 의한 공격때에 생기는 허점을 이용하는 편승펀치이다. 즉 정확한 타이밍과 상대의 右腕밑으로 찔러나가는 스트레이트・리어를 말하며 방어하기엔 거북한 펀치이다.

● 상대의 반격을 받지않게하려면
  1. 페인트를 사용하여 상대의 리듬을 교란시켜 상태를 헝크러뜨리므로서 기회를 잃게한다.
  2. 공격을 가하는 중에 左右로 몸을 슬립하며, 머리높이를 바꿔 (불의

에 덕〈Duck〉한다), 언제나 흔들어 움직이는 (보브와 웨이브)것 등으로 상대가 겨냥하기 어렵게 한다.
3. 쉴새없이 공격과 방어수단을 변화시킨다.

카운터·어택은 그것을 사용하는 사람에
게는 보다 안전하고 적에게 있어서는 보다
파괴적인 교묘한 예술이다.

# ■리포스트(되찔러주기)
## Riposte

● 리포스트는 패리에 이어서 행하는 찌르기로 정확하게는 반격이다.

● 리포스트에 사용되는 수단은 공격수단과 같으며 상대가 그것에 대하여 어떠한 방어를 취할것인가는 추정에 의하기 때문에 공격에 실패한 후의 손의 동작을 예리하게 관찰하여 상대의 반응수단을 미리 아는것이 중요하다.

● 「직접 리포스트」는 패리와 같은 방향에서 가하여지고 단일의 직접적인 동작으로 이루어 진다(동일선상의 방어, 예비적인 방어, 상체의 동작등.)

● 「간접 리포스트」는 이탈동작(disengagement), 반이탈동작(counter-disengagement), 커트·오버등에 의하여 패리와는 반대방향으로 손을 상대의 손의 상, 하 혹은 그 주위에서 동작한다. 이것은 패리한 후 곧 커버 (방어행위)하는 상대에게 대하여 사용된다.
  1. 단순 리포스트(Simple Riposte)
    a. 직접 (direct)
    b. 간접 (indirect)
  2. 복합 리포스트(Compound Riposte)
    a. 한가지·이상의 페인트로 이루어진다.
  3. 하단에 종결하는 단순 또는 복합 리포스트

● 어느 리포스트도 패리를 행한 뒤에 즉시 가하여 지든가 혹은 다소 늦게 가하여 질 수가 있다. 이 경우, 앞에 한발 밟고 들어가는 풋 워크를 수반하여도 수반하지 않아도 좋지만 이것은 상대의 회복 스피드에 달려있다.

● 일반적으로 패리「직후」에 가하여지는 리포스트쪽이 상대를 수세 (守勢)에 강세(强勢)하기 때문에 잇점이 있다. 그 효과를 확보하기 위해서는 타이밍이 중요하며 상대의 공격이 끝나자마자 상대가 재차 공세로 되돌아오는 찬스를 얻기전에 패리와 리포스트를 행하여야 한다. 이 타이밍은 「공

격의 종국(終局)에 가한다」로 상대의 공격이 어디에서 끝나는가를 확신할 수 있다.

● 「느린 리포스트」는 상대의 반응을 보고나서 리포스트의 수단을 선택하기 위하여 패리를 행한 후의 짧은 사이를 기다려서 행하는 방법이다. 직접 리포스트를 받을 참으로 상대가 자동적으로 패리동작을 행한 경우, 아무 반응도 없는 헛손질이 되고보면 기대가 어긋나서(캐던스의 무너짐) 당황하기 쉽고 자기방어의 컨트롤이 불충분하게 된다. 그때 가하는 리포스트는 페인트를 사용하여 행하여도 좋다.

● 단순 리포스트의 응용(Applications of simpleriposte)
1. 직접 리포스트는 밟고 들어가기를 수반한 후 회복에 임하여 우선 팔을 구부리는 착오를 범하여 패리선상에 있는 부분을 노출시키는 상대에 대하여 수행된다.
2. 간접 리포스트(이탈동작이나 커트·오버에 의한다)는 직접 리포스트를 예기하여 상대가 패리선상에서 방어할때에 가한다. 이 커버동작은 대부분의 경우 무의식적으로 행하여지지만 때에 따라서는 고의로도 행하여지기 때문에 단순한 이탈동작을 사용하여 그것을 기만하면서 리포스트를 가한다.

3. 「반이탈동작에 의한 리포스트」는 밟고 들어가면서 또는 회복에 임해서 패리선상에 멈추지않고 기(技)를 바꿔 반격행위에 이르는 상대에게 행한다. 반(反)디스인게이지먼트가 상대의 체인지·오브·인게이지먼트(다른 선으로 공격한다)를 기만하는 것이다. 우(右)스탠스로 좌(左)스탠서에 대할때에는 특히 편리한 리포스트다.
4. 「하단(下段)에서의 리포스트」는 고정된 방어를 수반한채 공격하고 팔을 연장시킨채 회복하기때문에 아래쪽에만 허점을 남기는 상대에게 사용된다.

● 「복합 리포스트」는 단일 혹은 복수의 페인트에서 이루어지는 반격동작이다.
　例: 제6의 위치에서의 패리에 뒤이은 원투공격은 상대에게 같은 제6의 위치로 돌아오게끔 패리를 당해주고 직접 리포스트를 예기하여 동

어떠한 실행도 무의식적으로 「유인」 혹은 목표구역을 넓힌다.

일선상에서 커버한다. 리포스트를 가하는자는 팔을 구부린채로 이탈동작을 페인트함으로써 상대의 제 4 위치에서의 패리를 유도해 낸다. 상대의 뒤를 급습, 제 6으로 노리고있던 리포스트를 가한다.
▷리포스트의 생명이라고 부를 수 있는것은 타이밍이다. 공격이 종결되어질때 가하여진것이 최대의 위력을 보증한다. 이 시점에서는 상대가 공격에서 수세(守勢)로 급변할 시간이 없는것과 다름없기 때문이다. 따라서 상대가 패리하는것보다 더 빠르게 리포스트를 가하기때문에 성공율이 높다.

●상대의 「탐지하려는 동작」에 대하여 고의적으로 일정한 반응을 표시함으로서 상대로 하여금 특정의 수단을 사용하게끔 유도하는것도 종종 가능하다. 이렇게하여 상대가 사용하는 공격의 형을 미리 알아내는것은 타이밍의 찬스를 손쉽게 하여줄뿐만 아니라 자신에게 유리한 대항수단을 기도할 수가 있는 이점을 가져다 주기도 한다.

●반(反)리포스트는 상대의 리포스트를 무난히 패리한 후에 가하는 공격을 말한다. 반(反)리포스트는 공격자나 수비자의 어느쪽에서도 가할수 있으며 단순 혹은 복합적으로 행하여진다. 타이밍은 밟고 들어감과 동시, 회복하면서, 회복한뒤, 혹은 거리에 따라서는 밟고 들어감을 수반하지 않은채 가한다.

●반(反)리포스트는 때에따라 「제 2의 의도」의 결과일때가 있다. 제 2의 의도란 최초공격이 타격을 줄 목적이 아닌 패리와 리포스트를 수비자로 하여금 행하게 할 목적으로 가하고난 후, 상대의 반응에 대하여 리포스트(카운터)를 노리는것을 말한다. 이와같은 공격자에 의한 일련의 공격 및 방어행위는 통상 최초의 방어가 극히 고정되어 있을때 제 2의 공격에 의해서 그 방어가 무너질 수 있다고 확신되는 상대의 경우에 사용된다. 공격자는 최초의 공격뒤에 「절반」가량 회복하든가 패리를 행하면서 체중을 뒷다리에 재차 옮기고 상대의 위험한 리포스트가 닿게한 후 앞으로 작게 일보 밟고 들어가든가 단순히 신체를 전방으로 기울이든가 하면서 반(反)리포스트를 가한다.

# ■ 재공격(再攻擊)
## Renewed Attack

● 상대가 패리도 하지않고 뒤로 물러났을 때에는 복싱에서 말하는 리더블 멘트(Redouble ment), 혹은 펜싱에서 말하는 리미즈(Remise), 즉 되반복이 소용될때가 있다. 이것은 최초의 공격, 혹은 반격동작과 같은 선상에서 공격의 반복, 또는 무기를 바꾸는것을 말한다. 이 방법에 의한 재공격은 상대가 남긴부분, 가령 정강이나 무릎을 노리기 위하여 사용되며 간접리포스트 또는 복합리포스트의 동작이 대담한 상대를 곤란하게 만드는 수단이다.

● 재공격은 고정된 방어를 유지하면서도 리포스트를 가하는것에 주저하거나 시간을 지체하는 상대에게 매우 유효하다. 이와같은 경우는 상대가 패리를 시도하였으나 밸런스가 무너져있기때문에 생각대로 동작을 할 수 없는 경우가 많기 때문이다.

● 다권격수(多拳擊手)는 스스로를 방어하기위하여 작게 뒤로 일보 물러나면서 뒷발에 체중을 옮겨버리는 과오를 범하기 쉽다. 이와같은 경우에는 체중을 지탱하는 뒷발을 공격하는것이 좋다.

● 재공격의 성공여부는 여하히 신속하게 전방으로 회복될 수가 있는가 즉 풋·워크에 달려있다. 최초의 공격에서 잃은 밸런스 혹은 컨트롤을 상대가 회복할 수 있는 기회를 주어서는 안된다.

● 일반적으로 전방에의 회복은 상대의 팔을 공격하는 동작을 수반한다. 그 잇점은.
  1. 전방에의 회복에 요하는 시간을 메꾸어 준다.
  2. 그 사이, 상대의 주의를 거기에 쏠리게함으로써 상대가 뒤늦게 가하여 올지도 모르는 스톱·히트 혹은 리포스트의 가능성을 감소 시킨다.

일단, 직감적으로 카운터 하는것을  느끼면 의식을 격투의 대충계획에 향하게 할 수 있다.

3. 회복하는 동안에 상대의 팔을 잡음으로써 얼마간의 지탱을 할수 있다.

● 재공격은 그 자리에서 불의에 행할 수도 있지만 그 경우에는 확실하게 동작시간을 얻을 수 있느냐가 문제가 된다. 따라서 대개의 경우, 상대의 방책(方策)이나 동작습관을 예리하게 관찰한 후에 계산된 일격으로 행한다.

● 전방에의 회복에 이어서 계속되는 재공격은 다음의 여러가지 동작을 포함할 수도 있다.

1. 스트레이트・펀치
2. 스트레이트・펀치의 페인트와 직후의 간접단순공격
3. 상대의 손에 가하는 준비동작(비이트, 트랩)과 거기에 이어지는 단순 혹은 복합공격

秘伝・截拳道의 道

카운터·어택은 최고의 기술과, 가장 안전한 계획과 그리고 모든 전투기술의 가장 정교한 실행을 필요로 한다.

# ■ 작전 (*Jactict*)

● 작전, 혹은 방책(方策)은 상대에 대한 예리한 관찰과 분석, 거기에 자신의 수단, 행동의 현명한 선택에 달려있다. 작전적인 행동은「사전의 분석」「준비」「수행」의 3부분으로 이루어진다.

▷ 분석

사전에 상대를 분석하는 목적은 상대의 동작습관(癖), 강함, 약점등을 자세히 조사하여 토대로 삼으려는것에 있다. 파이터는 상대가 적극적이지만 수세(守勢)를 유지하는 타입인가, 혹은 타이밍을 활용, 이쪽의 동작에 평승하여 행동을 일으키는 타입인가, 또한 상대의 장기의 공격수단 혹은 패리의 수단은 무엇인가등을 미리 알아야 한다. 가령 자신이 알고있는 상대라 할지라도 그날, 그 시간에 따라서 육체적 또는 정신적 컴비네이션은 변화할 수도 있는것이므로 그때마다 주의깊게 관찰하는것을 게을리 하여서는 안된다. 더우기 작전술에 능통한 파이터는 상대의 기능이나 반응속도 등을 유도해 내거나 강세(強勢)하거나 하면서 관찰한다.

▷ 준비

행동(공격)의 준비동작을 하는 사이에 파이터는 실질적인 공격을 가할 계기를 찾으며 또한 적의 뒤를 치려고 시도한다. 그 방법은 여러가지 이겠지만 어느것이건간에 성공적인 공격을 가하고자 한다면 우선 파이터는 스스로의 행동의 선수와 미리 액션의 컨트럴을 자기의 수중에 유지하지 않으면 안된다. 그러기 위하여서는 때에 따라서 허위공격 동작을 행한 뒤 계속하여 같은 표적, 또는 다른부분에 실질적인 공격을 가함으로써 상대를 기만하는것을 시도해 본다. 상대에게 선수를 뺏기지 않기 위하여 목표물이나 포지션을 언제나 변화시켜 주의를 기울이게 하여야 한다. 공격준비는 주의깊게 행하여 상대가 스톱·히트(Stop-hit) 혹은 반격을 갑자스레 행하여 오더라도 항상 패리할 수 있는 상태로 되어있지 않으면 안된다.

▷ 수행

실제의 공격은 정확한 타이밍으로 신속하게 주저없이 수행되어야 한다. 또한 그것은 자각되어진 단호한 동작, 가속을 수반한 결정적인 동작이 아니면 안된다. 이 경우, 상대의 불의(不意)를 찌르는것이 절대 필요하다는 것도 중요하다. 더구나 만일 상대가 선수를 취했을 경우에는 방어의 손을 비이트하거나 짧은 잽등을 사용하여 반격의사를 표시한다든지 실제로 가하거나 혹은 기타의 수단을 사용하여 상대의 주의를 끌어들여야 한다.

▶ 보디 블로우 ◀ (*Body Blows*)

──── 기본적인 2가지의 보디 블로우 ────
(The two basic body blows)

조절은 특정의 자극이 특정의 반응을 불러 일으키는 작용이다.

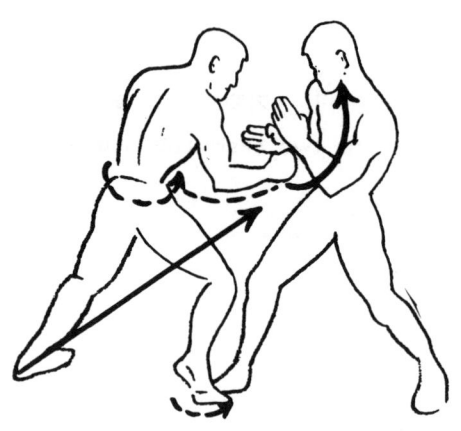

●동등한 육체적 기능을 가진 파이터끼리 싸우는 경우에는 지능적으로 뛰어난 쪽이 승산이 있다.


●파이터가 자기 생각대로 작전적인 행동을 응용하려면 물론 그의 기교(테크닉)의 능력이 어느 일정한 기준에 달하여 있지않으면 안된다. 동작, 작용이 자동적으로 이루어졌을 때에야말로 파이터는 상대의 반응을 발견하여 의도를 찾아내고, 그것을 활용하여 상대를 쓰러뜨릴 수 있는 적당한 책략이나 수단을 연구하기 위해 자기를 집중시키는것이 가능케된다.

●작전은 냉정한 판단, 예상, 임기응변, 기만, 경계, 더우기 「바로 앞의 움직임을 고려하는 능력」을 요한다, 이들의 요소가 용기와 근육과 수족(手足)의 통합된 반응이 일치가되어 필요한 순간에 그때 그때의 상황에 적응할 수 있는 동작을 만들어 내는것이다.

●파이터의 사고와 행동은 번개의 섬광과 같지않으면 안된다. 심신의 통합이야말로 격투에 있어서 승리의 확실한 비결인것이다. 아무리 기술이 완전하다 하더라도 사고력이 없다면 아무 소용에도 닿지않으며 또 반대로 아무리 상대의 동작을 정확히 분석할 수 있다하더라도 필요한 순간에 수족(手足)이 적절한 수단을 발휘하지 못한다면 이것 또한 아무 소용이 없는것이다.

●작전에 가장 중요한것은 상대의 약점이나 허점을 노리는 것이다. 상대가 조금의 빈틈도 없이 완전한 밸런스로 착실하게 통제되고 훈련된 리듬, 혹은 불규칙적인 리듬으로 행동하고 있을때에는 누구도 공격을 가하거나 하지않는다. 미친듯이 날뛰며 돌진하여오는 상대에게 정면으로 부딪치는 것같은 일은 결코 하지않는다.

●작전에서 매우 중요한것은 상대가 별로 익숙치못한 수단으로 맞서는 것이다. 즉 복서와 대할때는 격투를, 파이터와 대할때는 권투를 하라는 얘기다.

●긴 무기를 가진 상대, 혹은 계속하여 재공격을 가해오거나 한발 밟고 들어오면서 공격하여오는 상대와 맞설 경우에는 서로의 간격(거리)을 약간 넓게잡을 필요가있다. 그러나 상대의 공격, 또는 준비동작에 반드시 일보

단일한 기능적 단위를 형성하기 위하여서
는 조화적으로 적합(適合)하라.

후퇴하는 반응을 보이는것은 상대에게 있어서는 그야말로 좋은 거리를 주
는 기회가 되기쉽다. 따라서 때로는 밟고 들어가서 거리를 좁혀보는 것도
상대를 혼란시켜 정확함을 잃게하는데 소용이 된다.

● 키가 작은 파이터는 상대의 손에대한 준비동작, 혹은 가까이에 있는 표
적을 공격하는것으로 자신의 짧은 무기를 보충하든가 혹은 자신있는 자는
접근전에 들어감으로써 결점을 보충할 수가 있다.


● 상대의 캐던스가 아닌 전혀 자기의 캐던스로서 동작하여 상대를 어리둥
절하게 하다가 갑자기 폭발적인 스피드를 가하는것도 수단중의 하나이다.

● 냉정하고 침착한 상대의 경우는 페인트를 길게 넣고, 신경질적이며 침
착성이 없는 상대의 경우에는 짧게 넣는것이 좋다. 또 냉정한 상대와 대할
때에는 자신도 냉정하여야하며 침착성이 없는 상대를 대할때에는 한층 상
대를 초조하게 만들어서 냉정함을 잃게하는것을 배워야 한다.

● 관습에 의존치않는 파이터는 경우에 따라서 매우 대담하여 생각지도 못
하였던 동작을 가하여 오기때문에 충분한 거리를 유지하고 패리할 때는 될
수 있는한 최후까지 기다려야 한다.

● 이쪽의 손을 노리고 공격준비를 완전한 타이밍으로 습관적으로 뻗쳐오는
상대의 경우는 간격(거리)을 항상 변화시켜 접촉을 피하는듯이 무기를 연
장시키지 말고 방어의 손도 짧게 유지하므로서 망설이게하여 액션을 제한
시켜 버리면 좋다.

● 항상 수세(守勢)를 취하고 방어가 고정되고 간격도 넓게 취하면서 이쪽
의 준비동작에도 편승하지않는 상대의 경우, 직접적인 공격을 가하는것은
무모한 짓이다. 이와같은 상대는 대개 스톱・킥이나 스톱・히트의 명인이기
때문이다. 그럼 어떻게 할것인가? 페인트를 끈질기게 시도하면서 상대의
스톱・히트를 유도하여 카운터・타임(제 2 의 의도를 수반한 공격)을 가하여
야 한다. 이 경우, 상대의 손을 잡고 엉켜 싸우는것(혼전)으로 들어갈 수
도 있다.

● 접촉을 결하는것으로 위험을 피하는 상대에게는 허위공격, 혹은 공격하

여 오기 좋은 페인트를 사용하여 반응을 유도해 낸다. 이 경우의 반응이 스톱·히트인 경우에는 가능하면 적의 손을 잡고 카운터·타임을 가한다. 패리로서 반응한 경우라면 복합공격을 수행하든가 카운터·리포스트를 찌른다.

● 초심자의 리듬은 스스로 블로킹·리듬이 되는 경우가 많고 숙달된 사람의 눈도 속이는 수가 있다. 초심자에 대하여서는 그 액션이 단정하기 어렵기 때문에 상대가 연장되게 하기위하여 간격(사이)도 넓게 취하고 세심한 공격을 피하는 대신 단순, 신속, 또한 단도직입적인 동작에 의한 공격을 가하는 편이 효과적이다.

● 파이팅의 원칙은 필요이상으로 복잡한 동작을 피하는 것이다. 단순한 동작에서 시작하여 목적을 이루지 못한채 할수 없이 복합적으로 동작할 필요가 있을 경우에만 그것에 의지한다. 물론 강한상대를 복잡한 수단으로 이겨내는것은 가능한 일이며 테크닉의 숙련을 과시하는 것이라 하겠다. 그러나 그 이상으로 강한 상대를 단순한 수단으로 이겨내는 것이야말로 진실한 의미의 대가(大家)인것이다.

● 반복하여 말하거니와 진정한 파이터는 모든 수단을 알고있지 않으면 안된다.

● 상대는 이쪽의 버릇이나 약점을 끊임없이 발견하고자 하고있으므로 그 뒤를 찌르기 위해서 일부러 어떤 버릇이나 약점을 만들기도 하면서 변화있는 게임을 하여야 한다.

### ▶ 바른손잡이 대 왼손잡이 ◀

● 右훅은 매우 효과적인 펀치인 동시에 반격 펀치이기도 하다. 반격의 경우에는 특히 짧게 일보 뒤로 가볍게 뛴 직후에 가하여 진다. 그러나 좌측손은 물론 우측손도 용기로 사용하는 사우스포(왼손잡이)는 무서운 상대이다.

● 사우스포와 대할때에는 자신의 우측손은 약간 높게 구부려 들고 예리한 좌(左)로서 선수를 잡든가 아니면 좌측손으로 펀치를 페인트하여 뒷쪽으로 일보 뛰어 물러난 후 즉시 좌측손으로 반격을 가하고 더구나 우측 훅으로서 팔로우·업한다.

적의 약점을 공격하기 위해 모든 힘을 통합하라.

●훅은 우측손을 방어에 사용하면서 좌측손으로 상대의 머리나 동체를 공격하는것도 또하나의 수단이다.

●또 좌(左)스탠서의 연상된 좌측손(리이드)의 외측으로 슬립하면서 긴 좌측 훅으로 동체를 찌르는 수단도 좋다.

●하단 사이드·킥을 상대의 내밀어진 표적에 가하기 위해서는 그 직전에 외측선(아웃사이드·라인)에서 우선 상대의 손을 부동(不動)하고난 후가 좋다. 발차기를 넣는.동안에는 상대의 리이드(左)를 피하는것과 같이 상체를 경사지게한채 행한다. 상대의 리어드·킥의 카운터를 피하기에는 타이밍이 매우 중요하며 특히 상대가 체중을 앞으로 이행(移行)하는 도중에 가하여야 한다. 그러나 이 경우, 상대가 리어의 스냅킥을 정면으로 향하여 넣어 올지도 알 수 없으므로 주의가 필요하다. 그런 경우에는 우측으로 회전하여 우측의 백·피스트를 가하는것도 한가지 수단이다.

●외측선에서의 비이트(상대의 손을 친다)는 허위 신·니·킥의 준비동작이 되어 즉시 $1\frac{1}{2}$박자의 리듬을 사용하여 리이드손으로 상대의 얼굴을 펀치하는 수단이 되기도 한다.

●공격을 가하기전에 왼손잡이 상대의 내측선에서 비이트하거나 슬라이드(미끄러지듯이 움직인다)하거나 하는 사이에는 상대의 우측(리어)발과 크로스를 경계하는 것을 잊어서는 안된다.

●자신의 상단내측선에 상대의 찌르기를 패리하여 카운터·패리한다.

●노출된 상대방의 겨드랑이 아래를 노려 우측펀치를 가하면서 상대의 좌측 잽을 슬립하여 볼것.

●파이팅이란 타이밍, 책략 및 기만의 게임이다. 가장 효과적인 파이팅수단은
  1. 부동(不動)에서의 단순공격 특히 일련의 허위공격이나 페인트를 수행한 후에는 불의의 습격을 받은 상대가 순간적으로 놀라서 즉시 반응을 할 수 없게 되는 경우가 많다. 상대는 준비동작, 혹은 좀 더 복잡한 동작을 예기하고 있기때문이다.

秘伝・截拳道의 道

보디에 대한 내측에의 패리와 우(右) 혹
은 적의 움직임을 늦추기위해서 사용된다.

2. 공격직전 혹은 진행중의 리듬 또는 캐던스의 변경이 수단도 상대가 에기치 못하는 리듬으로 불의에 찌르는 것이다. 예를 들면 계획적으로 느린 템포로 가하여지는 페인트나 느리게 하는 전진, 후퇴는 상대를 안심시키며 마음놓게 하는데 소용된다. 그러다가 최종동작을 하이·스피드로서 행함으로써 상대가 알아차리지 못하는 사이에 목적을 달성할 수가 있다. 혹은 그 반대리듬, 즉 신속한 페인트에 이어 약간 느슨한 템포의 최종동작을 가하는것도 어떤 경우에는 효과가 있다.

● 파이터에 따라서는 공격이 향하여진 손, 혹은 발을 반사적으로 당기는 버릇이 있는자가 있다. 이와같은 상대에게는 재빨리 밟고 들어가서 재 공격을 가하는 방법이 효과적이다.

● 상대의 눈을 피하지 말것 / 격투의 모든것을 보는것이 중대하다. 롱·렌지파이팅일때에는 상대의 눈을 보고 인·파이팅일때에는 상대의 발, 혹은 허리를 본다.

● 상대의 플레이를 잡아 수세(守勢)에 둔다. 될 수 있는한 상대에게 쉴수 있는 여가를 주지않고 여러 각도에서 공격한다. 우측 잽을 넣을때에는 더블(2연속공격)로 한다. 상대의 약점을 파고 들어갈것. 항상 움직임으로써 상대의 공격겨냥이 빗나가게 한다. 상대가 밸런스를 잃으면 즉시 공격한다. 팔로우·업으로 공격한다.

● 블로킹타임·어택은 적을 기만하는것에 매우 효과적이다.


● 적의 반응을 알아보는 하나의 방법은 적이 아직 패리를 행할 수 없는 간격(거리)에서 단순공격을 개시하는 것이다. 리포스트를 기다렸다가 그것을 피하고 그리고 카운터·패리를 위한 목표를 골라야 한다.

● 적을 놓치지말고 볼것, 실제의 격투사이에 결코 적에게서 눈을 떼어서는 안된다. 정확히 타격을 가하기 위하여서는 모든것을 보고있지 않으면 안된다. 먼 간격(사이)의 격투에서 보아야 할곳은 상대의 눈이다. 동물들이 싸울때 어디를 보고있는가 주의하여 살피는 것이 좋다.

근접전일때에는 적의 발, 혹은 웨스트를 본다. 적으로부터 행동의 자유를 뺏고 방어를 쫓아내는 것이다. 즉, 다음순간에 하고자 하는일을 추측케하면서 계속하는 것이다. 만일 "결정적인 챤스다"하는 순간이 오면 그때에는 몸을 멈추어서는 안된다. 모든 각도에서 치는것이다. 우(右) 로서 잽을 할때에는 그것을 2 연타로 하면 좋다. 적의 약점을 발견하고 상대의 곤란한점을 찾아내지 않으면 안된다. 방어의 그 약점에 공격을 집중하여야 한다. 그리고 절대 공격을 늦추어서는 안된다. 상대를 최악의 상태에 몰아넣고 격투하는 것이다.

● 계속 움직임으로써 적의 펀치준비를 방지하고 미스시킬 수 있다. 돌진에 대하여서는 선회(旋回)하고 사이드스텝하여 적의 밸런스가 무너질때 최후의 일격을 가한다. 우세(優勢)를 철저하게 유지하여야 한다.

● 움직임을 헛되게 하지말아라. 기만, 방어, 혹은 공격의 모든 행동에 주의하며 어떤 펀치도 눈치채게 하여서는 안된다.
　▷ 자신을 가지고 공격하라.
　▷ 정확히 공격하라.
　▷ 맹 스피드로 공격하라.

● 되새겨보면 모든 「공격적 팔」의 활동은 가령 단순한것이건, 복잡한것이건간에 적어도 3개의 기본(박자, 혹은 적의 손이나 발의 선제(先制)에 대한 준비, 이탈동작, 단일적인 찌르기)으로부터 생겨나고 있다.

● 적절한 책략, 그리고 링에서의 전략수완에 의한 초보적인 공격, 혹은 방어중의 어느것이라도 올바른 조건밑에 사용되어야한다.

▶ 트레이닝의 원조(援助) ◀ (Training Aids)

● 연습의 사이, 지도자는 공격과 방어, 혹은 카운터·어택의 타격의 전술적인 응용을 납득이 가게끔 하여야 한다. 여러가지 경우에 있어서
　▷ 여하히 … 그것은 이루어 지는가?
　▷ 왜　　…그것은 이루어 지는가?
　▷ 언제　…그것은 이루어 지는가?

● 만약 그 연습이 거기에서 타격이 사용되어서는 안되며 여러가지 상황을

책략은 격투의 두뇌노동이다.

제시한다면 학생들은 익숙치못한 행동에도 어리둥절 하지않는다.

●연습상대를 바꿀 필요도 가끔있다. 그것에 의하여 일정한 책략, 혹은 율동에 고정되는것을 피할 수가 있다. 성공한 투사란 그가 습득하여온 타격을 정확히 선택하는것을 배워온자를 말한다.

●가장 중요한 연습의 하나는 컴비네이션(손, 발, 혹은 양쪽)을 습득하는 것이다. 또 어떤 컴비네이션이 상대를 타도할것인가를 결정짓기전에 적의 행동을 연구하지 않으면 안된다.

부르스·리(뒷모습)의 지도는 정확했다.

전략적인 접근은 세개의 부분으로 이루어진다. 예비분석, 준비, 그리고 실행.

# ■공격의 5가지 방법
(Five ways of Attack)

> 편자注 : 공격의 5가지 방법은 부르스·리가 그의 죽음보다 조금 앞서 그의 움직임을 설명하기 위해 사용하고 있었던 최후의 기술(記述)이다. 그 각서(覺書)의 불완전함은 그가 개인적인 제자들에게 하였던 광범위한 설명과 비교될때 밝혀질것이다.

### ▶ 단일 각도공격(単一角度攻擊) ◀ (Simple angle attack)

● SAA — 단일각도공격은 무엇이 이외의 각도로치는 단일공격으로 때로는 페인트에 의하여 선도(先導)된다. 그것은 풋워크로서 간격(거리)을 조종하여 바꿈으로써 종종 조립(組立)되기도 한다. 회피적인 리이드와 단일공격을 연구하라.

### ▶ 이모우빌라이제이션·어택 ◀ (Immobilization attack)

● IA — 이모우빌라이제이션·어택은 적의 방어를 무너뜨릴때에 적의 머리(머리칼), 손, 혹은 발을 움직이지 못하게 하는 준비(트래핑)를 응용하는 것에 의하여 행하여진다. 트래핑은 거기에서 치려는 안전지대를 나타내는 몸의 그 부분을 적이 움직이려는것을 방해한다. 이모우빌라이제이션·어택은 무엇이나 다른공격의 4가지 방법을 사용하는것의 의하여 조립(組立)된다. 그리고 트랩은 조합(組合)일때, 혹은 단독으로 행하여진다. 스톱·히트도 또한 연구하라.

● 이모우빌라이제이션은 한손으로 억누르며 다른 한손으로 공격할때에 예방수단으로 사용된다. 그것은 또한 슬리핑과 카운터링일때에도 예방수단의 하나로 사용된다.

숙달된 사람은 단순한, 그리고 복잡한 공격에서 간격(거리)의 변화를 위한 카운터 ·어택…등등에서 자기의 시합에 변화를 주어 야 한다.

● 적이 실제로 일격을 뻗어올려고 할때에 이모우빌라이제이션을 사용하려면 적이 선제(先制)하고자 할때, 그리고 실행을 위해 스피드와 기술에 맡길때에의 지식을 필요로 한다.

● 파피적인 무기로서 그것을 사용하려면 앞팔(前腕)에 대한 보디감각을 획득하라. 느긋이 손톱을 세우고 잡거나, 무릎치기도 가하고 곤봉을 사용하라.

▶ 전진간접공격(前進間接攻擊) ◀Progressive　Indirect　Attack

● PIA—전진간접공격은 페인트, 혹은 상대의 행동, 반항을 틀린 방향으로 유도하는 허위(기만)의 찌르기에 의하여 선도(先導)된다. 그것에 의하여 생겨난 허점, 혹은 동작시간을 이용하여 가하여진다. PIA는 페인트에 이어지는 SAA(실제로는 2가지의 동작으로 이루어진다)와는 달리 한번 물러남이 단일의 전진동작으로 이루어지고 그것에 의하여 거리(간격)가 축소된다. 우선 페인트를 행함과 동시에 간격(거리)은 대강 절반으로 좁혀지지만 이 경우 페인트시간은 다소 연장하여 상대에게 반응시간을 주어야한다. 제2동작으로서 간격의 나머지 반을 사용한다. 이때에는 상대가 블록하는것을 기다리지않고 먼저 행동한다. 이 공격동작은 상대의 팔이 앞(前), 옆(橫), 혹은 기타방향으로 움직이고있는 사이에 시작되어야 한다.

● 전진간접공격은 주로 그 방어가 단순한 직접공격에 강한적을 이기기위한 수단으로 사용된다. 그것은 또한 공격에 변화를 주기 위하여서도 사용된다.

● PIA 는 페인트와 이탈동작을 사용하지만 각개의 전진간접공격은 단일한 앞으로의 동작에 의하여 실행된다는것을 잊어서는 안된다. 간격(거리)을 얻는다는것은 전진적인것을 말한다. 간격을 축소하기 위하여 그 길이는 최초의 페인트에 의하여 반정도로 좁혀지지 않으면 안된다. 적이 반응하는 시간을 주기 위하여 페인트를 충분히 길게하여야 한다. 공격을 완료하기전에 적의 블록을 기다려서는 안된다. 그것에 우선하여 행하여져야 한다.

● 공격을 시작하지않으면 안되는때는 적의 팔이 가로지른다든가 하(下)로, 상(上)으로, 그리고 기타방향으로 움직이고 있는 사이이다. 적의 방어동

작이 공격방향과는 반대로 움직이고 있을때를 노려야 한다.

●극히 드문 경우를 제외하고는 모든 움직임을 될 수 있는데로 작게 이루어져야 한다. 즉, 손을 빗나가게하는 움직임을 최소로 하여 적의 반응을 유도할 필요가 있다. 이와같이 빗나가게 하는 것은 적의 손, 극히 가까이에서 행하여져야 한다.

1. 최초의 공격은 강하게, 급히, 헛됨없이, 십분 커버하면서 더우기 좋은 밸런스로 행한다. 위력을 위한 1의 개시 (리버스·훅과 같은)와 보통의 개시사이를 구별한다.
2분의1.후반은 빠르고 강한 발차기가 아니면 안된다. 그리고 그것은 접근전이 개시되기전에 받은 자세에서 너무 크게 빗나가서는 안된다.

●목표에 도달하기 위하여서는 공격자는 적의 전진하는 밸런스, 고정된 밸런스, 방어자세, 피하기를 기만하지 않으면 않된다. 그리고 적의 몸이나 마음의 준비가 되어있지않는 순간을 잡지않으면 안된다.

●전진의 처음쪽에서 페인트를 하는 조합(組合)이 제 2의 목적에 루우즈하게 변화하는 사이, 스피드와 파워를 증가시키기 위하여 2개의 움직임의 허점을 메우는것에 주의를 하지않으면 안된다.

책략을 최대로 응용할 수 있기전에 투사는 기술적 능력의 상당한 수준에 도달하여 있지 않으면 안된다.

▶ 어택·바이·컴비네이션 ◀ (Attack by Combination)

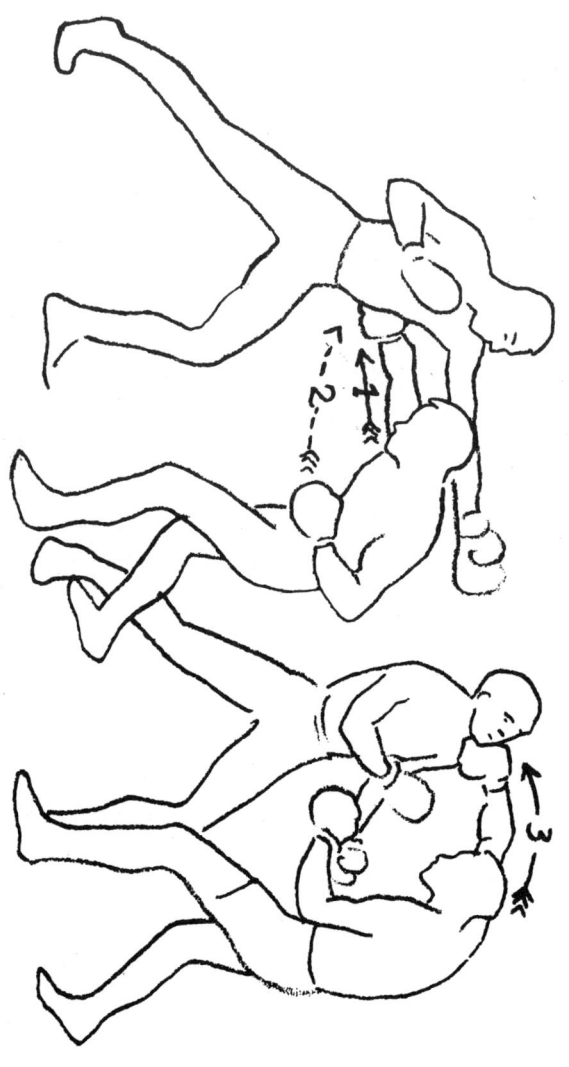

●ABC, 즉 조합에 의한 공격은 서로 계속되는 일련의 타격으로 그것의 타격은 보통 어느 한방향에 멈추지않으며 복합공격과 컴비네이션,펀칭을 배우지않으면 안된다.

●조합(組合)에 의한 공격은 일반적으로 세트·업으로 이루어진다. 「세트·업 "Set-ups"」이란 말은 자연적인 연속에서 방출된 일련(一連)의 블로우(blow)나 킥(Kick)을 의미한다. 그 목적은 일련의 최후의 블로우가 약점을 찾아낼것같은 위치에 적을 교묘하게 움직이게 하던가 혹은 일련의 최후의 블로우가 약점을 찾아낼것같은 허점을 만들어 내는것이다. 조합은 적에게 최후의 일격을 찌르는 넉아웃·블로우, 혹은 킥으로 행하여 진다.

●숙달자는 초심자와 달리 각개의 호기(好機)를 이용하여 각개의 허점을 추격한다. 그는 민감하고 위압적인 오라(Oura)와 당당한 리듬을 사용한다. 최후에 클린·쇼트(Clean Shot)가 얻어질때까지 그는 각개의 허점이 다른 허점을 만들어낼때 블로우나 킥을 방출시킨다.

●몇가지의 블로우는 그들이 선제(先制-리이드)에 이어지는 일로서 팔로우·블로우(follow blows)의 역할을 치룬다. 예를들면 좌측 스트레이트는 우측잽을 위한 팔로우·블로우이고 그리고 우측훅은 좌측스트레이트를 위한 팔로우·블로우이다.

●스트레이트에 이어서 훅을 치는것은 당연하다고 생각된다. 그리고 최초에 머리, 그리고 난 후 보디를 치는것이다. 팔로우·블로우, 혹은 세트업은 그들의 기초로서 리듬과 감(勘)을 가지고 있지않으면 안된다. 리듬을 가지고 펀치를 날리는 것은 서양식복싱에서는 중요한 요소로 되어있다.

황금률(律)은 바람직한 결과를 달성 하는 것에 필요한 이상의 복잡한 움직임은 결코 사용치 않는것이다.

● ABC에서는 3단치기가 보통이다. 예를들면 최초 외측이나 내측, 어느 쪽인가에 슬리핑, 그리고나서 머리에의 블로우 그리고 보디·블로우를 친다. 처음의 두개의 블로우는 적의 가드를 내리고 최후의 일격을 위한 허점을 만드는 것이다.

● 트리플·블로우·세트업(Triple-blow Set-up)의 별형(別形)은 「완전한 3연타」라고 알려져있다. 세프티·트리플(Sofety triple)은 최초에 보디에, 다음 머리에, 혹은 그 반대로 칠때에 필요한 리듬을 기다리는 일련의 블로우이다. 최후의 블로우는 최초의 블로우가 쳐진 그곳에 치는것이 중요하다. 만약 최초의 블로우를 턱에 친다면 최후의 블로우도 또한 턱에 쳐야할것이다.

● 원투의 변형(變形)도 배우지않으면 안된다. 그리고 실행중에도 그 방향을 바꿀 수 있게끔 하여야 한다.

명중시키기 위하여서는 격투의 진로를 나
가고 있는 모든것을 보지 않으면 안된다.

▶ 어택·바이·드로윙 ◀ (Attack by drawing)

● ABD, 즉 유인에 의한 공격은 적에게 명백한 허점을 남겨둘것, 혹은 적의 과실을 유도해 냄으로써 시작된 공격이나 반격을 말한다. 유도에 의한 공격은 앞의 4가지의 공격법을 사용할 수 있다. 타이밍과 8가지의 기본 방어자세를 연구할것.

● 가능한때에는 언제라도 자발적으로 쳐나가기전에 적에게 선제(先制) 하게끔 유도하여야 한다. 적이 착오를 범하는 결정적인 일보(一步)를 시키는것에 의해서 그가 하고자 하는것을 알 수 있게 된다. 그것은 적의 몸자세(태세)나 방어자세를 변경하는 능력을 뺏는것이 된다.

● 적의 단순한 치는행동은 여러가지 종류의 허점을 보여준다. 적을 노리는때에는 아주 알맞는 목표를 만들어야 한다.

● 모든것중에서 가장 중요한것은 카운터에 파워를 가하기 위하여 상대의 힘을 이용하는 것이다. 강타의 비결은 정확한 타이밍, 옳바른 플레이스먼트(Placement), 그리고 심리의 응용이다.

● 적에게 목표를 노출시킴으로써 적이 카운터를 치고자하는 공격에 과실을 유도하며 그 후 공격하기위한 감각과 밸런스를 양성하는 것이다.

# ■무심(無心)의 章

정신은 의심의
여지없이 우리들
존재의 관리
인이다.

적절한 **책략**이나 링에서의 전략수완에 의한 어떤 초보적공격, 혹은 방어라도 가장진보된 격투의 형(型)속에서 사용되어야 한다.

그는 언제나 무심(無心)이었다.

## ■원주( 円周 ) 없는 원(円)
### Circle With no circumference

● 절권도는 결국 사소한 기술의 문제가 아니라 고도로 발달한 인간의 정신성과 체형(体型)의 문제이다. 절권도는 과학기술의 문제가 아니라 정신의 통찰력(洞察力)과 트레이닝의 문제이다.

● 무기는 원주(円周)가 없는 원(円)의 중심이된다. 그것은 움직이고 있으면서도 마치 움직이지 않는것 같으며 긴장하고 있으면서도 그러나 평온하게 보인다. 일어나야하는 일을 모두 보고있으면서도 그 결과에 대해서는 전혀 신경을 쓰지않는다. 일부러 계산되어진것이나 의식적으로 계획되어진것은 그 어느것도 가지고 있지않으며 예기(予期)도, 기대도 가지지 않는다. 즉 어린애처럼 천진난만하기만하다. 그러나 그러면서도 충분히 과열된 마음의 예리한 지성을 가지고 있는것이다.

● 현자(賢者)의 옷을 벗어버리고 다시 한번 평범한 인간성을 되찾자. 무수양(無修養)의 수양후에 인간의 판단력은 현상적(現象的)인것에서 초연히 계속될 수가 있다.

● 그 사람과 그의 환경은 함께 소거(消去)된다. 그런 까닭으로 그 사람도 그 환경도 살아나게 되는것이다. 계속 구하라.

● 사람은 자신의 마음의 모든 장애가 제거되고 그리고 몸에 익혀온 어떤 기술이라도 일소시키고 마음을 空(유동성)의 생태에 둘 수 있을때까지 기술지식을 자신의것으로 할 수는 없다.

● 알면 알수록 배워온것은 날마다 버리는것이 된다. 그래서 마음은 언제나 신선함을 유지하고 그리고 더렵혀지지 않고 끝나는것이다.

● 기술을 배우는것은 선(禪)에서의 철학의 지적인 이해와 같은것이다. 그리고 선(禪)과 절권도의 양쪽에 있어서 지적인 숙달은 그 수양의 전부는 아니다. 양쪽 모두 궁극적인 진실에의 도달을 구한다. 그 궁극의 진실이란 공(O), 혹은 절대이다. 후자는 상대성의 양식을 초월하고 있는것이다.

성공한 투사라고 말할 수 있는 사람은 그
가 배워온 타격을 올바르게 선택하는 것을
배워온 사람이다.

절권도에 있어서는 모든 기술은 잊혀져야 한다. 무의식은 상황을 취급
하기 위하여 그대로 두어져야 한다. 기술은 자동적으로, 무의식적으로 그
놀라움을 명언(明言)하여준다. 기술을 가지지 않는다는것은 모든 기술을
가지는것인 것이다.

● 습득되어온 지식이나 기술은 잊혀지지 않으면 안된다. 배우는것은 중요
한 일이지만 그 노예는 되지말아야 한다. 모름지기 무엇인가 표면적이고
불필요한것을 감추어서는 안된다. ─ 마음은 가장 중요한 것이다. 훌륭하
고 바람직한 어떤 기술일지라도 마음이 그것에 얽매어 있는동안은 장애가
된다.

▶ **6가지의 병폐(病弊)** ◀
 1. 승리를 구하는 욕망.
 2. 기술적 숙련에 의존하려는 욕망
 3. 배워온 모든것을 과시하려는 욕망.
 4. 적을 위압하려는 욕망.
 5. 소극적이 되고자하는 욕망
 6. 사람이 범하여버린 어떤 병폐라도 제거하려는 욕망.

●「욕망하는것」은 집착이다.「욕망하는것을 욕망하는것」도 또한 집착이다.
그런고로 떨어져 있다는것은 긍정과 부정의 양방(兩方)의 진술에서 바로
자유스럽다는것을 의미한다. 이것은「예」와「아니오」의 양방이 동시에 존
재하는 것이며 그것은 지적으로는 부조리이다. 그러나 선(禪)에 있어서는
그렇지가 않다.

● 열반(涅槃)은 의식적으로 무의식적이어야 할것, 혹은 무의식적인것을
의미한다.

● 정신은 의심할것도 없이 존재의 관리자이다. 이 눈에 보이지 않는것은
발생하는 어떤 외면적 상황에 있어서도 모든 움직임을 통어(統御)한다.
따라서 그것은 비상한 가동성있으며 어떤 장소에서도 언제 어떤 경우에도
절대로 멈추지 않는다. 싸움의 자세를 갖춤과 동시에 이 정신적 자유와
불집착의 상태를 보지(保持)하는것을 자신의 것으로 한다.

●「자아경직(自我硬直)」, 그것은 외계(外界)에서의 영향에 엄하게 저항

하는 자아(自我)이며 서로 맞서는것을 우리들이 받아들이는것을 불가능하게 한다.

● 예술을 낳게하는것은 절대적인 자유이다. 왜냐하면 절대적 자유가 존재하지 않는곳에는 창조력이 있을 수 없기때문이다.

● 세련된 무구(無垢)를 탐구하는것이 아니라 오히려 무구(無垢)의 상태를 가져야 한다. 거기에는 거부도, 수용(受容)도 없으며 마음은 존재하고 있는 것을 볼 뿐이다.

● 이 수단을 별개로할때 모든 목표는 환영(幻影)이다. 생성(生成)은 존재의 거부이다.

● 각 세대를 통하여 반복되어진 과오에 의하여 법률이나 신앙을 생성(生成)하는 진리는 지식으로서 장애를 받고있는 것이다. 방법, 그것은 그의 본질에 있어서 무지(無知)인 것이고 악순환속에 진리를 가두어 두고 있는 것이다. 진리를 추구하는것에 의하여서가 아니라 무지의 원인을 발견하는 것에 의해서 그와같은 환경을 단절시켜야 한다.

● 회상과 예기(予期)는 보다 저급(低級)한 동물들의 마음과 인간의 마음을 구별하는 의식(意識)의 멋진 속성이다. 그러나 행동이 직접적으로 생(生)과 사(死)의 문제에 관계될때에는 이들의 속성은 사고(思考)의 가동성이나 번개와 같은 속도때문에 단념되어 진다.

● 행동은 모든것과의 관계이다. 행동은 정(正)이나 부정(不正)의 문제가 아니다. 정(正)과 부정(不正)이 존재하는것은 행동이 부분적인때 뿐이다.

● 주의(注意)를 자유롭게 두어라. 상황의 이원론적(二元論的) 이해를 초월하라.

● 마치 방기(放棄)하고 있지않는것처럼 생각하는것을 포기한다. 마치 무시하고 있지않는것처럼 기술을 주시한다. 이 방법의 연구를 촉진하기 위한 수단으로서 이 예술을 응용한다.

강타의 모든 비밀은 정확한 타이밍, 올바른 프레스먼트, 그리고 심리적 응용 이라는 것을 잊어서는 안된다.

●부동의 지혜는 부동성이나 부(不)감각성을 의미하지 않는다. 그것은 마음이 무한이고, 순간적인 장애를 모르는 움직임의 소질을 주지않는것을 의미한다.

●모든 움직임은 공(O) 으로 부터다. 그리고 마음은 이 공(O) 의 다이나믹한 면에 주어지는 이름이다. 그것은 자기중심적인 동기지음 같은것을 갖지않은채 솔직하다. 공(O) 은 성의, 성실 그리고 솔직함이고 그 자신과 그의 움직임의 사이에 그 어떤것도 개재시키지 않는다.
절권도는 당신들의 나를 보지않는것, 그리고 나의 당신들을 보지않는것 속에 존재한다. 거기에는 음(陰)과 양(陽)이 그들자신이 아직 분화(分化) 되지 못한채 있다. 절권도는 부분성이나 극한을 싫어한다. 전체가 모든 상황에 응할 수 있기때문이다.

●마음이 부동성을 가질때, 달은 흐름속에 있다. 그 흐름속에서 달은 움직이기에 손쉬우며 동시에 부동(不動)이된다. 물은 언제라도 움직이고 있다. 그러나 달은 그 속에서 평정을 유지한다.. 마음은 다양한 상황에 대한 반응속에서 움직인다. 그러나 그 자체는 평정을 유지한다.

●조용함중의 조용함은 사실 조용함이 아니다. 움직임속에 조용함이 있을 때에야만이 조용함은 보편적인 리듬을 갖는 것이다. 변화를 수반하여 변화하는것은 변화가 없는 상태이다. 무(無)는 제한될리가 없다. 더우기 연한것이 꺾이어질리도 없다.

●태고의 청정(淸淨)을 몸에 심는다. 최대한에 걸쳐서 자연 그대로 하기 위하여서는 모든 마음의 장애를 제거하지 않으면 안된다.

●그럴 마음이 있어서 눈을 치고자 생각하면 그만이겠지만 눈에서 팔을 통하여 주먹에 이르는 긴 여정에서 무언가 많은것을 잃게되겠지.

●보이는것에 따라 즉시 행동하기 위하여 마음의 시력을 예리하게 해라. 보는 이것은 마음의 내부로부터 생기는 것이다.

●왜냐하면 인간의 자의식(自意識), 혹은 자아의식(自我意識)은 너무나도 명확하게 그의 주의(注意)의 전영역에 걸쳐서 치르어지고 있기때문이다. 그것은 인간이 이제까지 습득하여온 혹은 습득하고자 하고있는 어떤 숙달

도 자유로이 과시하는것을 방해한다. 인간은 이 마치 억누르는것같은 자기, 혹은 자아의식을 제거시켜야 한다. 그리고 마치 그때 그 무엇인가 특별한 일은 일어나지 않은듯이 그 자신을 두어야하며 해야할 일에 적용해야 한다.

● 무심(無心)이라는것은 평상심(平常心)을 몸에 심는것을 의미한다.

● 마음은 사고(思考)에 있어서 자유로이 착용하기 위하여 넓게 열려져 있다. 제한된 마음은 자유로이 생각할 수가 없다.

● 주의를 집중한 마음은 주의깊은 마음이 아니다. 그러나 자각상태에 있는 마음은 주의를 집중할 수가 있다. 자각은 결코 배타적이 아니다. 그것은 모든것을 포함하고 있는것이다.

● 긴장하지 않은채 준비가 되어있을것, 생각하는일 없이, 더 더우기 꿈을 꾸는일 없이 굳어있지말고 유연할것 ─ 그것은 전혀 그리고 조용히 활발하게 의식하는 기민이고 일어날지 모르는 어떤것에라도 대처할 수 있다.

● 절권도인은 주의깊게 정반대의 것의 교환가능성에 직면해야 한다. 그의 마음이 그들중의 어느쪽엔가 멈추자 마자 그것은 그것자신의 가능성을 잃고만다. JKD인은 그의 마음을 언제나 공(O)의 상태에 보지해야 한다. 그렇게 함으로써 행동에 있어서 그의 자유는 절대로 방해되지 않는다.

● 영속적인 활동범위는 마음이 변하지 않는것을 주저하는 점에 존재한다. 그것은 그 자신을 목적에 둔채 그것의 흐름을 멈추는것이다.

● 현혹된 마음은 지성에 의해서 감정적으로 부담지워진 마음이다. 따라서 그것은 정지(停止)나 반성없이는 움직일 수 없다. 이것은 그 본래의 가동성을 방해하는것이 된다.

● 차륜(車輪)은 너무나도 강하게 차축(車軸)에 닿아있지 않을때에만 회전한다. 마음은 구속되어 있을때에는 억제를 느낀다. 그리고 아무것도 자발적으로 성취할 수가 없다.

극히 드문 경우를 제외하고는 모든 움직임을 될 수 있는대로 작게 하여야 한다.

● 마음의 중심이 속박되어 있을 때에는 당연히 그것은 자유가 아니다. 그것은 그의 중심의 한도내에서만 자유로이 움직일 수 있다. 만약 인간이 고립상태에 있는 경우라면 그는 이미 죽어있는것이다. 그는 자기자신의 관념의 벽내부에서는 무력하다.

● 당신이 완전히 자각하고 있을때에는 개념, 계획, 「적과 나」를 위한 장소는 없다. 완전한 방기(放棄)만, 있을 뿐이다.

● 장애가 없을때의 JKD 인의 움직임은 번개의 섬광, 혹은 상(象)을 비춰주는 거울과 같다.

● 비실체성(非實体性)과 실체성이 고정되거나 한정되어 있지않을때, 존재하는 그 무엇을 변경시킬 방법이 없을때, 인간은 형(形)이 없는 형(形)을 습득한다. 형(形)에 대한 집착이나 마음의 애착이 있을때에는 그것은 진실의 길이 아니다. 기술이 그 자신에게 생겨날때 그것이 길인것이다.

● 절권도는 기술이나 교의(教義)에 근거를 두지않고있는 예술이다. 그것은 마치 자연이 있는것과 마찬가지이다.

● 중심이나 원주(円周)가 없을때, 진리가 있다. 자유로이 표현할때 그것은 완전한 스타일이다.

秘伝・截拳道의 道

부르스·리의 일생은 절권도를 향한 걸음이었다.

숙달자와 초심투사의 차이는 숙련자가 각개의 호기(好機)를 이용한다고 하는것에 있다.

# ■그것은 단지 이름에 불과할뿐이다
## It's just a name

●우리들 대부분의 사람들은 자기자신을 타인의 수중에 있는 기구로 본다. 따라서 자기자신의 의심스러운 성향(性向)이나 충동은 타인의 탓이라고 생각하고 싶어한다. 강자와 약자 모두가 이 구실을 이용한다. 후자는 복종이라는 미덕아래 악을 감추고 있으며 강자도 또한 그들자신의 보다 높은 힘 — 신(神), 역사, 운명, 국가 혹은 인류 — 에서 선발된 도구에 지나지않는다고 선언하면서 책임면제를 원하며 나온다.

●이와같이 우리들은 무엇인가를 창조하려는것 보다는 무엇인가를 모방하려는것에 많은 신앙을 갖고있다. 우리들은 자신속에서 그 뿌리를 가지는 그 무엇인가에서 절대의 확신에 대한 감각을 끄집어 낼 수 없다. 불안의 가장 예리한 감각은 고립에서 생긴다. 그리고 모방하고 있을때에 우리들은 혼자가 아니라고 생각한다. 우리들은 다른 사람들이 말하는것에 의하여 좌우된다. 자기자신을 스스로 알지못하는 것이다.

●현재 있는곳의 자신과 다른 자신이 되기 위하여서는 우선 자신을 알지 않으면 안된다. 그것은 자기인식 없이는 실현되지 않는다. 그러나 대단히 자기불만족인 사람들이 최소의 자기인식밖에 가지고있지 못한것에 주목해야 한다. 그들은 바람직 스럽지못한 자기로부터 얼굴을 돌려왔다. 그렇기 때문에 절대로 그것을 차분히 보지않았던 것이다. 그 결과, 대개의 자기불만족인 사람들은 위장하는것도 실제로 변심을 이루는 것도 하지 못한다. 거기에서 그들의 바람직 스럽지못한 성질은 자기각색(自己脚色)과 자기변질의 모든 시도를 통하여 고집하는 것이다. 그것은 우리들을 솔직히 하는 것의 자기인식의 결여이다. 그 자신을 아는 혼(魂)은 불투명이다.

●공포는 불명확함에서 생긴다. 우리들이 완전한 확신을 가지고 있을때에는 가치야 있건없건간에 거의 공포를 느끼지 않는다. 따라서 확신은 어느것이든지 용기에 원천이다. 우리들이 완전히 원조(援助)가 없거나 모든 힘에 충만되어 있을때에는 모든것이 가능하게 생각된다 — 그리고 양쪽상태 모두 숨기기 쉬운 성질을 자극한다. 자랑은 유기적으로 우리들의 부분이 아닌 다른곳에서 끄집어 내어지는 어떤 가치감각이다. 한편 자존심은

자기의 가능성이나 달성(達成)에서 생겨난다. 우리들은 자기자신을 상상상(想像上)의 자기, 지도자, 신성한 동기, 공동적인 집단, 혹은 재산과 동일시할때에 자랑한다. 자랑에는 공포와 불관용(不寬容)이 있다. 그것은 민감하면서도 완고하다. 자기속에 기대나 가능성이 적으면 적을수록 그들은 자랑을 위하여 필요한것이다. 바로 자랑의 본질은 자기부정이다. 그러나 자랑이 에너지를 방출할때 그리고 달성을 위하여 한 박차(拍車) 로서 역활을 치룰때, 그것은 자기와 실제의 자존심의 달성을 조화시킬 수 있다.

●비밀주의성(性)은 자랑의 근원이다. 비밀주의성이 고만(高慢)과 동일한 역활을 연기하는것은 역설(逆說)이다. 양쪽 모두 기만의 창조에 수반되고 있다.

고만(高慢)은 상상상(想像上)의 자기를 창조하려고 시도한다. 한편 비밀주의성은 순종을 꾸미는 대가(大家)이다. 이 두개중 자기관찰을 위해 비밀주의성은 보다 곤란하기도, 효과적이기도 하다. 고만(高慢)은 비하(卑下)를 만든다. 그러나 스피노자가 말하였듯이「사람들은 그들의 혀보다도 좀 더 곤란한 어느것도 제어하지 않는다. 그들은 말보다도 욕망을 억제할 수 있다」. 그러나 겸손은 자랑의 방기(放棄)가 아니라 자기인식과 객관성을 위한 자랑의 대용이다. 강요된 겸손은 좋지못한 자랑이다.

●개인이 자기자신의 무기력에서 탈출을 할때, 해방될때, 그리고 그의 존재를 자기자신의 노력에 의하여 정당화하기 위하여 남겨둘때에 결정적인 과정은 움직임속에 두어진다. 혼자힘으로 자기 자신을 실현하기 위하여서나 그의 가치를 증명하기 위하여 노력하는 개인이 문학, 미술, 음악, 과학, 그리고 공업기술에 있어서 위대하여야 할것을 창조하여 온것이다. 이 자발적인 개인은 또 그 자신의 노력으로 자기자신을 실현하는것도, 그의 존재를 정당화 하는것도 안될때에는 욕구불만의 번식장이 되어 우리들의 세계를 그 뿌리밑부터 뒤흔드는 격동의 씨가 되기도 한다.

●이 자발적인 개인은 자존심을 소유하고 있는동안만 안정되어있다. 자존심의 유지는 개인의 힘이나 내부의 재질의 모든것을 책(責)하는 부단(不斷)의 행위이다. 우리들은 날마다 새롭게 자신의 가치를 증명하여야 하며 존재를 정당화하지않으면 안된다. 어떤 이유에서이건 간에 자존심이 달성되기 어려울때에는 이 자발적인 개인은 매우 폭발하기 쉬운 존재가 된다. 그는 가망없는 자기에게서 얼굴을 돌리고 그리고 자존심을 위한 폭발

조합(組合)은 적의 멈춤을 찌르는 넉아웃
· 블로우, 혹은 발차기를 배급하고 있다.

하기 쉬운 대용(代用)으로 자랑의 추구에 늘어붙고 만다. 모든 사회장애와 대변동의 뿌리는 개인의 자존심의 위기에 있다. 일반대중이 가장 용이하게 할수 있는 노력은 근본적으로 말하면 자랑의 탐구이다.

●재능을 실현하는것에 의한, 혹은 분망(奔忙)을 유지하는것에 의한, 아니면 우리들과 떨어져있는 그 무엇인가와 자기자신을 동일시하는것에 의한(예를들면 지도자, 집단, 재산, 또는 무엇과 무엇등) 자기실현의 방법은 가장어렵다. 그것은 가치감각에 대한 타의 수단이 다소라도 방해가 되는때에라야만 일어난다. 재능이 있는 사람들은 창조적인 일에 종사시켜지기 위하여 격려되고 그리고 선동당하지 않으면 안된다. 그들의 신음소리나 탄식의 소리가 시대를 통하여 울려오고 있다.

●활동은 자신과 자존심을 위한 올바른 길이다. 그것이 열려있는곳, 모든 에너지는 그것을 향하여 흐른다. 그것은 용이하게 대부분의 사람들에게 찾아온다. 그리고 그 보수는 확실하다. 정신의 세련은 잡히기 어려우며 그리고 어렵다. 그리고 그것으로 향하는 경향은 좀처럼 자발적이 아니다. 그것에 비한다면 활동에의 기회는 많다.

●활동에로의 경향은 내부의 불균형의 조후(兆候)이다. 균형이 잡혀있는 것은 많건 적건간에 정지하고 있는것이다. 사실, 활동이란 균형을 되찾기 위한 그리고 침몰되지 않게하기 위하여 팔을 휘두르거나 치는것이다. 그리고 만약 그것이 사실이라면 나폴레옹이 카르노에 쓴것같이「지배의 예술은 인간을 피로하게 하지않는다」. 그리고 그것은 평형이 이루어 지지않는 예술이다. 전체주의 제도와 자유사회의 질서간의 결정적 차이는 아마 그들 인간들이 활동당하고, 노력을 계속당하면서도 계속하는것에 의한 불균형함 중에 있다.

●재능은 그 자신의 기계를 창조하는 것이다. 그러나 그것은 심한 욕구가 그것의 호기(好機)를 만들뿐만 아니라 더우기 그 자신의 재능도 같은것이라고 때때로 생각되게 한다.

●격한 변화의 때는 정열의 때이다. 전혀 새로운곳의 것에 결코 적합할 수 없고 준비도 할 수 없다. 우리들은 순응하지 않으면 안된다. 그리고

모든 과격한 순응은 자존심의 위기이다. 우리들은 자기자신을 증명하지 않으면 안된다. 심한 변화를 받은 인구(人口)는 즉 인구(人口)의 불적합자이다. 그리고 불적합자는 정열적인 분위기 속에서 살며 호흡하고 있다.

●우리들이 정열적으로 무엇인가를 추구(追求)하는것은 그것을 진실로 필요로하고 있는, 혹은 그것을 위한 특별한 재능을 가지고 있는것을 "드시"라고 의미하지 않는다. 종종 우리들이 매우 정열적으로 추구하는것은 진실로 요구하면서도 그것을 갖지 못하게 하는 그 어떤것의 대용품에 지나지 않는다. 현저하게 소중히 여겨진 욕구의 실현은 언제나 따라 붙어다니는 걱정을 가라앉혀 줄것같지도 못하다고 예언하는것은 언제나 안전하다. 모든 정열적인 추구에 있어서의 추구는 추구당한것 보다도 무거움을 갖는다.

●우리들의 힘의 감각은 사랑받을때 보다도 인간의 원기를 꺾는것에 의하여 생생하게 살아난다. 그러나 우리들이 과시하는 고귀한 정신을 파괴하는 때에는 우리들은 결정적이며 절대적인 무엇인가를 이룬다.

●그것은 우리들의 친구를 위해 부정(不正)인것에 대하여 우리들을 지킬 수 있는 정의(正義)의 원리라기 보다는 오히려 동정이다.

●충동적인, 혹은 자연적인 관용과 같은것이 있는지 없는지는 의심스럽다. 관용은 사고(思考)의 노력과 자제(自制)를 요구한다. 또한 친절한 행위는 거의 숙련과 깊은 사려(思慮)를 수반한다. 따라서 얼마간의 부자연함, 얼마간의 마음내킴이라고 보기에는, 욕망과 이기성의 제한을 포함한 어떤 행위, 혹은 태도에서 떼어낼 수 없을것으로 생각된다. 그들이 선량하고 예의바른것을 보일필요가 없다고 생각하는 사람들을 경계하여야 한다. 이와 같은 일에 있어서의 위선(僞善)의 결여는 좀 더 타락한 무정함의 능력을 의미한다. 보기에 따라서는 가끔 진실성의 달성에서 결할 수 없는 단계이다. 그것은 그속에 성실한 경향이 흘러들어가 응고(凝固)하는 과정인것이다.

●절권도는 상처를 입히는것이 아니다. 그것을 통하여 생명이 그의 비밀을 개시(開示)하는 방법의 하나이다. 우리들은 자기자신을 꿰뚫어 볼 수 있을 때에야만이 다른 사람도 꿰뚫어볼 수가 있다. 그리고 절권도는 자기

정신은 한마디로 우리들의 존재의 관리인
이다.

자신을 알기위한 수단이다.

●자각이 절권도의 기초이다. 왜냐하면 그것은 개인의 전투술을 위해서만
이 아니라 또 인간으로서의 살아나가는 문제에도 유효하기 때문이다.

●절권도를 배우는것은 지식, 혹은 쌓아올리는 양식화(樣式化)된 형(型)
을 구하는 문제가 아니라 무지(無知)의 근거를 발견하는 일이다.

●만일 사람들이 절권도가 사실과 틀린다고 말하면 그때에는 절권도의 이
름을 벗어던지자. 왜냐하면 그것은 그것이 현재 있는것 그대로의 단지 이
름에 불과할 뿐이기 때문이다. 이점을 이해하여 주기를 바란다.

秘伝・截拳道의 道

# 용자(勇者)의 생(生)과 사(死)

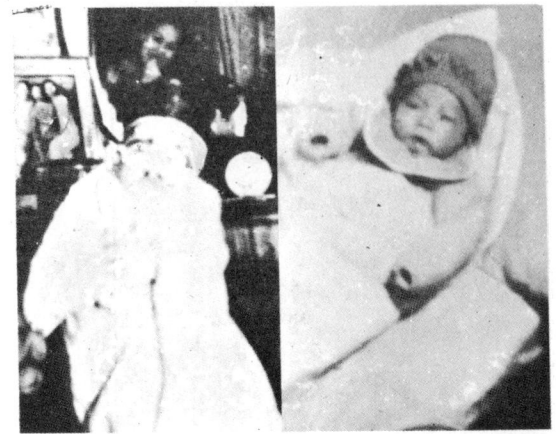

## 잉어가 용(龍)이 되다

부르스·리의 생애를 어느 중국인 평론가는 주연작품의 중국어 제명을 연결하여 다음과 같이 표현하고 있다. "「당산대형(唐山大兄)」이 되고저 태어난 그는 「정무문(精武門)」에서 무예를 닦고 「맹용과강(猛龍過江)」의 끝에 「용쟁호투(龍爭虎鬪)」의 경지에 달하고 「사망유희(死亡遊戱)」로 승천했다"고.

「당산대형」은 외국에 있는 화교의 위대한 사나이를 뜻한다. 「정무문」은 그 영화의 스토리에도 나오는 상해에 있던 유명한 무도관 정무관으로 그 일문의 의미. 「맹용과강」은 용맹한 용(龍)이 세상에 나선다는 의미 「용쟁호투」는 용과 호랑이가 사력을 다하여 싸우는 그 당당한 모습을 말하며 그 영어제명 ENTER THE DRAGON도 중국의 옛성어(成語) "어약용문(魚跳龍門)"에서 따온것으로 잉어가 전력을 다하여 용문이라는 폭포를 솟구쳐 오른 순간, 용이 되었다는 이야기에 그 근원을 두고있다.

「사망유희」의 유희는 놀이라는 말이 아닌 영어의 GAME으로 승부를 뜻한다. 다시말하여 1940년 11월 27일 아메리카의 샌프란시스코에서 태어난 부르스·리는 중국인을 대표하는 대 인물이 될 소질을 간직한채 태어

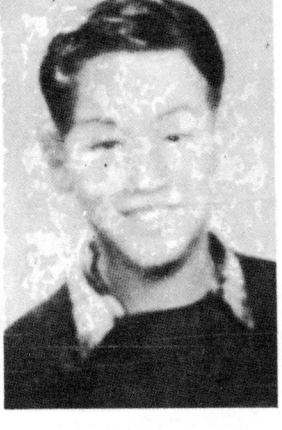

위로부터 ● 갓태어 났을때의 부르스·리 ● 아버지와 공연한 「金門女」下右 ● 홍콩으로 돌아왔던 7 살때 : 同左 ● 아버지·이해천.

나 무예에 전념, 마침내 전세계에 인정받는 몸이되어 중국인의 심볼인 용 (龍)같은 슈우퍼스타가 되어 죽음을 걸고 승부를 겨뤘다는 얘기가 되겠다.

　최초의 두편을 제외하고는 「맹용과강」에서 부터는 부르스·리 자신이 중국어 제명을 생각하여 영어제명도 붙였다고 한다. 본인이 「맹용의 길」을 걷고 있다는 것을 의식하고 있었는지도 모른다.

## 태어날때 부터의 재능

　한마디로 「당산대형」을 표현한다면 부르스·리는 그야말로 다채로운 인물이었다.

　우선 영화에서 보여준대로 처절하리 만큼 투혼으로 엉글어진 사나이다. 마치 싸우기 위해 태어난 것처럼… 이점에 관해서는 설명의 여지조차 불필요하다.

그러나 그의 무도, 테크닉, 투혼은 하룻밤새에 이루어진것은 결코 아니다. 밤낮을 가리지 않는 휴식없는 노력의 결정(結晶)인 것이다.

잉어가 전력을 다하여 폭포수를 솟구쳐 올라 용(龍)이 되었다는것과 무엇이, 어디가 다르랴.

부르스·리는 아버지 이해천이 광동지방의 연극의 일종인 엔극(奧劇)의 명배우였던 까닭에서인지 태어날때 부터 배우의 재능을 보여줬다.

소년시대부터 무도를 익히는 한편 영화에도 작은 역을 맡아출연 하였다.

그후 아메리카로 되돌아 간 후부터 아주 작은 계기로 이두가지가 서로 결합되어 세계 영화사상에 빛나는 슈우퍼·액션스타로 성장하게 되었다.

누나가 두사람, 형이 한사람, 동생이 하나인 다섯 형제중에서 아래로 두번째로 태어났다. 아버지 이해천은 누구보다도 이 두번째 아들에게 연기재능을 발견하고 때마침 태평양전쟁 때문에 발묶여있던 샌프란시스코에서 홍콩으로돌아가기 직전, 동지(同地)에서 제작된 광동어영화 「금문녀(金門女)」에 출연 시켰다. 6살의 영화 데뷔였다.

위로부터 ● 린다부인, 아이들과 레스트랑에서 ● 30세의 탄생일에 린다부인과

홍콩에선 「세로상(細佬祥)」이란 영화가 주역인아역을 결정하지 못한 채 촬영이 시작되어 있었다. 이 영화에서 학교선생 역을 맡았던 아버지가 어느날 李振潘(리쯔엔판—부르스·리의 본명)을 스튜디오에 데리고 나타났다. 예상하였던 대로 부르스·리는 원작자의 눈에 들어 주역을 맡게 되었다.

아마도 아버지 이해천이 계산한 그대로였을 것이다. 이소룡(리·샤오·룽)이란 중국어 예명을 얻은것도 이때이다.

학교성적, 특히 국어(광동어)성적이 좋지 못하여 영화출연은 여름 방학에 한정되었다. 성장함에 따라 빗나가더니 결국은 몬곡(旺角—홍콩 구룡의 번화가)을 누비는 불량소년이 되고 말았다.

영화출연을 줄이고 학업에 전념시키려는 양친의 노력도 별 효과를 거둘수는 없었다.

드디어는 방치해 두었다간 다른 그루우프에게 생명마저 잃을지 모를 예상불허의 사태마저 발생하고 말았다. 홍콩에 그이상 그를 둘수는 없었다.

아버지는 샌프란시스코행의 3등객선 편도(片道)표와 겨우 백달러의 용돈으로 그를 아메리카로 쫓아 보내었다. 그의 나이 18세였다.

호랑이는 태어난지 얼마 안되는 자기새끼를 계곡에 떨어트린후 다시 기어 올라온 강고(强固)한 새끼만을 키운다고 한다. 이때의 아버지 이해천의 심정도 어쩌면 그와 흡사하였'는지도 모른다. 정(情)을 억누른채 이렇게하는 도리밖엔 없었던 것이었으리라. 마침내 부르스·리는 아메리카에서 「그린·호넷트」로 성공하고 홍콩의 영화사 골든·하베스트(嘉禾電影公司)의 초대로 톱·스타로 개선하게 되었다. 그때는 이미 아버지 이해천은 타계한후였다. 아마도 부르스·리에 대하여 더이상 여한은 없었을 것이다. 부론드의 사랑하는 여성 린다·어메리와 결혼하고 고향에 돌아왔던때가 최후의 대면이 된 셈이다.

## 중국쿵후(功夫)를 배우다

어떤 연유로 부르스·리는 무도의 길로 나섰을까? 그의 씨아틀에 있는 묘비에는 "절권도의 창시자"

● 葉問師匠과 17세의 부르스·리

라고 적혀있다. 절권도야 말로 그 자신의 힘으로 개발하고 연구한 유일한 무도인 것이다.

부르스·리가 무도를 닦기 시작한 계기는 아주 단순한 것에 있었다. 홍콩 구룡의 센트·사비엘고교에 입학하였을때 부르스·리는 볼품없는 체격의 크라스메이트에게 싸움을 걸었는데 도리어 호되게 당하고 말았다. 상대가 쿵후의 렛슨을 받고 있다는것을 몰랐던 것이다. 부르스·리가 홍콩에 왔을땐 부친에게 배운 태극권(太極拳)이 유일한 그의 무술의 전부였다. 태극권은 무도의 기본이라곤 하지만 차라리 무도라기 보다는 체조에 가깝다.

남에게 지는것을 그렇게도 싫어하던 부르스·리는 분발하여 쿵후도장에 뛰어다니기 시작했다. 그러나 아버지는 전혀 다른 까닭으로 쿵후를 배우는것을 승낙하였다. 이 소년에게 가장 결여된 것이 정신 수양이므로 무도야말로 그점을 극복하여 줄것이라고 기대하였던 때문이다.

그러나 부르스·리는 정신수양 같은것엔 별 관심도 나타내지 않았다. 싸움에 이기기 위한 테크닉만 배우면 그만이었다. 우선 발차기와 수기(手技)를 특징으로 하는 당랑권(螳螂拳), 다음엔 옆집에 살던 일생의 친우 쇼우치 린과 함께다닌 왕운전이란 선생의 소림파권법등을 전전, 말하자면 여기에서 약간, 저기에서 약간, 어깨 너머로 테크닉만 익히면 안녕하고 다음으로 옮아갔다.

가장 오랫동안 계속한 것은 엽문(葉問)선생의 영춘권(詠春拳)이다. 부르스·리는 여기에서 무도는 한낱 테크닉이 아닌 정신이라는 것을 깨우치기 시작하였다. 부르스·리가 무도에 관하여 기술적으로 많은것을 배웠고 몸에 익힌 것도 이 엽문선생으로 인하여서이다. 한마디로 영화「정무문」의 주인공 진진(陳眞)의 은사(恩師)와 동일 하였다고 할까… 아메리카에서 홍콩으로 돌아온 후에도 엽문선생과 가끔 접촉을 가졌다. 그러나 1972년 11월, 엽문선생이 급사 했을때 모두 부르스·리

위로부터●젊은 날의 부르스·리(아메리카시대) ●그린 호넷

는 「정무문」의 진진처럼 달려오리라 믿었으나 그는 이렇다할 이유없이 불참하였다. 그로 인하여 은혜를 저버린 제자라고 신문에서 호되게 공격을 받았다. 무슨 이유에서인지는 현재까지도 명확하지가 않다. 홍콩의 불량소년이었던 부르스·리는 압도적으로 강했다. 그런 까닭으로 홍콩에 머물수가 없었다. 만일 그때 아버지의 의사에 거역하여 그대로 홍콩에 주저 앉았더라면 죽었던가, 아니면 다행히 홍콩 암흑가의 하잘 것 없는 보스가 되었을지도 모를 일이다. 사람의 일생이란 이렇게 순간에 좌우되는 것인지도 모른다.

## 절권도를 창조하다

아메리카에선 생활과 하이스쿨의 과정에 쫓기느라 무도를 잠시 멀리하였다. 씨아틀의 워싱톤 주립대학 철학과에 입학한 후, 이번엔 공부는 팽개친채 무도에 온 정신을 바쳤다. 2년간에 아무 학점도 따지 않고 있었다.

우선 대학도서관에서 무도에 관한 책을 읽기 시작했다. 일본의 유도와 검도, 오끼나와의 공수도, 우리의 합기도와 태권도, 타이의 킥복싱, 그리고 아메리카에서 성행하던 레슬링, 복싱등 여기서 약간, 저기서 약간, 좋은점을 뽑아내어 소화시켜 나갔다. 알바이트로 중국쿵후를 크라스메이트에게 가르친것이 계기가 되어 마침내 본격적이 되어 씨아틀의 다운타운에 부르스·리 도장을 열었다. 이때 비로소 "절권도"라는 새로운 말을 내세웠다. 이 "절권도"란 첫째 적의 공격으로부

위로부터 ● 의상계의 劉珠여사와 함께 마리아·이와 친우 ● 노라·미야오와 ●
베티·텐페이와 ● 어느날의 트레이닝·

터 자신을 방어하고 다음 공격을 하기위한 테크닉본위의 무도로서 당연히 양립하지 않으면 안되는 정신적인 면에서 철학도답게 까다로운 이론을 전개하였지만 아무도 이해하지 못하였다.

"절권도"는 여기, 저기에서 배웠던 각종무도를 전혀 백지상태로 돌린후 테크닉 중심으로 엣센스만을 그 나름대로 집대성한 것으로 이론은 나중에 정리하려고 하였다. 절권도의 특장(特長)은 어떤 고정된 형(型)에 구속됨이 없이 현실의 상황에 임기응변식으로 대처하여 적의 공격을 회피하면서 공격을 가하여 역으로 적의 공격을 제어시킨다는 것에 있다. 절권도를 배우는 사람은 자신에게 가장 적합한 방법을 찾으면 된다. 한마디로 가장 현실적인 무도이다.

여기에서 "무도"란 말을 사용하였지만 절권도에 대하여 부정적인 사람들이 적지않았다. 이론과 정신수양이 함께 병행되지 않는것을 무도라고 할수없다는 의견이었다. "싸움에 이기기 위하여" 창조된 것이라고 비난받은 절권도는 유니크하면 할수록 고립되고 더욱 많은 적을 만드는 결과를 가져왔다. 미국에 있을땐 가끔 장소를 바꾸면서 도장경영을 계속하는 한편 개인교수도 개시하여 스티브·맥퀸, 제임스·코번, 시나리오 라이터인 스타링·씨리횐트등 허리웃 일류의 영화인들을 제자로 하였다. 맥퀸은 한시간에 275달라라는 비싼 수업료를 지불했다. 이렇게 많은 액수의 수업료를 받은 개인교수는 미국에선 아마 그외에 아무도 없었을 것이다. 그만큼 우수한 교사라고 알려졌었다. 사실「네바다·스미스」이후의 스티브·맥퀸이나 「전격 후린트 Go! Go! 작전」에서의 코번의 움직임은 리드미컬하게 되고 스피드가 더해졌다.

홍콩에 금의환향한 2년간은 영화사업에 쫓기느라 제자를 둘 사이도 없었고 더구나 1971년 여름의 등의 부상때문에 입원하였던 시절에 틈틈이 정리하였던 "절권도"의 이론이나 정신면에 대한 메모나 원고를 정리할 여유마저 갖지못하였다.

위로부터 ● 급사를 보도한 홍콩의 신문 ● 로마공항에서 쵸는 레이몬드·쵸우 ●「당산대형」완성 기념스냅. 쵸로부터 雷辰, 부르스·리, 로웨이, 마리아·이, 태국로케·매니저.

## 맹용의 길

1966년 롱비취(로스안젤리스 남쪽의 도시)에서 개최된 세계가라데 토너멘트에서 "절권도"의 모범연무를 피력하여 아메리카의 무도계나 허리웃에서 인정받을 때 까지는 노력에 노력을 쌓으며 연구를 계속하던 고난의 연속기였다.

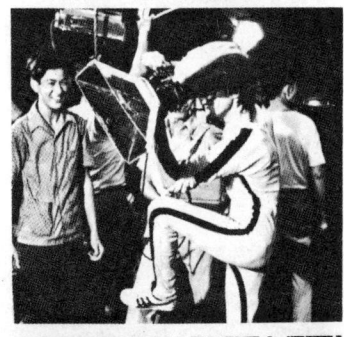

씨아틀에서 샌프란시스코연안의 거리 오클랜드에 도장을 옮겼을때 부르스·리는 "절권도"를 영화에서 구체화하려고 결심하게 되었다. 계기라면 거리에서 몸집큰 백인이 작은 중국인을 괴롭히는 현장에 보다 못한 부르스·리가 뛰어들어 그 황소만한 백인을 때려 눕힌것에 있었다. 그때의 부르스·리 자신의 통쾌함을 영화에서 표현한다면 어쩌면 이 세계의 모든 영화팬들도 통쾌해 할것이 아닌가 하는것에 착상하게 그런 까닭으로 되었다. 오클랜드에서 로스안젤리스로 옮겨가 허리웃 진출의 찬스를 노렸다. 롱비취의 토너멘트가 허리웃의 문호를 열어주는 계기가 되어 부르스·리는 20세기폭스·스튜디오 내에 작은 도장을 가지고 액션장면의 지도를 맡게 되었다. 그것은 「배트맨」 「아이언사이드」등의 TV물에 케스트 출연을 하는 계기가 되었으며 마침내는 「그린·호넷트」의 레규러 가도우역을 맡는 계기를 만들어 주기도 하였다. 가도우는 "승리에의 실험대"였다.

그는 모든 테크닉과 영상(映像)과의 연결을 연구할 찬스를 가졌다. 로스안젤리스도장의 동료인 필리핀인 대니·이노산토에게서 배운 쌍절곤은 이 TV영화에서 예상 이상의 위력을 과시하여 주었다. 발차기, 팔꿈치치기의 각도, 타이밍등에 관한 데이터를 정리하였다. 그 「괴조음—怪鳥音」

위로부터●촬영의 사이에 시나리오를 검토하는 감독 부르스·리●「맹용과강」의 감독시●「사망유희」촬영시 로웨이 감독과 담소중. 「당산대형」때이다.

이 사운드트럭에서 어떤 효과를 낼수있는가도. 훗날 영화속에서 부르스·리의 트레이드마크가 되다시피한 이 「휴웃—」하는 기합소리(서양 사람들은 발정기의 고양이 울음소리 같다고 표현하며 중국에서는 피조음이라고 하였다)는 부르스·리 이전엔 그 누구도 상상도 못하였던 독특한 것이기도 하였다.
쿵후에서는 기합소리에 3가지 목적이 있다고한다. 첫째, 상대에게 공포감을 유발시킨다. 두째, 신체를 긴장시켜서 예상외의 공격에서 손상을 입지않게 한다. 세째, 운동을 하는 사람들이 「조임」이라고 말하는것 같이 신체를 조이게 하면 내외(内外) 모두 힘이넘쳐 에너지가 솟구쳐오르게 된다. 바꿔 말하여 기합은 에너지가 폭발하게끔 엔진을 스타트 하는것이 된다. 이 피조음에 대한 에피소드가 있다 씨아틀시대에 부르스·리가 "형(型)만을 연습하는 가라데는 실전적이 아닌그야말로 땅에서 헤엄치고 있는것이다" 라고 험담을 하자 일본인 가라데 맨들이 몰려왔다 더구나 대가

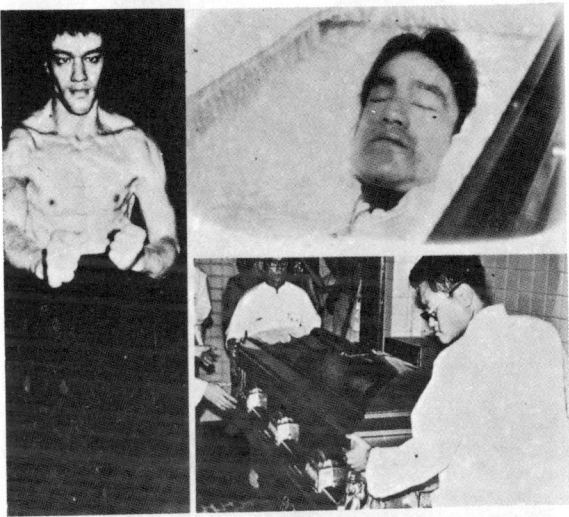

위로부터●「정무문」이 완성되었을 때의 부르스·리: 그아래, 右上●데드마스크: 同右下●동관(銅棺)에 담겨진채 장의장으로 운반되고 있다: 同左●대북시에 세워진 부르스·리의 인형●1973년 7월25일 구룡에서의 장례●동경에서 열린 1주기 추도식.

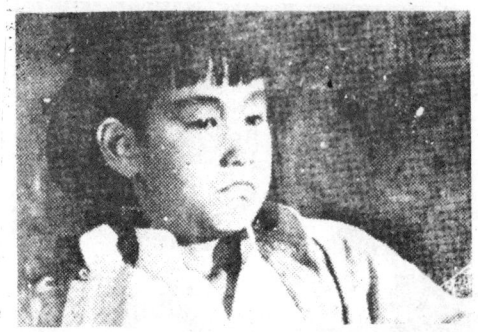

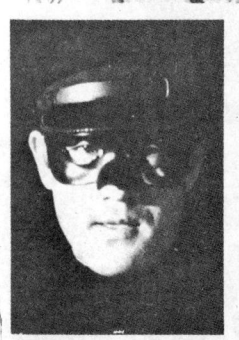 

(大家)들이었다. 싸우면 부르스·리가 불리하다. 이때 부르스·리는이 중국쿵후의 테크닉인 기합을 넣어 상대의 기선을 꺾고 말았다. 그 「휴웃─」하는 괴조음이다. 그것만으로도 승부에 이길수가 있었다. 정무문」에서 괴조음을 연발하여 트레이드 마크처럼 된 이면엔 이런 에피소드도 있는것이다.

부르스·리에겐 「그린·호넷트」는 귀중한 체험이었다. 동시에 이제부터 어느 길을 걸으면 좋을것인가도 지적해 주었다. 가장 중요한것은 가로 세로의비율 3대 4의 TV부라운관에선 화려한 움직임인 특히 발차기가 제약받는다. 조금만 난폭하게 하여도 곧장 화면밖으로 튀어 나간다. 그는 때때로 감독으로 부터 주의를 받았다. 「그린·호넷트」에서 부르스·리는 다음과같은 인생의 못토를 세웠고 바로 실행에 옮겼다.

"아메리카 제작회사의 마크가 붙은 시네마스코프·사이즈의 대형영화에 주연하여 거리낌없이 설쳐볼테다". 전세계에 강력한 배급망을 가진 20세기 폭스같은 대회사의 TV씨리즈가 아닌 극장용 대작에서 톱스타로 주연하여 "절권도"의 여러가지 테크닉을 구체적으로 보여 주자는 것에 있었다. 「맹용과강 — 猛龍過江」— 맹용은 세상에 뛰쳐 나온것이다. 그리고 4년후 허리웃은 아니었지만 홍콩의 골든·하베스트작품으로 「미국의 제작회사마크가 붙은」부분만을 뺀다면 구체화한 셈이며 일년후 「용쟁호투」엔 워너사의 마크가 붙었고 부르스·리의

위로부터●細佬祥●雷雨: 右● 人海孤鴻: 左●그린·호넷트: 下●부르스·리의 권법.

꿈은 실현된 셈이다. 잉어가 용문(龍門)에 드디어 도달한것이다.

## 「당산대형」에서 「정무문」 그리고 「용쟁호투」까지

"「당산대형」은 나에게있어서 최초의 주연작품으로 매우 소중한 영화였다. 기록을 깨는 히트가 될것이라고는 생각지 않고 있었지만 흥행적으로 성공할 수 있는 영화는 될수있을 것이라고 생각하였다. 극장에서 시사회를 보았을 때에는 기록을 깰수있는 가능성을 기대하게끔 되었다. 캘리포니아주 스톡튼 출신의 보브·베이커와 나는 제일 앞줄 의 공석에 앉아 눈치채지 못하게 하면서 관객의 반응을 관찰하고 있었다. 전반에는 관객들이 아무소리도 없이 숨을 머금고 보고 있더니 후반에서는 열광의 소용돌이에 말려들어 박수를 치거나 흥분하여 떠들어대기 시작하였다. 팬이란 매우 감정적인 것이다. 만일 영화가 마음에 들지 않으면 으레히 소리지르거나 이리저리 서성거리거나 하는법이다. 영화가 끝났을때 보브는 눈물을 가득 글썽거리면서 나의 손을 꼭잡고 말하였다 — 너는 행복하다". 부르스·리는 「파이팅 스타매거진」에 이렇게 쓴적이 있다.

두번째 영화 「정무문 — Fist of fury」가 홍콩의 뒷골목 촬영소에서 로웨이감독으로 촬영이 시작되었다. 제작비(10만불이하)중 4%가 드럼통에 가득채운 인공혈액의 댓가로 지불되었다. 이 영화에는 정열적인 연기라든가 세리프의 교환은 없고 단지 액션씬만이 가득할 뿐이었다. 부르스·리의 주연작중 이 영화에는 중국어 관객이 가장 바라는 요소들로 점철되어 있었다. 바로 폭력과 액션이다. 선전 팜프렛에는 이렇게 쓰여져 있었다.

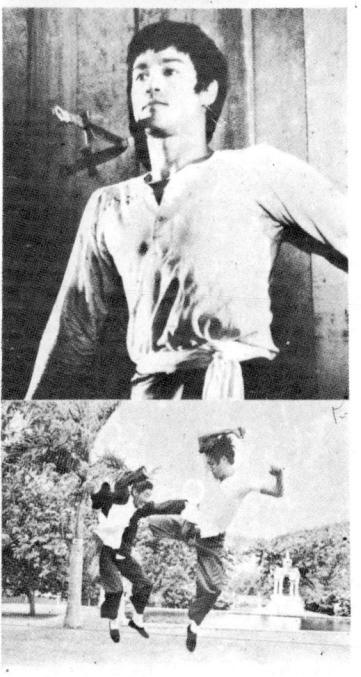

위로부터 ●「사랑스런 여자」●「당산대형」

"매일 촬영이 끝나면 세트장은 마치 무슨 전쟁을 치른뒤의 응급처치소 마냥 피투성이가 되어 있었다. 우리들 중국인은 폭력을 좋아한다. 이것이야말로 관객이 바라는 영화다" 중국영화관객들은 부르스·리에게 이삼각(李三脚)이라는 별명을 붙여주었다. 눈깜짝새에 左, 右, 左로 재빨리 킥을 하기 때문이였다. 젊은 사람들은 부르스·리의 흉내를 내고파하고 아가씨들은 부르스·리와 같은 사나이와 결혼하는게 소원이 되었다. 부르스·리는 유력한 스타가 되었다. 더구나 중국인이다. 마치 아메리카 인디언중의 한사람이 스티브·맥퀸이 된것과 다를바 없다. 인디언의 세계에서 스티브·맥퀸이 어떠한 영웅적인 존재로 군림하는가를 알것이다. 같은일이 홍콩의 중국인들 사이에서도 일어났다. 쿵후의 매력을 전부 쏟아넣은 영화에주연, 그리고 명예와 부(富), 부르스·리는 그때까지 꿈에 그리던 모든것을 일순간에 손에 넣었다. 아메리카에서 자신의 영화를 힛트시키는 일과 ABC TV가 깎아 내린 자신의 명예를 회복하려는 두 가지를 제하고는……… 슈우퍼스타가 된 덕분으로 부르스·리의 일권수, 일투족은 아주 상세히 매스컴에 보도되어 인기를 상승시키는 반면 반감도 불러 일으키는 결과를 가져왔다. 특히 매스컴을 싫어하여 신문의 인터뷰에 응하지않고 극성스러운 카메라맨의 손에서 카메라를 쳐서 떨어뜨렸다하여 호된 평판도 감수해야 했다. 또한 홍콩의 무도가 중에는 부르스·리가 스크린에서 보여주는 만큼 강하지 않다고 조롱하면서 찬스를 노려 도전하여 대중앞에서 때려 눕혀 보려는 자들이나 "절권도"는 사도(邪道)라고 판단하고 중국무술을 더럽힌 적으로 믿고 목숨을 노리는자들도 있었다. 「정무문」촬영시에 배우중의 한사람이 도전하여 온적이 있었으나 부르스·리에게 간단히 당하고 말았다. 부르스·리 정도의 무도가가 되고보면 액션스타나 거리의 보잘것없는 무도가들이 도전하여 "나는 이소룡을 쓰러 뜨렸다"고 자랑하고

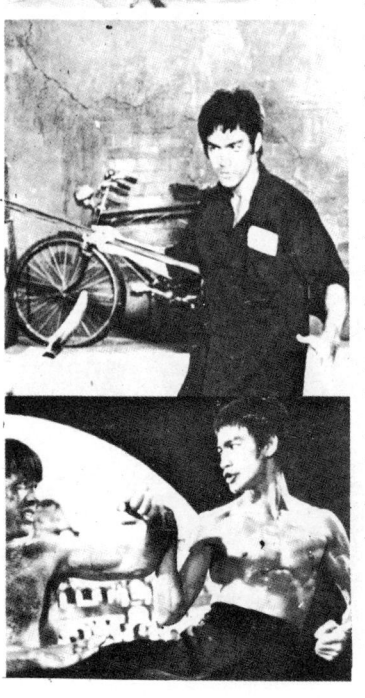

위로부터●「정무문」●「맹용과강」

싶어하게 마련이다. 부르스·리와 싸웠다는 자체만으로도 자랑거리가 되고 남는것이다. 부르스·리는 다혈질이었으나 항상 이런 무리들과 상대하는 것을 피해왔다. 「정무문」의 경우처럼 때때로 용기와 실력을 과시하기 위하여 약간 싸워보일 필요는 있었지만 진정한 무도가는 극단적인 도발행위에 대하여만 싸울뿐이다.

"「용쟁호투」의 셋트에는 긁어모은 엑스트러가 수백명이나 있었습니다. 한 사나이가 부르스·리에게 도전하여 고래고래 소리 지르고 있었습니다. 네가 무엇이든지 할 수 있다는 것은 거짓말이다 라고 말입니다." 훗날 린다부인의 회상이다. 부르스·리가 네가 어떻게 생각하던 관계없다고 답하자 그 사나이는 부르스·리에게 "무서워서 못덤비겠단 말이지. 자신이 있으면 어서 덤벼봐!"라면서 계속 소리지르고 있었다.

위로부터●「사망유희」●「기린장」의 스냅●「용쟁호투」●「부르스·리의 생과사」

"부르스·리는 꾹 참고 있는것 같았읍니다. 그러나 더욱 기승을 부리며 덤비자 부르스는 사나이의 입술이 약간 터질정도로 펀치를 먹였읍니다. 그러자 사나이는 더욱 허리를 뒤로 젖히고 기승을 부렸읍니다. 이젠 충분하지 하고 부르스가 말하자 아직 멀었다고 대답하는것이었어요. 순간, 마치 어린애와 게임을 하듯이 그 사나이를 해치우고 말았읍니다" 린다부인은 계속 말한다.

"부르스는 언제나 도전을 피하고 있었읍니다. 그러면 신문들은 비겁자라고 심한 기사를 씁니다. 도전자가 필요로 하는것은 이 제멋대로의 기사인것입니다. 「용쟁호투」의 촬영후반, 보브·월과의 격투씬에서 보브·월이 잡고있는 깨진병을 잡아야하는 씬이 있었읍니다. 이 씬의 리허설에서 부르스는 손을 베고 말았어요. 허리웃에서는 병이 손을 다치지않겠끔 설탕으로 만들어 사용하지만 홍콩에서는 구할수가 없어 진짜 유리병을 그대로 사용하였읍니다. 이때 상처를 입고 일주

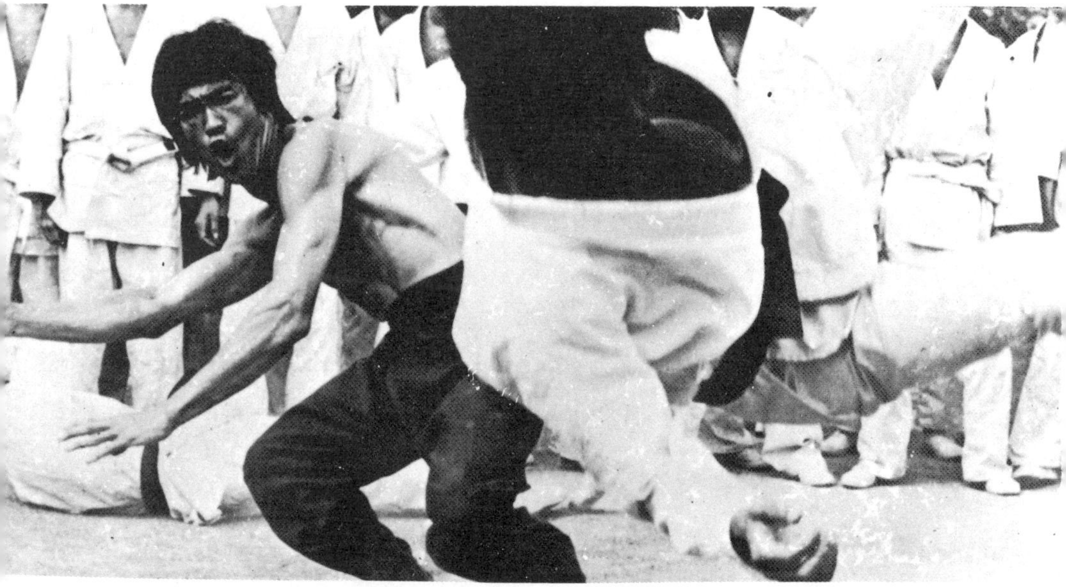

일 가까이 입원하였던것을 홍콩 매스컴들은 누구에게 당하여 죽음직 전까지 이르렀느니 하면서 대서특필할 정도였어요".

부르스·리가 하는일 모두를 홍콩의 매스컴은 보도하였다. 푸라이 버시는 침해되고 그를 노하게 하였다. 홍콩의 푸로듀서들은 재원의 뒷바침도 변변치못한 주제에 거액의 출연신청을 하여왔다. 부르스·리는 안절부절 하여졌다.

그가 유명하게 되고 싶어한것은 사실이지만 가족의 사생활까지 엿보는 카메라나 매스컴을 싫어하였다. 이것은 스타에 있어서 공통된 슬픔이지만……… 이렇게되어 매스컴과의 관계는 더욱 악화되었다.

## 인간, 무도인 부르스·리

"나는 사람들이 모이는곳에 가는것을 피한다. 파아티도 즐겨하지

않으며 술도 담배도 입에 대지않는다. 새로운 스타일의 양복을 입고 눈에 띠게하는 사람들이 모이는곳을 좋아하지 않는다. 그렇다고 내가 내향성이라는것은 아니다. 마음이 맞는 친구 2, 3명에게 둘러싸여 마음을 터놓고 복싱이나 무도이야기를 하는것을 좋아한다". 부르스·리가 언젠가 「파이팅스타 매거진」과 인터뷰에서 한말이다.

"부르스는 저녁시간을 집에서 지내든가 스튜디오에서 일하는것으로 보냈읍니다. 그는 중국영화의 수준을 끌어올릴려고 무던히도 노력하였읍니다. 관객을 교육하여 좀더 세련된 센스를 가지겠끔 하려는 노력말입니다. 그것을 단계적으로 진행시켜 나가고저 하고 있었읍니다" 린다부인은 이야기를 계속한다.

"부르스는 매일 일하고 있었읍니다.

오후 늦게 트레이닝 할때가 가장 마음에 흡족한 시간이었읍니다. 언제까지나 굴진운동을 그만두지 않고 TV를 보면서도 계속하고 있

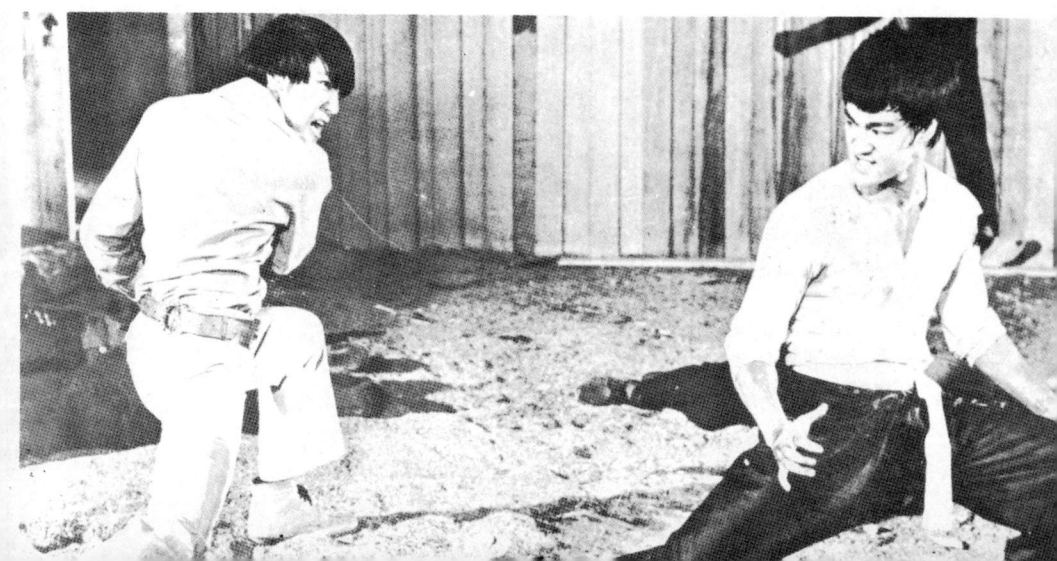

었읍니다. '언제나 신체를 유연하게 두지않으면'이라고 말하며 자기 단련을 잊지 않았읍니다"

1972년 8월, 부르스·리는 홍콩의 구룡쪽에 11개의 방이있는 거대한 주택을 장만하였다. 내부장치는 서양식과 중국식을 믹서한 것이었다. 거기에 부르스·리는 그의 다양한 중국 무기의 콜렉션을 모두 한자리에 모아놓고 손님에게 보이는것을 큰 자랑으로 여겼다. 그의 산더미같은 장서를 위하여 방하나가 배정되었다. 무도에 관한 모든 서적이 모여 있었다. 「용쟁호투」의 공동 푸로듀서 후레드·웨인트러브는 캘리포니아주 선출 상원의원 존·대니와 셋이서 로스안젤리스에서 식사할때의 일을 회상한다.

대화가 쿵후와 복싱의 테크닉의 비교론에 이르렀을때 부르스·리는 존·대니의원의 아버지 진·대니가 쓴 두권의 책을 읽었다고 얘기를 끄집어냈다. 웨인트러브도 존·대니도 그런책이 있다는것을 전혀 모르고 있었다.

'아버지가 그런책을 썼다니…그걸 알고있는것은 이 세계에 당신혼자 뿐이다"라면서 존·대니는 놀라고 있었다고 한다.

동을 품고 있었다. 그는 정신력과 강인한 육체를 함께 갖춘 사나이로서 영화중에서 관객을 사로 잡았고 때로는 그의 생명력에 현기증 마져 느끼게 하였다.

부르스·리의 동생 로버트는 형의 종교에 대하여 물었더니 "형은 아무것도 믿지 않았다. 믿은것은 잠드는것 뿐이었다"고 대답했다.

"사나이는 자신으로 자신을 만들어 닦아나가는 거야./ 만약 신이 존재한다고 한다면 인간의 내부에 존재할뿐이다. 신에게 무엇인가 주십사하고 부탁할수는 없다. 종교라는것도 마치 쿵후가 여러가지 형(型)에 의해 여러가지 류파로 분류하고 있는것처럼 세계를 분류시키고 있는게 아닐까? 분열의 결과가 무엇일까? 무슨 효과가 있는것일까? 만일 온세계에 종교가 단 한가지라면 온 세계는 지금처럼 재액에 싸여있지는 않을탠데……" 이것은 린다부인이 들려준 부르스·리의 신(神)에 대한 생각이다.

영화의 폭력에 관하여 부르스·리는 다음과 같이 말한적이 있다.

"나는 영화속의 파이팅을 폭력이라고 생각지 않고 액션이라고 부르고 있다.

어떤 액션이라도 현실과 비현실의 세계가 있게 마련이다. 내가 적을 찢어서 창자를 끄집어 내었다면 피에 굶주린 폭력남아라고 불리워질것이다. 나는 이런 비 현실적이고 더러운 일은 싫어한다. 나는 현실에 입각하여 강렬하게 연기할 뿐이다. 현실과 비현실의 경계를 조심스럽게 걸으면서 관객이 신용하겠끔 연기하고 자기자신의 현실적인 강렬함을 강조한다. 내가 등장하기 전의 중국영화에는 피투성이의 괴물이 있었다. 나는 폭력을 부정한다. 폭력을 보급시킨 기억은 없다. 나의 영화는 언제나 악은 망하고 정의가 이긴다. 많은 사람을 죽인 인간은 책임지지 않으면 안된다. 내가 증명하고저 하는것은 폭 으로 살아가는 인간은 언젠가 폭력에 의하여 망한다는 것이다" 부르스 리

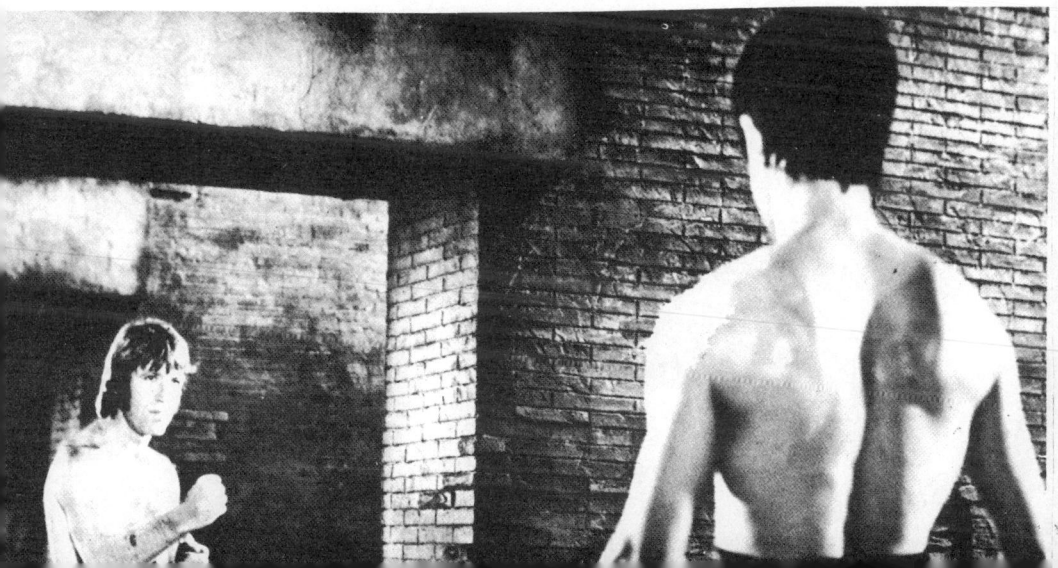

는 계속하여 이렇게 말하였다.
 "그러나 폭력은 사회에 넘쳐 흐르고 있다. 나는 신체를 움직여서 폭력을 마비시키는 방법을 취하고 있다. 나는 동남아시아에서 내 나름대로의 역할을 치루지 않으면 안된다고 생각한다. 관객을 교육하기 위하여서는 책임감을 가지지 않으면 안된다. 대중에게는 알기쉽게 단계적으로 설명하지 않으면 알아 차릴수가 없다."
 그러나 이러한 그의 포부가 나래를 펴기도 전에 죽음의 검은 그림자가 서서히 그의 주위에 몰려들기 시작하였다.
 저 운명의 1973년 7월 20일, 동양이 낳은 세계 최대의 슈우퍼 스타 부르스·리는 돌연 의문의 죽음을 당하고 말았다. 가지가지 사인에 얽힌 억측을 뿌리며 맹용(猛龍)은 승천하였다. 애석하게도 32살이라는 젊은 나이로……
 최초의 동양인의 슈우퍼스타가 되기 위하여, 전 세계의 그의 사람

들에게 영예를 심어주기 위하여, 그의 가족에게 훌륭한 삶을 부여하기 주기 위하여, 그리고 무엇보다도 귀중한 인간으로서 존경받기 위한 그 피나는 노력의 열매를 모두, 모두 거두지 못한채 부르스·리는 먼길을 떠나갔다.

그는 고대무술을 절권도(차단하는 주먹의 길)로 개량시킨 가장 강한 집념의 쿵후의 투사였다.

그는 고전무술의 자세를 배척 고 동작으로서 테크닉을 개발했고 그 자세와 테크닉을 개량하였다.

그의 명성과 행운을 향한 노력에서 그가 발전시켰던 철학과 테크닉을 이 세계에 모두 남기지 못한것을 우리들은 가장 애석해 하는것이다.

유구한 역사의 고전무도에 과감하게 도전하였던 부르스·리… 실전적인 무도로서 그가 내세운 "절권도"는 과연 어떤사람들이 말하는것처럼 무도가 아닌 그저 "격투기"에 불과한 것일까?

이 의문에 대한 올바른 정의는 여러분이 내려야할 과제중의 하나이다.

# 죽음의 3주일전의 부르스·리

**BRUCE LEE**

## 서림쿵후 · 무술시리즈

| 제목 | 저자 | 가격 |
|---|---|---|
| 진식 태극권 56식 (CD-ROM) | 중 관 저 | 15,000원 |
| 우슈 태극권 교본 | 박종권 편저 | 10,000원 |
| 양가 태극권 교본 | 박종권 편저 | 10,000원 |
| 우슈 남권 | 동양무예편집부 | 8,000원 |
| 우슈 장권 | 동양무예편집부 | 8,000원 |
| 진가 태극권 | 고교현 저 | 5,000원 |
| 당랑권법 투도권 (CD-ROM) | 중 관 저 | 15,000원 |
| 당랑권법 소번거권 (CD-ROM) | 중 관 저 | 15,000원 |
| 당랑권법 비안장권 | 소신당 저 | 10,000원 |
| 당랑권법 매화수권 | 소신당 저 | 10,000원 |
| 당랑권법 쌍풍권 | 소신당 저 | 10,000원 |
| 당랑권법 금강권 | 소신당 저 | 10,000원 |
| 당랑권법 매화로권 | 소신당 저 | 10,000원 |
| 당랑권법 매화권 | 소신당 저 | 10,000원 |
| 당랑권법 육합기공 | 소신당 저 | 7,000원 |
| 당랑권법 난절권 | 주용강 저 | 5,000원 |
| 당랑권법 흑호출동권 | 박종관 저 | 5,000원 |
| 당랑권법 대가식 · 소가식 | 조희근 저 | 5,000원 |
| 칠성당랑권법 | 무림편집부 편역 | 5,000원 |
| 비문당랑권 | 조은훈 저 | 5,000원 |
| 팔선취권 | 무림편집부 편역 | 5,000원 |
| 정통 통배권(북파소림권) | 무림편집부 편역 | 5,000원 |
| 쿵후교범(상) | 조은훈 저 | 12,000원 |
| 쿵후교범(하) | 조은훈 저 | 7,000원 |
| 쿵후 호신술 | 조은훈 저 | 9,000원 |
| 사학비권(남파소림권) | 조은훈 저 | 9,000원 |
| 소림쿵후(호학쌍형권) | 조은훈 저 | 4,500원 |
| 소림 백학권 | 박종관 저 | 5,000원 |
| 공력권 · 손빈권 · 역벽권 | 무림편집부 편역 | 5,000원 |
| 소림 나한권 · 용권 | 김상덕 편저 | 5,000원 |
| 남파소림 철선권 | 김상덕 편저 | 5,000원 |
| 소림북파권법 삼로장권 | 김상덕 편저 | 5,000원 |
| 십로담퇴 · 연보권(북파소림권) | 왕조원 저 | 5,000원 |
| 소림학권(북건소림권) | 무림편집부 편역 | 5,000원 |
| 소림홍권(대홍권 · 소홍권) | 무림편집부 편역 | 5,000원 |
| 이소룡과 무술 (CD-ROM) | 서림편집부 | 12,000원 |
| 절권도 (上) | 이소룡 저 | 9,000원 |
| 절권도 (下) | 이소룡 저 | 9,000원 |
| 이소룡과 영춘권 | 이영복 편역 | 8,000원 |
| 이소룡 쌍절권 백과 | 이소룡 저 | 9,000원 |
| 쌍절곤 교범 | 이봉기 · 김조웅 저 | 8,000원 |
| 쌍절곤 · 삼절곤 비법 | 조은훈 저 | 4,500원 |
| 공수도 백과 | 강태정 역 | 20,000원 |
| 실전 공수도 교범 | 최영의 저 | 9,000원 |
| 베스트 공수도 전서(전11권) | 강태정 역 | 각4,500원 |
| 표준 합기도 교범(전5권) | 명광식 저 | 각10,000원 |
| 합기도 특수 호신술 | 명광식 저 | 18,000원 |
| 비전 합기도 ( I ) | 김상덕 · 고빽룡 저 | 9,000원 |
| 합기도 과학 | 강태정 저 | 10,000원 |
| 아이기도 교본 | 윤익암 저 | 18,000원 |
| 정통 유도 백과 | 이성우 역 | 18,000원 |
| 최신 유도 기법 | 이성우 역 | 9,000원 |
| 실전 검도 교본 | 하다인노부어 저 | 9,000원 |
| 최신 검도 기법 | 편집부 편 | 9,000원 |
| 검도 입문 | 편집부 편 | 3,000원 |
| 회전 무술 교본 | 명재옥 저 | 8,000원 |
| 격투 발차기 | 조희근 저 | 9,000원 |
| 당랑적요 격투기 ( I ) | 이봉철 저 | 8,000원 |
| 종합 레슬링 전서 | 서림스포츠편집부 | 20,000원 |
| 검술 교본 | 김상덕 역 | 7,000원 |
| 도술 교본 | 김상덕 역 | 7,000원 |
| 곤술 교본 | 김상덕 역 | 7,000원 |
| 창술 교본 | 김상덕 역 | 7,000원 |
| 내공 팔괘권 교본 | 무림편집부 편역 | 10,000원 |
| 정통 팔괘장 기법 | 고교현 저 | 6,000원 |
| 무술 기공 단련법 | 김상덕 저 | 9,000원 |
| 중국 경기공 | 박종관 저 | 8,000원 |
| 차력 권법 | 역발산 저 | 8,000원 |
| 중국 무기술 | 조은훈 감수 | 5,000원 |
| 쿵후의 세계 | 서림쿵후편집부 | 4,500원 |

# BRUCE LEE
# 이소룡과 무술

### 서림편집부 엮음 / 12,000원

좁은 자세를 취하면 스피드에 유리하다.
그러나 자세가 좁다면 불균형이 될 수 있다.

넓고 낮은 자세는 파워를 내기에 좋다. 그러나 그런 자세를 취하고 공격에 임한다면 동작이 지연되어 공격에 실패하고 상대의 반격을 받게 될 것이다.

스스로에게 적합한 자세를 찾았다면 그 자세를 유지하며 꾸준히 움직일 수 있어야 한다. 움직임은 공격을 유리하게 해주면 반격으로 부터의 위험을 줄인다.

절권도는 어떤 고정 관념에서 벗어나지 않으면 안된다.
정신적 여유도 동작의 안정성도 모두 고정 과념을 버려야 얻을 수 있다.

예비 동작이 없는 공격은 상대를 현혼시킬 수 있느냐 카운터를 맞을 위험도 커진다.
부드럽고 유연한 움직임에서 탄력적으로 튕겨 나가듯 공력하라.

자세가 매끄럽게 유지 되지 않으면 공격에서나 반격에서도 큰 타격을 입을수 있다.
공격의 욕심보다는 반격에 치중하는 것이 효율적이다.
선제 공격은 파워가 필요치 않다. 스피드를 높혀 눈을 공격하라.

**CD-ROM TITLE**
절권도 /영춘권/ 쌍절곤

| 절권도 上 | 값 **17,000원** |

1판12쇄 2020년 3월 25일 인쇄
1판12쇄 2020년 3월 30일 발행

저　　자/ 이 소 룡
편 역 자/ 이 영 복

발 행 처/ 서림문화사
발 행 자/ 신 종 호
주　　소/ 경기도 파주시 광탄면 장지산로
　　　　　278번길 68
홈페이지/ **http://www.kung-fu.co.kr**
전　　화/ (02)763-1445, 742-7070
팩시밀리/ (02)745-4802

등　　록/ 제406-3000000251001975000017호(1975.12.1)
특허청 상호등록/ 022307호

ⓒ1992.Seolim Publishing Co., Printed in Korea
ISBN 978-89-7186-195-0 13690